销售团队 | 管理全案

制度管人 + 流程管事 + 实用表格

文希岳 ▶ 著

中国铁道出版社有限公司
CHINA RAILWAY PUBLISHING HOUSE CO., LTD.

图书在版编目（CIP）数据

销售团队管理全案：制度管人＋流程管事＋实用表格／文希岳
著 . —北京：中国铁道出版社有限公司 , 2019. 11（2023. 11 重印）
ISBN 978-7-113-26269-3

Ⅰ. ①销… Ⅱ. ①文… Ⅲ. ①销售管理 Ⅳ. ① F713. 3

中国版本图书馆 CIP 数据核字（2019）第 206635 号

书　　名：销售团队管理全案：制度管人＋流程管事＋实用表格
作　　者：文希岳

责任编辑：吕　芡　　编辑部电话：（010）51873035　　邮箱：181729035@qq. com
封面设计：MXK DESIGN STUDIO
责任印制：赵星辰

出版发行：中国铁道出版社有限公司（100054，北京市西城区右安门西街 8 号）
印　　刷：北京铭成印刷有限公司
版　　次：2019 年 11 月第 1 版　2023 年 11 月第 8 次印刷
开　　本：710 mm×1 000 mm　1/16　印张：19.25　字数：266 千
书　　号：ISBN 978-7-113-26269-3
定　　价：88. 00 元

前言

　　销售团队的搭建一直是企业苦恼的问题。一个好的销售团队不仅要实现自身利益的最大化，也要实现客户服务满意程度的最大化，这样才能为企业带来长远的经济效益，推动企业的发展。

　　事实上，现在大多数企业在管人用人方面还有很大的进步空间，越来越多的企业管理者开始注意到了企业的业务增长问题，开始着力改善规章制度，努力追随时代的脚步。

　　其实，自古以来管理就是一个复杂的难题，而管理上最难的问题就是管人的问题。10多年来，我一直处在管理一线，培训和带领过很多团队，很多团队成员至今仍然和我保持着密切的联系，言语之间不时地表达着对我的谢意。而他们这些人也都大多走上了管理岗位或自主创业当起了老板。

　　我时常在想，是不是可以把我的一些管理经验或方法直观、简单地整理出来，给那些处于管理岗位而又深感管理之难的管理者们提供些许帮助或指引？然而，市场上充满着各种各样的管理书籍，但理论方面的居多，实践方面的少一些，很多读者早已被各种管理理论和管理鸡汤灌得有些迷茫了。因此，本书刻意淡化了一些枯燥的管理理论论述，而通过丰富的图表，实际案例和实用工具，直观地展现实际管理中的经验和技巧，希望可以切实帮助到读者朋友们。

　　当然，管理并没有万能公式，因为每个企业、每个销售团队的组成都有着不同背景、不同认知。因此，要在销售团队的共性基础上融会贯通，分析销售团队的实际情况，切合销售团队实际来进行改造，要保留和发扬销售团队的优势，改进销售团队的不足之处。不要盲目地进行团队改造，这样往往得不偿失！

本书是我多年来从事管理岗位的经验的总结，是一本实用指导手册，特别适合中小企业的管理者阅读。管理制度和流程是目前不少企业所缺乏的。用制度来规范员工行为，用流程来保障生产经营正常运行，是企业走向成功的必由之路。

制度化管理、流程化运作是企业必须要重视的，一个销售团队是否有凝聚力和战斗力，关键在于这个销售团队是否有统一意志。"制度管人、流程管事"就是一个非常好的统一意志的突破口。重视流程建设，普遍形成对制度、对流程的敬畏态度，企业才会形成良好的文化氛围，销售团队自然会具备较强的战斗力，从而推动企业发展壮大。

由于本人学识有限，书中不免有纰漏和疏忽。如有不当之处，还望读者朋友们多多指正！

文希岳

制度管人篇　和传统的"人管人"时代说再见

第1章
销售目标制度：层层落实任务

第2章
销售负责制度：第一责任人是核心

第 3 章
师徒制度：以老带新，传道授业解惑

第 4 章
销售考核制度：各等级有不同方式和内容

第 5 章
团队 PK 制度：鲶鱼效应激发战斗力

第 6 章
团队沟通制度：客户、矛盾、工作交流

第 7 章
精英流转制度：聘用、晋升、辞退

第 8 章
红黄线制度：三黄并为一红

第 9 章
出差制度：审批、费用、汇报、处理

第 10 章
报销制度：注重细节，考虑各种情况

第 11 章
开会与行程分析制度：注重效率，加强引导

第 12 章
复盘制度：用数据分析结果

流程管事篇　"事情" > "人情"，流程必须标准化

第 13 章
新员工培训流程：培训、考核、反馈

第 14 章
流量开发流程：如何获取全新的客户

第 15 章
商品介绍流程：什么样的介绍才合格

第 16 章
品牌形象展示流程：品牌为主，传播为辅

第 17 章
谈判与让步流程：从准备安排到回顾

第 18 章
合同签署流程：思考周全，慎之又慎

第 19 章
销售跟进流程：跟进客户 A 级与 C 级区别有多大

第 20 章
引导复购流程：如何让客户重复下单

附录 ＼ 279

下载地址：

http://upload.m.crphdm.com/2019/0926/1569485949407.docx

扫码下载附赠表格文件

制度管人篇

和传统的"人管人"时代说再见

传统企业中依靠人员和层级维护秩序，其层级繁杂且界限分明，而随着时代发展，这样的企业销售团队管理方式已经不再适用。通过全面完整的管理制度对员工进行管理，才能够在最大程度上使管理结构扁平化、提高销售团队活力、增加销售团队收益。

1

第 1 章

销售目标制度：层层落实任务

　　为了在市场环境中获得立足之地，企业需要完成销售目标，以保证企业的利润额度，而销售目标的完成需要制度保证，企业需要自上而下的建立严格的考核制度与完整的实施计划。

　　销售目标制度是将目标计划层层下达，逐级细化分解，将目标落实到每一位销售人员身上，将企业的大目标转变为销售人员的小目标，以确保销售目标的成功达成。

1.1 销售目标划分制度：从部门到个人

通常情况下，企业要落实销售计划，需要将销售目标进行划分，将部门的大目标细化到每个销售人员身上。销售目标划分制度存在的原因有以下两点，如图 1-1 所示。

图 1-1 销售目标划分制度存在的原因

1. 缓解抗拒心理

销售目标的划分可有效地缓解销售人员的抗拒心理。如果将部门大目标直接交予销售人员，会使销售人员对庞大的数字产生恐惧，认为这个目标是不可能完成的，从而产生抗拒心理。而销售目标划分后的小目标利于销售人员接受，缓解其抗拒心理。

2. 激发员工动力

将目标划分、将相对小的目标分阶段的划分给销售人员，销售人员的工作会更有指向性，目标设计得越细致化，越能够使销售人员清楚地知道下一步行动的目标与企业整体目标实施进度，销售人员会更有动力达成目标。

销售目标的划分也分为两种方式：指令式划分与协商式划分。指令式划分指的是企业的管理层不与下层部门沟通，依手中数据进行目标额度划分，并下达目标划分指令。这样的目标划分形式容易使得划分目标脱离实际，造成企业制订的目标计划难以实施。

协商式划分指的是管理层与下级部门人员进行充分交流，了解各方面因素后，再进行目标的划分与落实，这样的目标划分模式能够达到上下层级之间的意见一致，有利于上下级之间的关系和谐，也有利于下级主观能动性的发挥，使目标的完成更加顺利。

上海一家化妆品企业，在 2018 年年初便定下了全年的销售目标，并将其分为季度目标交给各地销售团队落实。在前 2 个季度，各地销售团队负责人根据当地人口数量、消费能力等情况，对各部门的销售量进行了划分，但实际完成度不佳。

于是在 2018 年年中企业召开了一次大会，召集各地各销售团队负责人对目标划分的问题进行讨论，对各地客户的消费能力、消费倾向及当地特殊影响因素等情况进行了调查并记录，经过商讨得出了最终的目标划分计划，并予以落实。在 2018 年底该企业近 95% 的部门完成了各自的目标，企业的年度销售计划也因此成功完成。

在上述案例中，企业在 2018 年度前两个季度中使用的是指令式划分法，而影响销售的因素较多，仅靠简单的统计数据没有办法实际表明实际销售状态。而在经过年中的员工大会后，对企业的销售目标有了适当的调整，更加符合各地情况，销售目标才能达成。

而要做好对销售目标的划分，企业团队首先要对自身情况、上一季度 / 年度的销售指标、销售任务完成度等情况进行分析，制定出合理的各阶段销售指标。在这基础上通过对下级部门提交的数据进行研究和讨论，将销售计划划分到每一位销售人员身上。

从上到下的销售目标划分制度可以对企业的销售目标进行系统性梳理，将销售人员职责定位更清晰地呈现出来，将销售人员目标与企业的目标进行统一，最后完成企业销售定目标。

1.2　销售部门任务制度：理职责，守权限

在进行了基础的销售目标划分后，企业及各销售部门都可明确自己的销售目标，销售部门也可对部门目标进行划分，为销售人员分配目标任务，为销售人员厘清个人职责，也为其划分责任权限。

某保险公司的重庆分部收到了企业总部下达的销售任务，于是召集了各区销售团队负责人开会，告知各区需要完成每季度 500 万元的销售目标。

重庆一区负责人何伟与三区的负责人管田在接受了任务后，召开会议将团体任务指标告知团队成员，在对员工进行了简单的言语激励后就回归正常的工作了。

重庆二区负责人李晖则召集团队成员开会，通过讨论划分各销售人员的职责，将团体细分成小团体，为销售人员明确责任权限，厘清销售思路，还开展销售额比拼活动，优胜者可得到二区荣誉奖项和部分物质奖励。

在一个季度结束时，三区达到了近 800 万元的销售额，但负责人管田被其他销售部门联名举报，原因是其部门员工采取不正当手段抢夺销售订单。二区销售部的销售额度达到了近 600 万元的销售额，而重庆一区销售部则只勉强完成销售目标。

何伟在与李晖进行交流后，带领团队精英员工到二区学习，借鉴其管理制度，并在第二个季度开始前进行了相应规则的制定与实施，在第二季度中何伟带领的销售部达到了 550 万元的销售额，管田所带领的三区由于遭到举报士气一落千丈，仅完成了 80% 的销售目标，李晖带领的重庆二区则达到了 650 万元的销售额。

在这个案例中，采取传统的开会下达、言语激励的一区销售部与二区的多种方式混合作用的效果对比差异明显，而二区的制度则明显胜出。二区的销售制度主要胜在能够通过目标划分明确销售人员的职责和权限，通过计划目标的细化，提高了销售人员的积极性和效率。

企业需要通过销售部门任务制度明确销售人员的任务目标，明确销售人员的职责和权限，提高销售人员工作的积极性，确保销售目标的顺利完成。

1.3 销售经理任务制度：配额、数据分析

销售经理是团队中的销售指导人员，他可以为销售人员划分区域、确定配额，同时在销售过程中，销售经理的合理指导也会使销售人员的工作始终保持在正轨上，保证其顺利完成目标。

当团队中的销售经理在分析任务完成度、为未来任务做规划时，系统化、数据化的信息分析方式可使信息更直观、更准确。显然，配额与数据分析已经成为销售部门需要掌握的技能之一，不论是在团队的管理上，还是在销售目标的划分规划上，利用数据进行分析都可保证决策的准确性。

某企业以销售额度、利润率、指定的销售配额等要素为基础制定了对于销售人员的奖励制度，制度中的数据指标是销售经理根据每个销售地区内的客户类型、竞争情况、团队上季度业绩和个人业绩等数据进行综合分析得出的。

对于销售人员而言，这样的销售配额相比于上一季度会更有销售难度，但不是完全不可行，因此销售人员会对工作抱有更大热情，以完成销售目标。

在该企业内还有一项优良传统，就是在季度前、中、末各召开三次团体会议，销售经理会针对销售情况分别进行分析。

在季度前期，销售经理会对配额数据进行分析，能够使销售人员做到心里有数；在季度中期销售经理会对销售额的数据进行分析，使销售人员更有动力或及时补救缺陷；在季度末，销售经理会对销售配额完成度进行讲解，同时对优秀销售人员做出表彰，调动销售人员积极性，使其在之后的工作中做出更好的成绩。

实际上，销售配额指的是将企业的目标划分给各业务团队、各销售部门，并最终划分给销售人员的目标划分方式。销售配额的策划能对销售人员起到激励作用、引导作用、控制作用与评估作用。

销售配额是销售经理在全面、准确的数据分析之上确定的，目标的明确可以对销售人员起到激励作用，配额计划的明确可以引导和控制销售人员的销售行为，而配额完成之后，销售经理也可以根据每个销售人员的完成情况来评估他们的业绩，并以此给出合理的意见和建议。

制定合适的配额能够平衡团队运营战略、激发销售人员动力、控制运营风险，而数据分析的全面性和准确性是配额制定合理的必要保证。企业要想不断发展壮大，就需要建立起一套完整的数据分析制度，而在销售团队中，销售经理正是基于数据分析的准确性，才做到了配额决策的科学性。

1.4　销售人员任务制度：满足客户需求

很多销售人员对于销售的理解都十分片面，其实完成销售的过程就是满足客户的需求，而优秀的销售人员一定能够自主分析客户需求，挖掘其内在原因，并想办法满足客户的需求。

刘玲从事西装定制销售多年，从刚进入社会时在别人的店面中打工到后来自立门户，她的客户一直源源不断。陈斌是刘玲的老客户介绍来的新客户，老客户私下和刘玲讲，这位陈斌先生平时很小气，希望刘玲能给他一些多的优惠。

陈斌上门时，穿着发旧的鞋子和过时的西装，刘玲并没有马上给陈斌介绍一些低端商品，反而先带陈斌看了几套高级定制西装，对面料与制作工艺进行了介绍。在这个过程中两人开始闲聊，刘玲将话题引到了上午的一桩生意。

上午，店里来了一位穿着朴素的客户，刘玲以为他可能只是逛一逛，但他却买了两套最贵的高级定制。客户在付款的时候说，高级的西装能够提高人的气质，能带动其融入高级领域，也能打开社交资源，是一种对自己的包装，所以他愿意花重金购入高级定制的西装。

刘玲以此事为引文，对陈斌聊到了消费时要把钱用在真正值得消费的地方，随后刘玲耐心地给陈斌讲述了普通西装与高级定制西装在细节上的不同，最后经过两番降价后，陈斌预定了两套高级定制西装。

在上述案例中，刘玲通过观察发现陈斌虽然小气，但对高级定制的西装是存在需求的。

因此，刘玲将自己的价值观成功地传达给陈斌，随后，刘玲又用自己的方式为陈斌辩解：陈斌其实并不是小气的人，只是不愿意把钱花在一些他不看重的方面，使陈斌得到了被认可的满足感。

在最后的成交阶段，刘玲通过两次让步，将价格适当降低，也一定程度上满足了陈斌对于低价格的追求，最终达成了交易。

很多销售人员的销售模式都不是很成功，拼命预约客户、为客户讲解，但销售额度就是提不上来，其根本原因还是由于对客户的需求了解不足，对需求的分析判断出现了偏差。在客户的需求得不到满足的情况下，目标就会很难达成。

而销售人员只有准确地分析客户的需求、满足客户的需求，才会顺利达成销售目标。

1.5　时间汇报制度：确切的时间规划

销售人员许多时候都需要外出，因而对企业而言，销售人员的工作投入度无法保障，企业的人力资本可能会存在一定程度的浪费。企业需要建立完善的时间汇报制度，需要销售人员将其规划、目标、实际完成度等内容进行整理归纳，汇总成书面材料上交。

在这个过程中销售人员也可以对销售目标的完成度进行详尽明确的时间规划。销售人员在对工作进行规划管理时，能够通过数据分析摸清思路，能够通过分析行业、市场环境大趋势等，找准定位，制定更准确的时间规划，降低成单前的时间成本。

　　时间汇报制度要以时间为主要导向，将任务完成的全程划分为不同的阶段，进行规划汇报，在汇报中要注意以下 6 个方面，如图 1-2 所示。

图 1-2　汇报中的注意事项

　　（1）回顾：对上一个销售阶段中的计划进行回顾、对计划的完成度进行点评与梳理、对不足之处整理对策。

　　（2）当季市场分析：任何一个行业都会有旺季与淡季，销售人员要针对当季市场状况进行分析，使用不同的对策。

　　（3）客户关系：包括新客户开发与老客户维护两方面，促进潜在客户成单，并对老客户进行维护，保证其品牌忠诚度。

　　（4）销售方式：每个销售人员都有自己适合的、习惯的销售方式，且需要根据市场环境的变化不断地调整。

　　（5）目标时间：目标可以分为阶段性的小目标、季度性的大目标以及年度性的总目标 3 个方面，针对几类目标阶段进行不同的方法论论证，以达到更好的剖析销售任务的效果。

　　（6）总结：对目标计划进行总结论证，将几方面因素综合并且形成一个相对完整、全面的，以时间为主导的目标完成体系。

　　这样一份时间汇总报告不仅便于企业对员工时间规划安排有详细的了

解，也能够使员工对自己未来的工作有一个细致的梳理。通过双向的作用，最大程度上减少资源浪费，提高工作效率、提高成单率，才是时间汇报制的根本意义。

1.6 过程汇报制度：10%、50%、100%

过程汇报制度指的是在销售过程中销售人员要主动汇报目标完成的情况、客户意愿度、客户购买意向等内容，并且在目标完成的每个阶段进行纪录与汇总。

北京一家教育机构的销售中心中有一套明确的销售过程汇报制度，销售人员需要在完成季度总目标的10%、50%、100%的时候进行总结汇报。该企业的销售额对比规模相似的同行企业总是能够略胜一筹。

在销售人员目标完成度为10%时，由于属于目标周期前期，对于方法、措施上的错误仍有很大机会可以调整和改正，因此在目标内容完成10%的时候可以根据目标计划对比整体效率是否偏低，进而分析是否产生了大的方向性错误，从而及时改正。

在销售人员目标完成度为50%时，可以根据销售计划、同行业务量水平、团体整体水平等，判断出自己的能力与销售额处于行业什么位置，同时反思是否在内容、方式上出现问题，是否还有能够改进的余地。

在销售人员目标完成度为100%时，针对目标完成进度进行总结，总结出相对于同行的优势与劣势，对下一季度目标提前进行规划。

在上述案例中，销售人员能够通过不同阶段的汇报对数据报表进行分析，能够从工作进度状况了解到目标完成程度及存在的问题、问题的原因，因此销售人员能够在各个阶段进行自省，保证了销售目标的顺利完成。

过程汇报制度要求在汇报中要以工作结果去逆推工作过程中的问题，是将二者建立起密切的联系共同解决提升，而非肤浅地仅进行目标完成度的总结汇报。

1.7　坏事早汇报制度：目标无法按期完成

在时间汇报制度与过程汇报制度的双重作用下，销售人员能够轻松地了解销售目标完成的进度，对于目标是否能够按期完成也有比较准确的判断。在目标无法按时完成时，销售人员要做到提早向领导汇报，以便企业管理者能够给出对策、提前做好应对策略。

一家零食生产企业的河北销售分部中，2018 年的年度销售目标是 2 000 万元销售额，每季度的销售目标为 500 万元销售额。河北分部在前两个季度中都未能达到销售目标，根据其规则条例，河北分部将销售目标进度、未达标自我分析原因、市场环境、消费水平、客户群体等内容汇总成一份完整的汇报书并提交到企业总部。

总部在看到河北分部提交的汇报书后，很快派出了特派员对河北分部的工作进行指导，对其工作内容、形式等方面提出了意见与建议。经过特派员的指导，在 2018 年的后两个季度中，河北分部销量稳步提升，其销售额甚至弥补了前两个季度中所未达到的销售额，如图 1–3 所示。

图 1-3　河北分部 2018 年度销量表

由图 1–3 可知，河北分部前两个季度的销售额分别为 458 万元和 398 万元，全部低于季度销售目标，而经过工作指导后的河北分部，其第三季度和第四季度的销售额度分别为 685 万元和 713 万元，大大超出了销售目标，最终年度总销售额度达到了 2 254 万元，超额完成了销售目标。

在这种坏事早汇报制度中，目标是否能够按期达成，其一取决于销售人员的销售方法；其二取决于市场环境及客户意愿；其三取决于企业能否提供应对措施，而企业的应对措施是十分关键的。

在这个案例中，企业总部给河北分部提供了及时的指导，对其市场环境进行考察、对其销售方式方法进行改善，最终帮助河北分部完成其工作目标。这其中，坏事早汇报制度就起到了关键作用，避免了目标无法按时完成。

1.8 人员变动制度：中途增员、减员

在企业的正常运营过程中，为了维护企业的正常工作运转，为了使员工入、离职以及人员调动等情况对企业造成的业绩损害降到最低，企业需要建立人员变动制度。

在湖北一家汽车 4S 店中，张彬由于个人原因准备办理离职，在其提出离职申请后，经理很快同意了其申请，并将其工资下发。而在之后的一段时间里，经常有客户给张彬打电话，询问购车事项及售后服务，这令张彬很是苦恼。

在另一家汽车 4S 店中，其人员变动制度中明确标明，员工离职前需要提前半个月报备，在报备后，企业会根据店面情况分配新员工进行交接，或是将员工手头的工作进行平均分配，以免耽误销售目标的完成。在其进行报备后通过汇报表格等形式将工作内容、工作完成度、工作状态、离职原因等情况进行汇总说明。

企业会把这些内容交予接手工作的员工进行参考，并且对其以成单的客户群体进行通知，为其安排新员工，以防出现某员工离职后其客户无法获知售后的情况。若新员工能够在原员工离职之前尽快入职，则双方可以面谈，将项目、销售客户等情况沟通清楚，使两人能够完成更加完备的交接。

　　人员变动制度在员工调动时能够使新老员工之间进行交接，最大程度上维护其原有客户群体，保证不由于人员调动而流失客户群体。另外对新员工入职也能够起到引导、梳理的作用，帮助其尽快融入企业大团体。针对离职的员工，在其离职前可以将其正在进行的工作内容与情况汇总成文件交给企业，以保证成单后的售后有所保障。

　　在企业内，团队人员的调动是不可避免的，人员调动可以保证员工能够在适合自己的岗位上，更好地投入到工作中，这样才能充分发挥每个员工的优势，更好地完成销售目标，为企业创造价值。

　　而对于员工的离职、入职，企业也需要通过人员变动制度将人员调动的流程进行规范化的管理，做好交接工作，这样的机制不仅有利于企业间人才的流动，有利于各销售部门之间的学习借鉴，同时也有利于企业减少人力资源的浪费，提高人力资源管理效率。

2

第 2 章

销售负责制度：第一责任人是核心

为加强企业销售管理、规范销售流程、提高其市场竞争力，企业需要将销售人员与成单进行绑定，销售人员需要对企业、对客户、对售出商品负责，以销售人员为第一责任人，以避免纠纷、提高客户满意度为主旨，使销售人员能够自觉规范其销售行为。以第一责任人为核心，为客户提供最优质的服务，是企业发展的目标。

2.1 客户分配制度：先确认再分配

为了保证销售工作的顺利开展和销售团队的团结稳定，销售团队要对客户进行分配。为保证团队凝聚力与员工积极性的平衡统一，可以按照以下流程进行客户的分配，如图 2-1 所示。

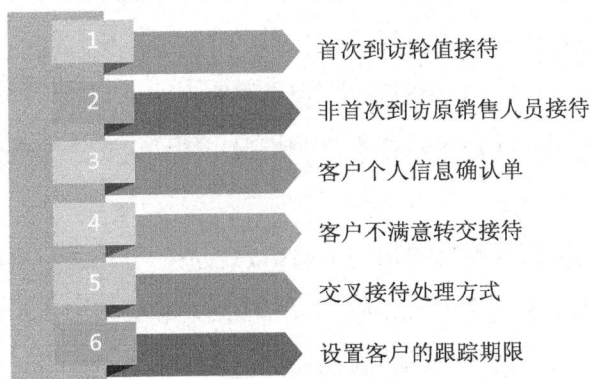

1 首次到访轮值接待

2 非首次到访原销售人员接待

3 客户个人信息确认单

4 客户不满意转交接待

5 交叉接待处理方式

6 设置客户的跟踪期限

图 2-1 客户分配要点

（1）首次到访轮值接待：在客户到访时，销售人员需要询问客户是否为第一次到访，如果是第一次到访，在没有来电邀约的情况下，可以按照正常的排序依次接待。

（2）非首次到访原销售人员接待：若客户不是第一次到访，需交由原销售人员进行接待，如果没有交由原销售人员进行接待，即使客户成交，原销售人员也无法享受业绩利润。

（3）客户个人信息确认单：针对客户的首次来访时，需要其留下姓名、电话等个人信息作为依据，若是以来电邀约方式上门的客户则可以填写相关客户确认单作为依据。

（4）客户不满意转交接待：在客户对原接待人员不满意的情况下，可以指定其他人接待。在这种情况下发生的接待转移，最后的成交业绩归成交者所有。

（5）交叉接待处理方式：在业绩完成过程中出现交叉接待的情况，为防止双方出现团队的纠纷与矛盾应设置相应完善的分配机制，若由于首次接待者未能及时跟进追踪而导致的情况下，成交业绩归成交者所有；若在业务双方均不知情的情况下，完成交易则可以按照贡献度进行利益划分。

（6）设置客户的跟踪期限：对老客户需要设置一定的跟踪期限，若原负责接待的销售人员没有进行跟进回访等情况，视作放弃客户，若客户再次到店购买可以按照轮值接待。

以上就是客户分配的一般流程，在设置客户的分配制度的时候可能出现很多不同的情况，企业可以根据自身情况、团队人员配置等情况进行相应条例的设置。

客户分配机制其根本目的是为了使销售人员的客户接待率的统计达到公平公正，从制度上消除矛盾，而在每一单客户接待之前也要先确认是否由其他销售人员进行过接待或是否进行了电话邀约，这是保证该制度实行的基础，也是对销售人员权益的保障。

2.2　接待轮排制度：接待原则＋日常规定

在销售人员进行日常接待的过程中，为保证机会均等，避免争抢客户，并且保障客户的服务体验，需要设置详细的轮排接待制度。在销售团队制定接待轮排制度时，需要注意以下方面，如图2-2所示。

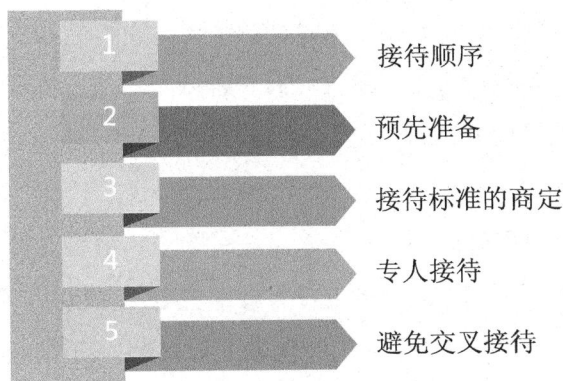

图 2-2　制定接待轮排制度需要注意的方面

1. 接待顺序

销售人员接待客户的顺序，必须按照团队内协商确定的顺序进行轮流接待，不得无故打乱顺序。轮排人员应及时在轮排登记本上记录接待人员、时间、客户意向等情况。

2. 预先准备

在进行轮排接待时，要事先做好准备，销售人员要对当日轮排顺序有了解，以便能够第一时间服务客户。在轮值期间不得无故外出，若由于无故外出导致轮空，则不能予以补排，若是接待中或是经团队负责人批准后外出的则可进行补排。

3. 接待标准的商定

针对接待客户的标准需要团队共同协商，例如仅进店打量或是仅索取相关资料者是否视为意向客户、是否算作一次接待。

4. 专人接待

如客户指定了专人接待，则接待人员可以计入一次轮排，若未指定则按照轮排顺序接待。

5. 避免交叉接待

每名客户尽量由一位销售人员进行全程服务，在无特殊事件发生的情况下，要尽力避免一位客户由多人接待的情况。

以上就是在制定轮排接待制度时需要遵循的原则，也是销售人员在接待过程中需要遵循的原则，同时各企业可根据行业性质和人员情况等因素，对以上原则内容进行补充。

在日常规定方面，需要对销售人员进行约束，销售人员整体的精神面貌、言语状态等都会影响客户的选择。日常规定主要包括以下几个方面。

（1）销售人员要对自己的仪容仪表进行打理，按照企业规定穿着工作服，或是佩戴相关标志，举止大方、得体。

（2）销售人员在工作时需要严格遵守工作时间，包括轮排制度执行时间到上下班工作时间等，销售人员不得迟到早退。

（3）销售人员对工作项目所需资料要熟悉，在工作之余可以反复巩固，业务能力须过关。

（4）销售人员对待客户不得以貌取人，需要大方接待，对客户要热情，工作状态积极向上，对客户提出的疑问要耐心解答。

（5）销售人员需要有团队意识，在日常工作中需要协助同事完成工作时，要尽己所能帮助同事完成单子。

（6）销售人员要听从领导安排，对企业做出的销售目标、对领导做出的指示要接受并尽快付诸行动。

通过遵循接待轮排制度的原则和销售人员的日常规定，可以建立一个完善的接待轮排制度体系，在一定程度上能够消除团队内的不正当竞争，促进团队和谐，提高客户的服务体验，最终达到提高销售额的目的。

2.3　第一责任人制度：明确权利与义务

为了提高工作效率、降低售后服务成本，销售部门可以实施第一责任人制度，对客户进行专人接待，做到一对一的服务，实现销售与售后责任为一体的工作制度，为销售人员明确其权利与义务，并为客户提供最好的消费体验。

王明明是郑州一家数码用品专卖店中的一名销售人员，负责手机区域的销售。王明明此前出售了一台吸尘器，十余天之后，该客户上门称吸尘器使用没多久就无法正常运转，该商品质量有问题，要求退货，王明明以商品质量问题需要找售后部门进行协商解决为由拒绝了她。

该客户对王明明的服务态度不满并在店里大声与其争辩，严重影响了其他客户的选购，导致当日该店的销售业绩惨淡。

在上述案例中，王明明认为自己并不是过失方，商品质量问题需要售后部门处理，而客户则认为王明明的行为是在推脱责任，这其中就反映了店面制度的不完善。

在经历此事后，该数码用品专卖店的店面经理对店面的制度进行了改革，要求销售人员要做到权利与义务相统一。

销售人员销售商品获得提成的同时也要对商品售后负起责任，在商品售出之前，对商品进行演示操作，确保其质量完好再出售，当商品出现问题客户要求退换时，要根据规定检查商品是否完好、是否出现功能性问题、出现的问题是否是人为造成等，在进行检查后对客户的要求进行处理，保证客户的购物体验，保证售后流程的流畅完整。

第一责任人制度在明确销售人员权利与义务的同时也增强其责任意识，大大提升了销售人员的服务水平。

在第一责任人制度的实行过程中，也需要建立考核制度，包括企业考核和销售人员自查两种方式。销售人员要定期进行客户回访，企业对于客户满意度低的员工要组织培训学习，以便提高其销售水平。

企业需要将第一责任人制度加入销售人员的业绩评定中，以此加强销售人员对权利、责任、义务的重视度，达到第一责任人制度效益的最大化。

2.4 合作开单制度：一起为客户开单

在销售工作的实际进行中，销售人员的销售工作可能会被老客户的回访、售后等情况打断，在这种情况下，销售人员可以将正在接待的意向客户交由其他销售人员接待，这样进行了交叉接待后开出的单，可以依照合作开单制度处理。

在广东省的一家珠宝店内，销售人员章琳正在为客户推荐合适的首饰，客户已经有心仪款式，对材质、价格等方面也已经了解。这时一名老客户到店要求售后服务，章琳请同店的销售人员何晶帮忙负责新客户，自己则为老客户处理售后问题。

在章琳处理好了老客户的商品售后问题后，发现这名新客户已经在何晶的引导下开了近两万元的大单。章琳认为这笔订单应该有自己一部分提成，而实际工资结算时却没有计算这一笔工资，章琳对此向店面经理提出疑问，店面经理回应称，企业规定条例中有明确规定，客户最终确认付款时的接待销售人员可获得销售提成，而章琳与何晶的情况在规定中没有注明。

章琳大失所望，在之后的销售工作中总是优先接待新客户，对客户的售后服务十分不积极，久而久之，很多需要售后的客户因得不到良好的服务体验而不再回购，导致回购率降低，店面销售额也大幅下降。

在这个案例中，企业制度对合作开单的情况没有规定，导致提成分布不均，影响了销售人员的工作积极性和企业的效益。因此企业需要制定合作开单制度，保证企业销售团队的稳定。合作开单制度的设置需要包含以下 3 个方面，如图 2-3 所示。

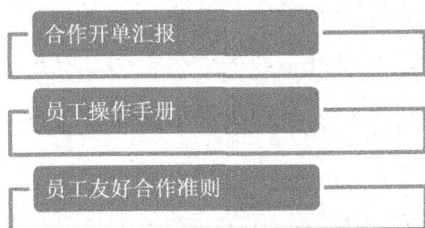

图 2-3　合作开单制度包含的 3 个方面

1.合作开单汇报

通过全面的合作开单汇报，分辨一笔合作开单的单子中，几位销售人员各自的贡献度以及提成的分配比例。

2.员工操作手册

设置相关的员工操作手册，例如在同时面对回访、售后、新客户的情况下，设计接待人员的优先顺序。

3.员工友好合作准则

设置员工之间的友好合作准则，例如不允许打压其他销售人员的销售工作，不得抢夺其他销售人员的单子等。

通过设置完整的合作开单制度，可在一定程度上消除销售人员的矛盾，有利于团队和谐。

2.5　推荐单分成制度：设定条件、比例

推荐单指的是老客户向销售人员推荐了新客户开单，或是销售人员无法接待新客户，将其推荐给其他销售人员接待。通过设定推荐单的条件与分红比例，可促使销售人员对挖掘客户背后的潜在客户更加重视。

安乐是一名新入职的销售人员，就职于哈尔滨一个售楼部，安乐通过对老员工的研究对比发现自己的开单速度基本和另一名员工贺爽相等，二人销售的楼盘区间也十分相似，但是两个人的工资却是天差地别。

安乐对销售经理提出了自己的疑问。销售经理讲到，贺爽是一名老员

工，手中拥有强大的人际关系资源，有很多老客户推荐过来的新客户，对于这一部分客户，并不是通过企业的广告宣传、品牌公关维护得来的，而是员工自行挖掘、通过人际关系得来的，因此对于这一类的客户提成比例会高一些。

销售经理告诉安乐，在工作中可以对老客户做一定的引导，挖掘其背后的潜在客户群体，给予其一些优惠，能够极大程度地获取客户的好感度，获得意外之喜，而这一类推荐单由于是熟人介绍，通常成交速度较快，人力资源能够得到一定的节约。

于是安乐开始重视对老客户关系的管理与潜在客户的挖掘，很快安乐的推荐单数量就有所上涨，而安乐也发现，推荐单的达成比开发新客户更加容易，安乐通过这样的方式获得了之前基础上 30% 的上涨薪酬。

在上述案例中，安乐由于是新入职员工在人际关系积累以及客户群维护上没有比较稳固的基础，在经过销售经理的点拨后，安乐对这一类推荐单的来源进行了维护，很快获得了薪酬的提升。

在推荐单制度的条件设定上，可以对时间节点、老客户的跟进状态、推荐人关系维护情况等内容进行细致的设定，通过这些内容设定进行判断，保证在推荐单的分配上不出现矛盾，同时也需要明确推荐单的分成，以防出现制度上的漏洞。

在推荐单的来源中，很大一部分来源于老客户的推荐或是回购。对于销售人员而言，这一类客户成单较快，对于这一类客户群的维护耗时也较少，成本较低。对于销售团队而言这一部分客户群体是通过销售人员自行开发获得的，因此销售人员可以获得较高比例的分红。企业只要在规章制度中对以上两点内容进行明确，即可保证制度的完整性。

2.6 切单处罚制度：客户被他人抢走

在销售过程中可能会出现销售人员 A 为客户介绍商品内容、即将谈妥时，销售人员 B 对客户放出更有吸引力的优惠并最终成交，这种通过销售手段抢夺客户的行为被称为切单。切单会严重影响被切单销售人员的积极性，同时也会破坏销售团体的团结。

李阳是一家 4S 店的销售人员，入职时间不长，但是学习能力很好，在学习销售技巧的同时摸索出一套低时间成本开单的方式：在其他销售人员对意向客户介绍后，交易即将谈妥时，向该客户给出更优惠的销售价格，通过这样的方式减少了自己的接待时间，提高了开单率。

其他销售人员对其行为表示十分不满，认为其抢走了自己的客户，损伤了自己的利益，并联名向店面经理举报李阳的行为，店面经理却不以为然，认为许多销售人员再三劝导降价也无法引导客户下单，而李阳却能够通过短时间的沟通引导客户立刻下单，他的开单是自己的能力所得，没有对李阳做出处罚决定。

在该 4S 店之后的运营中，客户关系逐渐紊乱，甚至出现直接抢夺客户资源的行为，使客户的购车体验极差，影响了店面的销售额与整体秩序。

在上述案例中，店面经理没有对切单行为进行惩罚，影响了销售团队的整体秩序。因此企业要吸取其教训，对切单行为制定相关的惩罚制度，如制定对被切单者的补偿条例，对切单者进行罚款及警告处罚等。

通过完善的切单处罚制度，销售团队也能够有效规避不正当销售手段，维护团队的团结稳定，将团队利益放在第一位，使销售人员共同提高团队销售业绩，为企业创造更多价值。

2.7　客户关系管理制度：拉新留存

销售人员需要不断加深对客户需求的认识，需要以客户为中心，才能够提高客户满意度。而维护客户关系也是一门学问，它能够使回购率上升，加强客户的品牌忠诚度，从而达到提升销售业绩，提升企业竞争力的作用。

在维护客户关系的时候，不仅要注意维护老客户，同时也要对老客户身边的潜在客户进行挖掘，并利用现有的客户关系扩大影响力。在制定客户关系管理制度时，要注意以下几点。

（1）维护客户关系的方式应该根据客户条件情况而变化，如通过朋友圈点赞或是登门拜访等。

（2）维护客户关系的重点要放在潜在客户群上，并且利用现有客户关系进行关系链分析，达到巩固关系的目的。

（3）通过各类公共活动来维护客户，例如通过公共媒体平台宣传企业活动，提高企业知名度，增强企业亲和力。

（4）通过对客户信息的留存，使企业服务更加人性化，使客户增强对企业的好感度。

（5）通过客户服务过程中的态度提升、着装仪表改善、标准服务用语等为客户提供更优质的服务，使客户满意度提升，以达到维护客户关系的目的。

（6）针对老客户的回购、回访、售后，可以适当简化服务流程，为其提供最高效的优质服务。

（7）为老客户提供更多购买优惠，以鼓励回头客，提高品牌忠诚度。

（8）对客户进行定期电话回访，对特殊客户群定期拜访，充分了解客户的潜在需求，保持良好关系。

（9）积极为客户群提供新品消息以及行业的有利新闻，以获得其好感。

通过以上内容制定相对完整的客户关系管理制度，为客户提供人性化、个性化的服务，并吸引新客户群、挖掘潜在客户群、稳固老客户群，为销售团队提高销售额打下基础，为企业提高核心竞争力做出贡献。

3

第 3 章
师徒制度：以老带新，传道授业解惑

在销售行业中，仅通过基础培训，新员工不能迅速适应工作，在这样的情况下，企业可以采取师徒制度，让老员工对于新员工进行一对一的指导交流。

在师徒制度中，师傅的销售目标可在一定程度上上下浮动，同时徒弟的销售业绩在一段时间内的提成可抽成给师傅作为其补偿报酬，通过这样的方式，使老员工有更多时间教导新员工，使新员工尽快上手，为销售团队做出更多销售业绩。

3.1　师徒关系落实制度：订立师徒协议

为了能够使老员工更好地发挥出"帮、传、带"的作用，为了使新员工尽快熟悉工作、提高工作能力，企业可以实施师徒关系落实制度，通过师徒之间签订协议来将新老员工进行绑定。

周舟是上海一家服装销售企业新入职的员工，销售经理部安排了一名业绩优秀的老员工赵洁带周舟，而实际上，周舟在工作中并没有得到赵洁的帮助，更多的是自己摸索。周舟发现同期入职的其他新员工也没有得到师傅太多的提点，周舟认为这样的制度是有问题的，于是向销售经理反映了这个问题。

销售经理在得到消息后，考察了相关情况后决定对销售团队中的师徒制度进行改革。首先，师徒二人将签订详细约束的纸质合同，保证合同的效力。在合同中，将师徒关系中彼此需要负责的内容、达到的效果进行详细规定，也将薪资结构进行了调整。

在销售经理对师徒制度进行优化改革后，销售团队的新员工获得了更多的指导，加快了其成长速度，团队销售额增长速度也提升许多。

在以上案例中，将师徒关系通过师徒协议进行绑定，将徒弟的功过、收入与师傅相绑定，通过这样的制度，能够促使老员工更加用心地带好新员工，使新员工能够尽快上手，为企业盈利。

师徒制度在企业中是十分重要的，师徒制度能够让新员工尽快熟悉岗位工作。销售部门的员工在工作中要和许多客户打交道，而新员工对于人际交往没有很多经验，若没有老员工的指导，新员工的上手就会十分困难。

建立师徒制度后，老员工不仅能够帮助新员工提升其工作能力，还能很好地传承团队文化与价值观，有助于新员工融入团队。建立师徒关系落实制度有助于企业降低人员流失率，促进企业发展。

3.2　师傅管理制度：资格、职责

每位老员工对如何带新员工都会有自己的方式，而老员工作为带领新员工、对其负责的中心人物，需要明确作为"师傅"的身份所承担的职责。

在北京一家从事车身洗护用品生产销售的企业中，何杰与白斐两人签订了师徒协议。何杰对白斐没有太多的约束，只总结了一些常识性的行业经验给白斐，因而白斐的成长十分缓慢。销售部门主管发现了这一情况，并经过了解发现这样的情况在销售团队中十分普遍。

于是销售部门主管针对这种情况对师徒管理条例进行了修改，对师傅如何带领徒弟的职责范围、权限度等内容进行明确，让老员工与新员工的师徒关系不再浮于表面，促进了新员工的快速成长。

通常在师傅管理制度中，师傅在工作过程中需要遵守以下 4 点内容，如图 3-1 所示。

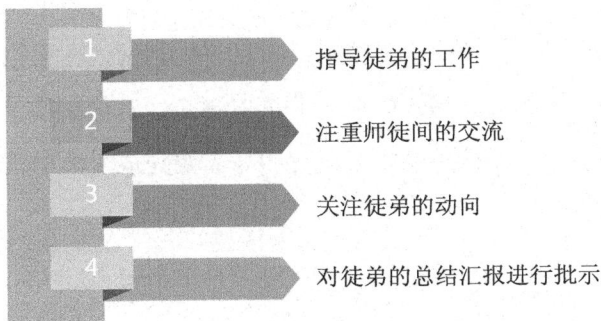

1　指导徒弟的工作

2　注重师徒间的交流

3　关注徒弟的动向

4　对徒弟的总结汇报进行批示

图 3-1　师傅管理制度的要点

1.指导徒弟的工作

在日常工作的教学过程中，师傅要经常对徒弟的学习工作进行指导，保证徒弟能够不断成长。

2.注重师徒间的交流

师傅可以在每个业绩周期始末，与徒弟进行深入的交流，通过周期数据的分析，改善自身的教学模式、改善徒弟的学习方法。

3.关注徒弟的动向

作为师傅要尽可能多地关注徒弟的动向，特别是徒弟在销售过程中的语言引导性、态度、礼仪着装等。

4.对徒弟的总结汇报进行批示

在师傅对于徒弟的管理中，徒弟需定期对自己的工作进行总结，并向师傅汇报，其目的就在于师傅可对徒弟的汇报进行批示，通过双方的沟通精准地找到徒弟工作中的不足之处，师傅也可有针对性地对其不足之处进行讲解，有效带动徒弟业务技能等的提高。

仅通过师徒关系的结成无法确保徒弟能够得到有效的帮助，因此需要进一步规定师傅的管理权限、管理资格、管理职责等，才能够确保师傅的教学成果，才能够促进徒弟的成长，为其以后的发展打下基础。

3.3 徒弟学习制度：向师傅认真学习

在制度的作用下，师傅会为徒弟提供最好的教学，徒弟也要配合教学工作，认真的学习相关知识，因此企业可以制定针对徒弟的学习制度，激发徒弟学习的动力。在徒弟的学习过程中，需要完成以下的基本要求，如图 3-2 所示。

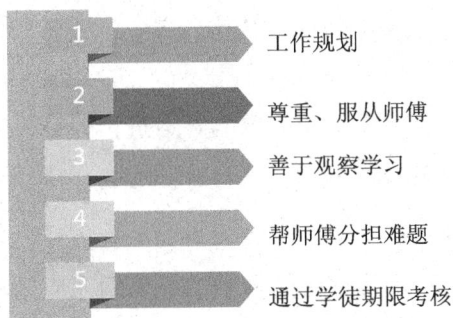

图 3-2　徒弟学习制度的要点

1. 工作规划

徒弟需要按照业绩评定方案进行工作规划、按照基础的工作规划进行相关的学习工作，并定期向师傅汇报，根据意见进行改正。

2. 尊重、服从师傅

徒弟要尊重师傅的意见与建议，工作态度要端正，要谦虚好学，并且要服从师傅的工作分配与安排。

3. 善于观察学习

徒弟在工作中要善于观察，通过观察同事的工作状态与内容，进行总结，有不明白的问题及时进行总结归纳并向师傅提问，学习师傅与其他同事的技巧经验。

4. 帮师傅分担难题

徒弟在工作中要主动帮助师傅分担难题，通过良好高效的沟通解决遇到的难题，帮师傅做一些力所能及的工作。

5. 通过学徒期限考核

徒弟通过学徒期限的考核，业绩达标后才能转正，迫于业绩压力，徒弟需要认真学习，达到业绩标准。

徒弟学习制度能够通过制度约定员工的职责范围与义务，保证新员工的学习效率与工作状态，能够以最快的速度适应工作环境，使新员工能够更好地为团队创造业绩。

3.4 师徒等级制度：等级划分，升级标准

在师徒制度中，需要对师傅与徒弟的等级进行划分，通过对徒弟的业绩等内容的评定对其进行等级评定；通过徒弟成长速度、质量、带徒弟的数量来确定师傅的等级。

林璐璐是河北一家日用品销售企业中的一名新入职的销售人员，她与老员工张辉签订了师徒合同，合同中明确写明了试用期为两个月，林璐璐在张辉的教导下第一个月成功达到业绩标准，但是由于张辉第二个月请假频繁，十分影响林璐璐的工作状态，因此林璐璐第二个月没有达到业绩标准。好在林璐璐第一个月的业绩水平中等，最后的考核成绩仍然能够达到转正标准。

林璐璐虽然通过了实习期的考核，但是她的考核成绩却只有 C 级，在企业的 C 级制度下，她的薪资标准结构为基本薪资 +30% 的提成，而如果她能够通过第二个月的业绩标准，将考核成绩提升到 B 级，则工资结构则可以变成基本薪资 +35% 的提成，虽然只相差 5% 的提成，但是对于以销售额提成为主的工资制度来看，数额的层级差异较大。

对林璐璐的导师张辉而言，虽然林璐璐的成绩一般，仅达到了 C 级考核，但由于林璐璐是张辉的第十名徒弟，且综合业绩成绩较好，于是张辉被评为二级导师。

师傅的等级可以设为不同的梯度，而不同的梯度之间需要划分严格的标准，例如学历、职称、所处岗位、在企业的工作年限、曾经带过的徒弟人数、徒弟业务能力评分等不同的评审要求。除此之外师傅的等级划分还可以根据团队贡献度、是否具有特殊贡献奖等内容进行上下浮动。

对于徒弟的等级划分则相对容易一些，在师徒合同期内的表现、业绩等内容会决定其等级，而徒弟等级的评级也会一定程度上反作用于其培养期限。新员工的师徒合同期过后，部门主管根据新员工的业绩表现及其评

级，对其基础工资额度等内容进行一定程度上的调整，使新员工的薪资与其能力相符。

3.5　师徒业绩分配制：师傅＞徒弟

对于销售团队而言，师徒关系的签订不仅使新员工更快适应工作环境，也有利于提升老员工的业绩。一些工作很久的老员工，由于不良的工作习惯、积极性较差的工作状态以及一些其他因素的影响，导致其业绩并不突出，而师徒业绩分配制度可以很好地改善这种情况。

谢虎是一名 4S 店的销售人员，入职已经半年有余，但他的业绩一直无法提升，谢虎对此非常苦恼。销售团队主管针对谢虎的业绩问题与他进行了沟通，了解了他的工作状态后，销售经理叫来了另一名业绩优异的销售人员张莲，希望张莲能够帮助谢虎进行工作上的改善。张莲与谢虎签订了师徒协议。

在之后的工作中，谢虎发现自己相比于张莲，工作状态较差，无法带动客户的购买欲。同时谢虎发现自己对销售内容的熟悉程度也不如张莲，张莲对店内车型报价等烂熟于心，而谢虎还需要根据报价单进行报价。

随后谢虎根据这些情况对自己的工作进行了调整。利用业余时间对销售内容进行背诵巩固，每日上班前都会调整自己的状态，以最好的状态积极地接待客户，谢虎的客户都认为谢虎业务能力很强，人也十分积极向上，愿意在他的介绍下签单购车，谢虎的销售业绩自然就提高了。

在这个案例中，张莲和谢虎一个销售业绩较好，另一个较弱，双方签订师徒协议后，谢虎可以通过张莲的指导，改进自己的不足之处，提升自我，最后提高自己的销售业绩。

这样的业绩分配制度对新老员工都能够起到一定督促、提升的作用，能够调动员工积极性，帮助业绩较差的员工突破瓶颈，创造更好的销售业绩。

3.6　师徒责任制度：师傅对徒弟负责

在销售行业中，员工可能会由于对业务不熟悉、业务操作流程不规范或是其他原因，损害企业的利益。对此需要利用师徒责任制度，保证师傅能够对徒弟的行为负责。

杭州一家名胜景点的销售人员实行的是师徒关系制度。张婷与新员工王梅签订了师徒协议，两人的师徒协议时限为 3 个月。在工作时，王梅不慎打碎了一个价值 2 000 元的名贵瓷器，该店面经理决定让王梅赔偿 1 500 元，其师傅张婷赔偿 500 元。这样处罚的原因是张婷对王梅的行为承担连带责任，王梅做出有损店面利益的行为时，两人要共同承担责任。

张婷认为，自己在教导的过程中没有教导好王梅，没有涉及店面的整理与摆放，导致了这次意外的发生，于是对其补充了相关内容的教学。王梅认为由于自己的失误导致师傅也受到惩罚，于是更加努力地学习相关知识。

王梅的努力得到了回报，在王梅入职的第二个月和第三个月其业绩不断提升，甚至在第三个月时拿到了上万元的工资，张婷也因此获得了一定的奖金。

在上述案例中，王梅打碎瓷器却要师徒两人共同赔偿，这之中实行的就是师徒责任制度。在这样的制度下，师傅会提高对徒弟的注意度，减少其犯错的概率，并在此基础上逐渐提升个人水平，提升销售业绩。

师傅作为带领徒弟工作的引路人，要充分照顾到徒弟的各方面，不仅包括业务内容，也包括业务手段、精神状态、个人生活等方面，对于徒弟犯的错误或是徒弟违背了团队条例的情况，师傅在一定程度上承担连带责任。因此，这样的制度能够保证员工的工作不会出现大错误，降低员工风险。

3.7　师徒评估制度：优秀、良好、一般

在师徒关系落实后，师徒两人的利益、荣誉有一定的关联性，而在师徒评估制度的实行下，师徒间的关联性则会大大增强。

武汉市的一家服装销售企业主要负责给全国各地的供应商供货，其货源质量较好，因此销售价格也较高。在该销售团队内，何芸与郑帅两人签订了为期 3 个月的师徒协议，在这期间，两人的责任相关联，业绩分红也会共享，对于徒弟的错误师傅也需要负责。

何芸悉心指导郑帅的工作，郑帅通过一段时间的学习后自己的业务水平也有了一定提升，销售团队在两人结束师徒合约时，对师徒两人进行了评估。

何芸在带徒弟期间自身业绩维持在一个相对稳定的状态，而郑帅也成功提升了自身的业务水平，销售业绩大幅度上涨，销售团队将两人评为优秀，并计入了业绩考核及晋升条件的参考中。

在上述案例中，何芸与郑帅能够通过师徒协议共同努力得到好的结果，自然能在评估中得到优秀的成绩，但若是师傅对徒弟进行了尽心尽力的指导，徒弟的成绩仍然较差，那么师傅即使再用心也会得到较低的评分。若是师傅对徒弟没有过多指导，反而是徒弟自身学习能力较强自学成才时，师傅也不会得到太高的评分。

在师徒评估制度下，销售团队内的师徒会各自配合对方的工作，对方都能得到最大的提升，使得销售团队利用最低的培训支出、利用最优的制度提升销售人员能力的效果达到最大化。

3.8　师傅失职处罚制度：降级扣薪

若师傅在带徒弟的过程中出现了严重失职、没有对徒弟负起责任等情况，企业应该对师傅进行一定的惩罚措施。

贺伟是一名新入职的销售员工，他与销售团队中的王斌签订了师徒协议。王斌业务能力很强，这也导致王斌工作十分繁忙，对贺伟根本无暇顾及。

相比之下，与贺伟同期进来的新员工都在各自师傅的带领下成功地开展起自己的业务，贺伟却由于流程不熟而手忙脚乱，导致客户流失的情况十分严重。贺伟向团队负责人反映了情况，团队负责人在核实了情况以后，决定对王斌采取降级扣薪的惩罚。

由于被降级，王斌的薪资结构发生了变化，经过反思后，王斌决定将重心向教导贺伟倾斜。最终，王斌通过指导贺伟，将自己的师徒等级升级回到之前的水平，贺伟通过王斌的指导也成为了一名优秀的销售员工。

在上述案例中，王斌就是由于只顾及自己的业绩，无视了贺伟的成长，导致贺伟无法尽快融入工作，也因为这样的原因，导致王斌的师徒等级被降级，薪资水平被降低等。而师傅失职处罚制度也有效地促使了师傅的工作，使其承担起应尽的职责，更好地教导徒弟。

师傅失职处罚制度可使师傅更加认真对待师徒制度，使师傅提高带徒弟的自觉性，加快了新员工成长速度，提高了新员工培训的效率，使得企业在降低培训成本的同时也能够提高销售额度，为企业带来更好的经济效益。

4

第 4 章
销售考核制度：各等级有不同方式和内容

　　销售人员也分为不同层级，而对于不同层级的销售人员也要有不同的考核制度，这是不同等级的工资结构、工资浮动范围不同和销售对象与销售方式的差异所决定的。

4.1 销售培训制度：业务、团队文化、时间分配

为使新入职的销售人员能够尽快适应工作节奏，提升业务知识、提升销售水平，企业需要制定针对销售人员的培训制度，通过完整的培训授课，使销售人员了解工作内容、销售目标、企业文化、销售人员的时间分配等。

在培训的方式上可以选择一对一的师徒制度，也可以选择集体培训的方式。针对销售人员的培训计划应以3方面为主线：业务内容、团队文化、时间分配，如图4-1所示。

图 4-1 培训内容的 3 条主线

1. 业务内容

业务方面要进行十分充足的培训，首先是对了解、熟悉商品方面的培训，包括商品的数据、用料、市场价值、特色等。

其次需要对竞争对手做系统性的了解，比如同行的同类型商品价格、各自的优劣势、如何通过分析对比其优劣势起到劝说顾客购买的效果等。

再次是对销售技巧的培训，熟练地使用销售技巧可极大地提高销售人员的销售业绩。

最后是对于销售流程的培训，对于如何出售、开单、回访、售后以及在销售过程中需要填写哪些单据等内容进行讲解，保证员工对销售的基本

流程做到心中有数。

2. 团队文化

团队文化是由团队整体的价值观、团队信念、行为准则等内容组成的文化，它能够在一定程度上表现出团队的内在特质。对新员工讲解团队文化、团队价值观等内容有助于新员工尽快融入团队，激发员工的使命感、归属感。

3. 时间分配

时间分配是对工作过程中的时间分配，由于销售的行业性质，销售人员的时间安排通常不是十分固定。

时间分配的培训就是培训销售人员如何将时间分配合理。在销售开始之前需要进行多长时间的准备工作、电话形式的邀约在哪个时段进行收益最好、通话时长控制在多长时间、邀约数量控制在多少个，项目介绍通常需要多长时间、客户在多长时间内没有音信则可视为无意向客户等。

在对销售人员进行以上三方面的培训时，需要将这三个方面进行串联，不断加深销售人员的记忆，以达到最好的培训效果。

4.2 销售经理考核制度：兼顾结果和过程

销售经理的考核制度相比于普通的销售人员的考核制度要更加复杂一些，对于销售经理而言，一方面要做出销售业绩，另一方面也要带领团队、照顾员工。

对于销售经理而言，其工作能力并不完全表现为个人的销售业绩，也表现在对销售团队整体的把控上。因此销售经理考核制度需要兼顾该销售区的销售额度和销售经理的管理水平。

北京某家汽车销售企业，企业人事部门发现企业销售经理这个岗位的离职率远高于其他岗位，经过调查发现，该岗位的人均薪资较低，企业之前的考核制度与薪资挂钩，考核制度中只有销售额度与人数的相关内容，而销售经理的业绩也与区域员工销售额挂钩。

企业会拿出销售经理团队提成额度的 2% 给销售经理，而销售经理个人销售单的提成率只有普通员工的 60%，企业这样规定的原因是希望销售经理能够将工作重心放在团队的管理与提升上。但实际上，在这样的考核制度下，员工从普通销售人员提升为销售经理后，其工资水平并没有过高的浮动，而其责任与负责项目的数量却直线上升。

企业在了解了这一问题以后，修改了销售经理的考核制度，销售经理需要按阶段、按时段进行总结汇报，将工作过程中遇到的困难及解决问题、团队状态、销售业绩等情况进行综合汇报，并将汇报核算转化为相应的系数并与团队提成相乘。同时将团队提成额度的 2% 提升为 3%，使销售经理更注重对团队的培养。

每个月进行员工对销售经理满意度的匿名调查，并以调查得出的综合分数作为对销售经理晋升的参考。针对有新员工入职或是有人员调动的区域，该区域销售经理当月的销售指标在一定范围内浮动不会直接影响其业绩考核。

在企业做出一系列改革后，销售经理岗位的人员流失情况得到了显著改善，在实施该措施一个季度后，企业的销售额度有了阶梯式的增长。

在上述案例中，之前的销售经理考核制度相对不完善，仅注重团队销售结果，并不注重其过程，而销售经理除了要带领团队，还要进行其自身的销售工作，对其而言平衡两项工作是十分困难的。而企业将销售经理对团队的培养与工资挂钩的考核制度能够保证销售经理同时兼顾方面因素，保证销售经理的个人利益。

销售经理考核制度将其工作内容核算入业绩考核内容中，使得销售经理的工作成果能够得到重视，保证销售经理的个人工资、业绩能够得到最公正的评判。

4.3　销售人员考核制度：公平的同时增加挑战

在评判销售工作时，需要对每个销售人员负责，为了给予销售人员公平的评分，销售团队需要建立一套完整的考核制度，在公平的同时也要给销售人员一定压力，促使他们主动提高自己的销售业绩，为团队提高销售额度，尽快达成销售目标。

团队制定考核标准的目的是以业绩考核为员工定下要达到的销售量、以行为考核为销售人员定下工作整体性质。销售量的制定也要做到公平客观。这两点的综合成绩是评判员工的考核标准，考核结果也要与销售人员的收入挂钩。

考核标准中，销售人员的业绩标准要以销售团队的当月指标为准，除此之外销售人员的行为规范也十分重要，针对这项内容的考核标准不会像业绩考核一样直观，相对复杂一些，主要从以下 4 个方面进行考核，如图 4-2 所示。

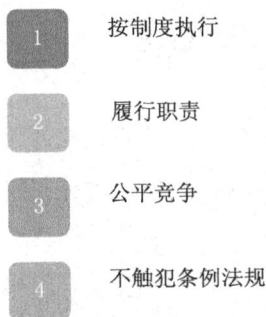

1	按制度执行
2	履行职责
3	公平竞争
4	不触犯条例法规

图 4-2　销售人员行为规范考核要点

1. 按制度执行

考核销售人员是否严格执行企业销售团队的各项工作制度、工作标准、保密制度、考勤制度等。

2. 履行职责

考核销售人员是否履行了销售工作的职责、是否为客户提供了优质的服务、是否完成业绩目标。

3.公平竞争

销售人员在工作的时候，是否坚持了公平公正的原则，是否有切单、抢单或是其他不正当的竞争行为。

4.不触犯条例法规

销售人员的销售行为是否触犯企业条例、违反国家法律法规，或导致失误或事故等。

在包含以上内容的情况下，企业销售团队可以根据自身情况，对考核制度进行更加细致的规定或补充。

以业绩考核和行为规范考核两种方式的综合评分可以保证销售人员的考核制度的公平性，销售人员的业绩标准又是以当月的销售指标为参考，也使得销售人员制定的考核标准具有一定挑战性。销售人员的考核制度可以提高销售人员的工作积极性，提升销售团队的销售额，以便更好地完成销售目标。

4.4 考核方式选择制度：拒绝搞一言堂

在考核方式上需要保证多种制度的可选性，拒绝以团队意见为直接执行意见，设置员工自选的考核制度更能激发销售人员的积极性，使其更加努力完成自己定下的目标。

钱爽是一名新入职的保险行业的销售人员，顺利通过了试用期的考核。在正式工作的第一个月，钱爽了解到企业的考核制度是可以自行选择的，例如在行为考核上，可以选择集体打分制或回答企业行为标准试题，同时参考日常的签到、打卡、开单表格进行考核。

在业绩考核上，也可以进行自由选择，例如仅考核开单业绩，或选择考核开单业绩和意向客户，销售人员可以根据自己的工作安排进行选择。

钱爽选择了回答企业行为标准试题 + 参考日常表格的方式进行行为考

核。而在业绩考核中，由于钱爽是一名新员工，每天的工作就是电话邀约和客户接待，因此她选择了开单业绩 + 意向客户的方式来进行业绩考核。

钱爽认为，在保险行业中，若是已经通过前期的业务合作积攒了一定的客户群资源，客户的潜在群体相对较广，这种情况下可以选择仅计算开单业绩的考核方式。

在行为考核的标准上，钱爽认为自己是一名新员工，其他销售人员对自己印象不深，作出的评价可能会有失公平，因此她选择了回答试题 + 参考日常表格的考核方式。若是在销售团队中工作时间较长的销售人员，对彼此之间行为准则等方面有清楚的认知，这时选择集体打分制度会更好。

在上述案例中，钱爽所在的企业实行的是多种考核方式并存的制度，销售人员可以根据自身情况进行自主选择。这样的做法一方面能够激起销售人员工作的积极性，另一方面也可以保证不同类型的销售人员能够得到相对公平公正的考核，而不是一言堂式地对所有销售人员进行相同的考核。

4.5　考核内容设置制度：不同等级有区分

针对不同级别的销售人员需要准备不同的考核方式，这是由于各级别之间的薪资结构构成有一定差异，因此考核制度也要进行跟进，保证考核的公平性。

郑欣是一家化妆品店的销售人员，亲和力强，言语亲切，销售业绩很好，但她经常会由于接待客户忽略了对店面整洁的维护，常将客户试用的样装摆放在一边，就去为客户寻找其他商品。

郑欣在 2019 年第一季度的考核评级中只达到了 C 级，虽然郑欣销售额很高，但她的行为十分影响店面的整洁度，给客户留下较差的印象，还会严重影响其他销售人员的工作，因此郑欣只拿到 C 级评分。

何慧慧是该店面的销售经理，她在 2019 年第一季度的考核评级中拿到了 B 的评级，作为销售经理，何慧慧将店面管理得很好，虽然销售团队中有像郑欣一样销售能力出众、但影响店面整洁的员工，但何慧慧也安排了其他员工为郑欣善后，随时保持店面整洁，以最佳状态迎接客户，除此之外何慧慧自身的销售业绩也很高。综合而言何慧慧团队的销售能力、业绩、行为考核等内容，何慧慧的评级能够达到 B 级。

在上述案例中，郑欣的考核内容中有销售业绩、行为考核等内容，由于其行为考核分数较低，导致郑欣的考核层级只有 C 级。而何慧慧能够合理地安排员工对郑欣的缺点进行及时弥补，保证其行为不会对整体产生影响，同时其个人业绩优异，团队整体业绩合格，因此她的评级能够达到 B 级。

何慧慧的考核内容中比郑欣多出一项团队管理的内容，这项内容是基于何慧慧职位的职责所在，若对两人采用相同的考核方式，则会大大影响考核的公平性、全面性。因此针对不同等级的销售人员采取不同内容的考核制度，这是一种相对合理的考核的方式。

4.6 价值观考核制度：人品好，态度端正

除了销售业绩的考核外，企业还要重视员工的品格，通过价值观考核制度来考核销售人员的人品，保证员工工作态度端正、敬业爱岗，才能够进一步稳固销售团队。

赵生是一家广告公司的销售人员，他对业务内容十分熟悉，销售业绩很好，但其评级却在 C 级，原因是他的企业的价值观考核分数较差。赵生为了能够提升评级，利用业余时间学习企业的核心文化、销售团队价值观等。终于在之后的考核评级中达到了 B 级。

在上述案例中，赵生通过学习企业的文化、价值观，提升了自己的考核评级，赵生也能够使自己的行为表现、销售理念等内容更贴合企业，进一步融入企业团队。

价值观考核制度的存在实际上是为了扶正销售人员价值观，企业的价

值观考核制度中，需要制定如下内容，如图 4-3 所示。

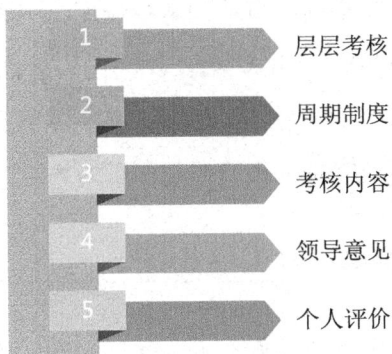

图 4-3 价值观考核制度要点

1. 层层考核

价值观考核需要对团队销售人员层层考核，使各级员工的思想价值观能够符合团队要求，保证员工的品格与素质。

2. 周期考核

价值观考核需要实行周期考核制，以年度为大周期，以季度、月度为小周期，每个小周期的考核分数汇总成为大周期的总分数，保证价值观考核制度的公平公正。

3. 考核内容

在价值观考核中，需要涉及企业价值观、企业文化、团队销售原则、企业价值观应用等诸多方面。

4. 领导意见

在价值观考核内容中涉及员工的领导。领导要对其给出意见，包括员工平时的工作状态、工作表现、对员工企业文化践行的程度，是否有违背企业价值观的行为、是否有影响企业收益的严重违纪等内容，员工的领导需要进行定期的汇总汇报，并据此给员工打分。

5. 个人评价

员工在价值观考核中需要对自己的工作内容进行全面的叙述，并且进行自评，总结优势与不足，以此观察员工的核心价值观应用。

通过以上内容建立起全面的价值观考核制度，保证企业的价值观考核制度是公平公正的，也保证其能真实地反映员工的核心价值观。根据员工的价值观考核评分与其他业绩考核分综合评判员工的整体素质，并以此为员工评级，激励员工自我完善，提高销售团队的竞争力。

4.7 考核结果应用制度：种类越多越好

销售团队中存在诸多考核制度，不论使用什么样的考核制度，对考核结果的应用都是十分重要的，而对考核结果的应用是一套复杂的体系。

在销售团队中，销售考核制度的分数结果与销售人员密切关联才能够激起销售人员的工作积极性。而关联性越密切，越能够使销售人员感受到业绩的重要性，因此考核结果的应用方向、应用种类越多越好。

在考核结果的实际应用上，除了和薪酬挂钩，还和晋升与辞退、职称、评级、员工福利、培训机会等内容相关联，如图 4-4 所示。

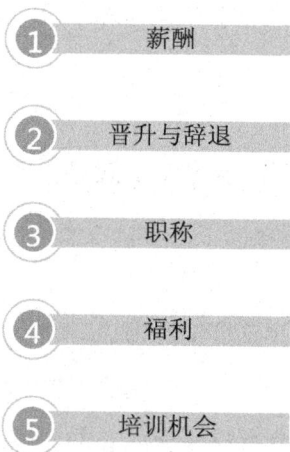

1. 薪酬

2. 晋升与辞退

3. 职称

4. 福利

5. 培训机会

图 4-4　考核结果的应用方向

1. 薪酬

销售人员的考核结果会直接关系到其薪酬体系，除去薪资 + 业绩的分配方式外，还有优秀员工的部分分红内容，而评级较高的优秀员工与普通员工的业绩比例也不同，这在很大程度上能够将薪酬进行区分，促使销售人员提升自己的考核结果。

2. 晋升与辞退

员工不仅关心眼前的既得利益，同样也关心今后的职业规划与发展路线。针对考核结果优异的员工，企业将其记录入案作为日后晋升的参考，对于考核结果不尽如人意的员工，企业也可以根据几个业绩考核周期的结果作为参考，决定是否辞退该员工。

3. 职称

考核结果也应用于在企业职称的评聘上，考核结果能够较为公平公正地反映员工工作的真实水平与状态。

4. 福利

在福利方面，若员工考核结果优异，自然会得到更高级的评级与更丰厚的福利待遇。

5. 培训机会

对于考核结果优异的员工，企业认为其具备的可培养性远高于普通员工，因此会给予其更多的培训机会，使其得到更好的学习机会，提升自己的水平为企业效力。

在考核结果的应用方向上，种类越多、条款越细化，对于员工的激励性越大，促使其销售业绩提升，为企业创造更多效益。

4.8　考核奖惩制度：标准明确，内容具体

企业为了提高员工的工作效率，降低用人成本，需要通过奖励制度提升员工的工作积极性。而有奖就有罚，企业通过考核结果制度、考核奖惩

制度，能够强化销售团队的工作效率，提升销售团队的收益。

考核奖惩制度可以提高员工的工作积极性，规范员工的工作行为。考核奖惩制度根据销售团队业绩额度的完成情况、各自的贡献度、考核结果的评分等，对员工进行奖惩，对于完成标准量之上的员工给予业绩分红的奖励，而对于未完成标准的员工，则扣除一部分薪资作为处罚。

另外，在工作中若是个人的工作失误对团队造成不良影响，视情节严重性给予不同的处罚。

若销售员工在多个考核周期重复发生考核结果较差的情况，其销售经理要对其进行批评教育，并且使用不同手段辅助员工提升业务水平，情况严重者可以加倍对其处罚甚至作出对其调职、停职的处理。

在工作流程中，销售人员在面对工作的每一道流程或是接手他人的工作时，都要对流程进行检查。若发现问题，应该及时向销售经理报告情况并及时解决，通过和客户、团队的良好沟通保证自己的服务水平。

而若是员工对所受处分有异议，应在规定时段内进行申诉，在申诉后企业根据申诉内容进行反馈，决定维持处分或是撤销处分等。

奖惩制度的适用范围应完整地贯穿于销售团队的各项规章条例中，销售团队的员工都要自觉遵守，并可相互监督举报。

5

团队 PK 制度：鲶鱼效应激发战斗力

鲶鱼效应指的是将鲶鱼放到沙丁鱼中，鲶鱼在对沙丁鱼造成威胁的同时也激活了沙丁鱼的求生能力。将鲶鱼效应应用于企业管理中，将大团队划分为对立的小团队进行竞争，能够激发员工的进取精神，提高员工的工作热情，最终达到销售团队水平的整体提高。

5.1 PK 周期制度：月度、季度、年度

一个优秀的团队需要强大的凝聚力，而团队的 PK 能够提升团队的凝聚力，在团队 PK 方式上，周期性 PK 制度是一种核算方式简易的 PK 制度。

河北一家数码专营店中，销售经理将 6 名销售员工分为 A、B 两个小组，为双方制定了团队 PK 赛的规则，目的是促进员工之间的相互了解，增强团队员工的协调力，最终提高销量。PK 周期分别为月度、季度和年度。

A 组的三名员工中有一名是新员工，对工作内容不太熟悉，而 B 组有一名员工是调岗来到该店的，其业务能力相对较好而团队关系较弱。A、B 两组在进行 PK 时，A 组由于新员工在业务上的不熟悉占了弱势，在第一个月的 PK 中落败。

B 组的调岗员工由于个人原因不能全身心地投入工作，业绩逐渐下滑。而 A 组的弱势情况也由于新员工学习能力较强而被弥补，A 组在第二、第三个月逐渐追赶上了 B 组的业绩进度，获得了季度 PK 赛的胜利。

在一个季度后，销售经理将 6 名销售人员打散，重新分为 A、B 两组，进行全新的团队 PK。这样的做法不但能够使上一季度中的落败方重塑信心，也有利于员工的团结。

在 PK 周期制度中，可以以业绩考核、价值观考核等内容作为 PK 数据，降低了组织团队 PK 的成本，同时还能够提高员工效率与团队业绩。

5.2　PK 项目制度：销售额、销售量、销售人员

PK 周期制度适用于相对稳定的行业，而以独立项目为周期时，PK 周期制度就不再适用。在项目的前、中、后期，每个期限内销售额度都会随项目进度产生变化，而 PK 项目制度是十分适用于项目之间的 PK 的。

PK 项目制度需要双方项目规模相似，同时也需要销售额、销售人员、销售量的对等，这样才能够将 PK 项目制度作为团队 PK 的方式。

王岳和何云是同一家房地产企业的销售经理，该房地产企业正在运作多个项目。王岳和何云两人所负责的地产项目地理位置、数量、价格等方面基本相似，销售部门为两个团队制订了团队 PK 的计划，并以各自项目数据为参考指标。

王岳的团队由于销售人员数量相对占优势，因此在前期其销售额较好，而何云抓住了企业扩招的机会为自己的团队纳入了 2 名新成员，并与王岳的团队实力相当，双方从销售人员数量上没有太大的差别。从销售量来讲，何云所负责的项目与房源数量略大一些，而项目建设期的定价又相对较低，因此何云负责的部门销量能够很快与王岳齐头并进。

在项目即将完工时，双方团队的销售价格都出现上涨趋势，因此销售速率放缓，在项目正式完工时王岳的团队以微弱的优势，获得了项目 PK 赛的胜利。

在上述案例中，王岳和何云负责的项目在销售额、销售数量以及团队销售人员构成几方面相对均等，因此能够实行以项目为周期的团队 PK 制度。若项目 PK 双方差异过大，则无法进行数据的比对，也无法保证 PK 的公平公正。

在项目 PK 的过程中，销售人员的销售额和销售表现同样重要。销售人员的个人业绩评定、品行评定综合所得的考核结果同样也要计入项目 PK 制度的分数中。以此保证员工的个人行为能够影响项目 PK 成绩，

进而达到对员工的激励作用，使员工能够提高主观能动性，积极为企业创造效益。

5.3　PK 积分制度：原始积分＋增减标准

为了能够提高员工的自觉性，以积分制度作为员工日常工作的考核记录方式是十分公平的。能够促进员工之间的公平竞争，同时也能够增强员工的自主能动性。

在团队 PK 过程中实行积分制度。对于员工的违规行为可以以扣除积分为手段进行惩戒。扣除积分不会影响到员工薪资，员工比较容易接受。而由于积分与团队 PK 的胜负挂钩，同时也能够给员工一定的压力。

从员工的心理上，由于没有涉及经济利益，员工并不会有太大的心理负担，积分扣除制度也会对员工造成一定程度上的激励效果，这也是团队 PK 制度中采取积分制的最大成效。

以积分制度进行团队 PK 能够对员工进行监督，能够培养员工良好的工作习惯、降低人才流失度，同时能够迅速建立健康的团队文化，加强团队的执行力等。因此积分制度的安排与配比十分重要。

双方团队应设置基础积分与积分下限，规定积分制度中如何判定输赢。在积分的增减标准中，需要覆盖到员工工作的各个方面，包括考勤、开单、个人面貌、客户维护、品行等，对于积分的增减也要有明确的固定数值，保证员工对积分的获得与扣除做到心中有数，同时能够使员工对赚取更多积分获得团队 PK 赛的胜利产生更多积极性。

PK 积分制度创新了管理方法制度，能够拉近团队成员的距离，使团队成员能够互帮互助，调动员工的积极性，同时能够建立起一支具有凝聚力的团队。

5.4　晨会 PK 制度：在晨会上展示风采

晨会指的是利用工作开始前的 5~10 分钟，全体员聚集在一起，交流行业信息、安排当日工作的重要会议。而晨会也是检查出勤率、发布最新的工作指令、对员工工作进行总结指导、提高员工士气、实现员工与领导层面信息交流的重要渠道，晨会有利于能培养员工优良的精神面貌，提升团体工作效率，达到更好地完成业绩目标的效果。

在晨会 PK 制度中，团队要在晨会上展示自己的风采，为各自的团队争分。而晨会也是最能展现团队凝聚力、提升其团队斗志的场合。在晨会 PK 制度中，有以下几点注意事项。

（1）团队面貌：在晨会 PK 时首先检查团队人员的整体状态，是否面带微笑、动作整齐，并据此为 PK 团队打分。

（2）仪容仪表：参与晨会 PK 的团队相互检查各自的仪容仪表是否符合团队要求规范，包括着装是否符合团队要求、是否整齐等，并按照要求指出对方不规范处，进行打分。

（3）总结与展望：晨会上团队需要各自总结昨日业绩，通过问题分析指出工作时存在的不足，为当日的工作指出重点，为团队安排当日的工作内容，提出工作期望。

（4）培训：通过晨会的机会锻炼销售人员的语言技巧，通过温故知新的方式保证销售人员能够以最优的状态面对客户。

（5）创新：由晨会 PK 团队的销售经理带领大家进行互动，发挥主观创造性，鼓励员工为销售团队提出意见与建议，或是提出新的营销方案。

（6）激励：在晨会结束前，由各自的销售经理总结团队表现，并带领员工喊响团队口号，要求声音洪亮，团队成员的动作要求整齐划一。

（7）时长：整个晨会的时长不能过长，最好维持在 5~10 分钟内，时间过长容易失去激励效果，同时也会占用过多的上班时间，影响上班效率。

晨会 PK 制度一方面可以激发员工斗志，另一方面通过晨会制度制定当日目标计划，可使员工的工作更有效率。晨会 PK 制度可增进员工感情，增强销售团队的内在凝聚力，最终达到提高团队销售额的目的。

5.5 PK 氛围营造制度：保持良性竞争

在企业营造起紧张的 PK 氛围，可调动员工积极性，提高其工作效率，使团队内的恶性竞争转化为良性竞争，使 PK 的重点落实于结果上，使销售团队提高销售业绩。

在一家手机销售中心，其销售人员被分为两个团队进行业绩 PK，甲团队为了调动员工的积极性，提高销售业绩赢得 PK，采用了一系列的激励措施。

首先，将整体的业绩目标制作成一份清晰明了的看板，摆放在店里显眼的位置，时刻进行激励，提高销售人员的销售热情。

其次，利用微信、QQ、钉钉、短信等渠道定期进行指标总结播报，使员工对销售进度有明确的了解，能够知道需要做出多大的努力才能够完成目标，打败 PK 对手。

再次，利用标语、横幅等物品为员工加油打气，通过文字的激励将团队氛围提升，提高销售人员的危机意识，达到提升士气的效果。

最后，通过每天开例会，对工作内容进行总结、对员工进行不断激励，刺激团队的整体氛围。在 PK 活动阶段性总结时，对优秀员工进行嘉奖表扬，例如通过积分制、奖励兑现等方式表扬优秀员工。

5.6 团队竞赛制度：签订竞赛条约

在团队竞赛中，销售业绩是竞赛的核心内容。销售团队的竞赛，其筹码十分多样化，除去金钱的奖惩制度外，也可以选择其他内容，例如行为上的惩罚和物质上的奖励等。

北京某家高端服装旗下的三家连锁店实行店面之间的 PK 制度，并且定下了对赌协议，年度奖励是为获胜的销售团队提供团队旅游。在经过一年的努力后，A 团队销售额最高，成功完成了对赌，于是 A 团队获得了企业的分红奖金，同时获得了团队旅游的机会。

B 团队勉勉强强完成了既定销售目标，但由于没有获得销售业绩第一，与团队旅游失之交臂，但完成销售目标仍然能够获得分红奖励。而 C 团队整体水平较低，没有完成销售目标，不但不能参与团队旅游，也没有获得分红奖励。除此之外，根据对赌协议，团队需要扣除一部分的年终奖与业绩奖金，而这一部分业绩奖金与分红奖励的金额则作为 A 团队的旅游开支。

在对赌协议中，C 团队作为业绩最差的一方，在对赌中无法获得任何奖励，同时还需要付出一定的既得利益为 A 团队提供旅游开支。A 团队则通过自己的努力争取到了免费团队游的机会。

在实际的团队 PK 制度中，可以签订细致的对赌条约，对赌内容可以根据团队大小进行变化，奖惩也可大可小，例如，没有完成业绩目标的团队员工可以选择的惩罚有扣除基本薪资、承担店面打扫或是类似于喝苦瓜汁一类的整蛊惩罚。惩罚自然与奖励挂钩，奖励可以选择基础的薪资奖励、团队旅游或是实物奖励，如发放手机、平板等。

对赌中需要对奖惩内容、既定目标进行详细的规划梳理，防止对赌协议出现各方理解不同、达成效益不同的情况，并以纸质文件落实到书面上，通过这样的形式给予签订对赌协议的双方团队紧迫感与压力感，迫使员工能够提高工作积极性。

5.7　PK 结果认定制度：责任人、输赢标准

实际上每一家企业的销售团队实施团队 PK 制度都是为了让团队更有激情、让团队成员更有动力，但是能够实际做好团队 PK 的企业很少，原

因就是没有掌握 PK 制度的精髓。

在团队 PK 过程中，需要制定一个整体团队的负责人，这位负责人要承担团队的整体策略制定与对团队成员的把控等重要责任，这位团队负责人实际上也是 PK 团队中每位成员的责任人。

河南省一家保健品专卖店中，销售经理在其团队内实行团队 PK 制度，双方的责任人分别是何峰与秦书琦。何峰为自己的团队定期梳理销售目标业绩，并设法促进团队和谐，秦书琦则是以身作则带动团队整体的销售氛围，双方团队的竞争十分激烈。

在销售团队 PK 制度的规则中，明确写明任意方优先达到销售目标业绩即可视为在团队 PK 中优胜，而若 PK 过程结束双方均未达标则视为比赛没有优胜者。除此之外，若销售团队采用不正当的竞争方式，则可以视为弃权，该情况下将直接判定对方团队优胜。

何峰由于个人因素向企业告假了一段时间，这段时间何峰将团队的运营交给了团队内的代理经理进行维护，而代理经理由于新上手对于业务内容不甚熟悉，导致团队士气的整体下降。最终秦书琦的团队在本次 PK 赛中持续发力，表现优异，获得了团队 PK 赛的优胜。

在上述案例中，何峰与秦书琦都是各自团队的责任人，肩负为团队指明方向、动员员工、完成目标指标的重担，而何峰由于个人因素未能完成任务导致该团队在 PK 赛中落败，同样也要为该团队负责，承担一定 PK 失败的后果。

责任人的挑选对团队而言是十分重要的内容，责任人也是团队的核心人物，在推选责任人时，不能由销售经理直接指派，最好通过团队投票选举产生，由团队自己推选出团队的责任人。在团队队长的推选上最好选出队长与副队长两个领导者，以防出现上文中由于何峰的个人因素导致团队失败的情况。

责任人需要积极主动帮助团队成员完成工作任务，解决其困难与疑惑，协调团队成员之间的关系，保证团队成员之间的和谐融洽，同时为团队梳理未来规划与目标，保证团队前进方向的正确性。

PK 结果认定制度对输赢标准有着非常明确的规定。例如明确双方团队哪方优先达到目标销售额即为优胜。在实际的销售团队制定输赢标准时，应该将输赢指标进行详细规划，以防规则不明晰导致各方对 PK 赛结果有争议，防止由于争议导致的团队矛盾激化。优先保证团队稳定性，是 PK 结果认定制度中的核心。

5.8　PK 结果公示制度：选择合适形式

针对 PK 结果的公示，要选择合适的形式，既要保全在 PK 中落败方团队的尊严，想方设法激励落败方在后续的团队 PK 赛中战胜对手，也要给予胜出方足够的名誉奖励与物质奖励，在奖励与惩罚的双重作用下 PK 的结果才能够更加发挥其激励作用，保证团队 PK 制度的最大激励效果。

一家化妆品销售中心中采用团队 PK 制度，在 A、B 两团队中进行比拼，2019 第一季度后，销售中心将胜出方 A 团队的销售数据用横幅形式张贴在店内，这一行为严重打击了 B 团队的信心，A、B 团队中原本有成员有矛盾，加上 A 团队在团队 PK 赛中获胜，A 团队的销售人员对 B 团队的销售人员进行了言语上的刺激，导致 A、B 团队销售人员的矛盾激化。

在上述案例中，A、B 两团队之间的原有矛盾是诱发矛盾激化的诱因，而 PK 结果的公示方式是直接的导火索，不但严重打击了 B 团队的信心，导致士气下降，另一方面也让 A 团队在一定程度上过于自负，最终导致团队的不稳定。

在 PK 结果的正式公示上，一定要根据团队的具体情况选择合适的方式，公示方式包含以下 3 种，如图 5-1 所示。

图 5-1　PK 结果公示的方式

1.例会总结

在通过一个阶段的团队 PK 后得出数据，通过例会的形式将胜负进行公示，并在例会上分析数据，同时对落败方进行言语上的鼓励，对胜出方进行言语上的夸奖并发放获胜奖励。

2.网络渠道

通过 QQ、微信、钉钉等社交软件或是企业官网一类的网络渠道，对团队全员进行信息的公示，同时对 PK 团队进行总结，落实奖惩规定。

3.店内张贴

店内张贴的公示方式对 PK 胜出方有较强的名誉激励，但很可能刺激到落败方，导致落败方心里不平衡，最终导致团队的矛盾激化。因此这样的公示方式可以配合其他方式共同进行，保证结果公示对团队稳定性没有损害。

在团队对 PK 结果进行公示时，可以根据团队的具体情况选择不同的公示方式，或是结合不同公示方式达到公示激励效果最大化，同时保证企业团队的稳定性。

5.9　PK 奖励制度：奖金数额与使用方法

在竞争中，获胜团队能够获得荣誉与物质奖励，若团队 PK 没有奖励，那么竞争也没有意义。团队 PK 的奖励能够促使员工提高积极性，在奖励带来的精神与物质的双重的激励下，激励效果也大大提升。

合理的团队 PK 奖励能够促使团队提升，因此在销售团队经费允许的范围内，PK 的奖励需要尽可能丰厚，奖励的丰厚程度与员工竞争的热情、激励的效果是成正比的。

在 PK 奖励制度中，销售团队首先要确定 PK 赛奖励可使用的经费，再制定相关的奖励内容，奖励内容分为 3 类，如图 5-2 所示。

图 5-2　PK 制度奖励内容

1. 现金奖励

以奖金作为奖励是最直观的一种奖励类型，销售人员能够直观地了解到奖励的价值，也能够更积极地工作争取获得奖金。

2. 物质奖励

物质奖励利于团队资金的运营。在批量采购奖品时，通常采购价格会低于市面价格，而奖品发放给员工则是以市面价值进行发放，对员工而言物品的价值是固定的，而对于销售团队而言，节省出的资金可以为员工、为团队做更大的贡献。

3. 职位奖励

对于在团队 PK 赛中胜出的员工，可以提高其个人履历上的积分，在连续胜出后则可以进行职位上的上调。对于对团队责任人而言，其担负的责任较大，付出的心力也更多。因此对团队责任人也需要更明显有效的职位奖励才能够带动其积极性。

销售团队可根据自身情况进行其他内容的设定。例如，团队旅游一类的内容并不属于实质性的物质奖励，也不属于资金激励，其更多地倾向于精神激励法。

通过奖励的合理制定可以达到对销售团队的最大程度激励，可以通过有限的资金资源达到最优的效果，使销售人员能够积极主动，团结一致地完成销售目标。

6

团队沟通制度：客户、矛盾、工作交流

　　团队的沟通能够很大程度上决定团队的效益，如何进行高效沟通是团队中的重要问题。团队沟通主要包括客户、矛盾、工作交流 3 个方面。

　　在客户方面，销售团队之间由于客户开单手续、客户接待流程等内容会涉及客户的交叉，销售人员对于客户的沟通是很有必要的；在矛盾方面，销售人员难免会出现矛盾，而沟通是化解矛盾有效的方法；在工作交流方面，销售人员需要通过信息的交流来提升自身业务水平。

6.1　客户代跟进制度：平衡双方的利益

在销售人员不得已的情况下，客户出现交叉接待时，销售团队需要判定双方销售人员对开单的贡献度，以此来平衡双方的利益，保证团队的和谐。

王辉是北京一家汽车销售中心的汽车销售人员，目前手中跟进着三个订单，其中两个都处于即将成单的状态，还有一个属于老客户的推荐单，是成交概率非常高的订单，但王辉由于个人原因必须请假，没有办法接待客户，于是王辉将自己的订单交给了新员工林安处理。

林安虽然是新员工，但是学习能力很强，在接受了王辉转交的三笔订单后，很快为两位即将成单的客户办理了签单手续。对老客户的推荐单也用心跟进，提供了贴心的服务和专业的讲解，客户十分满意也很快签单。

王辉回到销售中心后，对签单的业绩划分提出质疑，并且向销售经理提出疑问。销售经理表示，如果不是林安的及时跟进，这三笔订单可能无法成功交易，因此提出了五五分成的建议，林安表示同意，但王辉表示，自己对这几笔订单都进行了长时间的价格拉锯战，自己耗费了很多精力，王辉对五五分成的提议表示不满，两人不欢而散。

在上述案例中，销售团队对客户的交叉接待没有明确规定，导致两位销售人员产生矛盾。在实际的团队管理中，销售团队需要以规章制度明确交叉接待的利益分配，对订单的跟进程度进行判别，对双方利益进行平等划分。

在客户代跟进制度中，除去需要对跟进程度进行判别，还需要对双方交接内容进行规定，以防跟进过程中出现意外给客户带来不良消费体验。通过制度的保证，确保每一笔订单都能够完整无误地交到代跟进的人手中，同时保证交叉接待双方的利益。

6.2　撞客户协调制度：根据实际情况决定

在平时的工作当中，可能会出现销售人员之间撞客户的情况，撞客户其实就是撞单，指的是第一位销售人员联系了客户之后没有做好跟进工作，在服务上出现缺失，导致该客户与其他销售人员沟通，最终造成两位销售人员争相服务这一个客户的现象。

销售人员在接待客户的时候，一定要尽力规避撞单，以房地产销售为例，客户到达以后，销售人员应先询问客户之前是否有来过看过房子，是否有受到其他销售人员的接待，若回答均为肯定的话，那就应通知原接待销售人员，由他继续提供服务。

但即使如此，也还是会有销售人员因为个人利益而抢走其他销售人员的客户，针对这种情况，销售经理就需要召开协调会议。不过，协调会议毕竟只是会议，如果只是口头解决的话，很难引起销售人员的重视。所以，要想真正杜绝撞单现象，就必须有正式的明文规定，即《撞单协调制度》，具体如下所示。

撞单协调制度

一、目的

为凝聚团队、激励个人和团队业绩增长、保障业绩公正和收益公平，经全体销售经理协商，公司制定本制度，各销售人员需严格遵守。

二、细则

1.在成单前，若A、B两名销售人员发现彼此接待了相同的客户，而该客户认可其中一名销售人员（前提是两名销售人员没有恶意抢单），那么就由该销售人员接待该客户，由公司给另一名销售人员安排其他客户。

2.在正式成单前，A、B两名销售人员都按照正常接待顺序接待了客户，但若是A销售人员跟进该客户的时间更长，付出更多，则由A销售人员继续跟进该客户。

3.如果一位老客户为A销售人员带来一位新客户，但是发现该新客户是B销售人员负责的客户，那么A销售人员则应放弃对新客户的追踪，并由B销售人员继续追踪。

4.若A、B两名销售人员愿意私下解决，即可自行协商。如果协商有效，双方各取销售提成的一半；如果协商无效，相互拆台，一经发现，若该单顺利签成，提成归所在团队团建基金所有，也可作为奖励下发给其他销售人员。

5.其他未尽事宜，由公司管理者权衡处理。

本制度最终解释权归公司所有

×××× 年 × 月 ×× 日

另外，销售人员在接待客户的时候，必须对撞单的判定标准有清楚的认知，并在撞单行为发生之后出具相关的真实有效的接单证据，例如通话清单、客户资料档案留存等。这样，公司才可以根据撞单的判定标准以及

《撞单协调制度》给出公平结果，以达到各销售人员之间的友好协商。

6.3　订单认定制度：第一接触点＋裙带性

销售团队需要为销售人员制定订单认定制度，保证每一名销售人员的权益，在订单认定制度中，需要遵循以下 5 个要点，如图 6-1 所示。

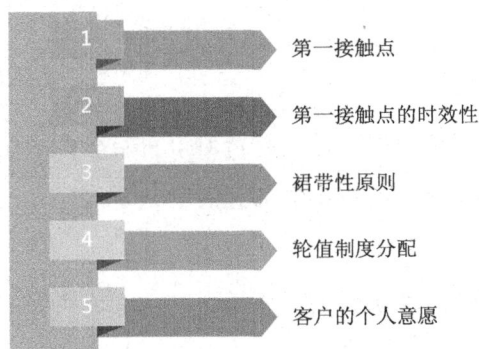

图 6-1　订单认定制度的要点

1. 第一接触点

在订单认定制度中，需要以第一接触点为原则，即最先登记者为准。当第一接待人员不在时，其他销售人员有义务协助进行成交，同时以上文的代跟进制度进行判断执行。

2. 第一接触点的时效性

在销售人员对客户进行接待后，其订单认定不是无期限的，为了使销售人员产生忧患意识，及时对客户进行维护跟踪，应该对第一接触者设置时效性的规定，该时效性根据行业的不同进行各自规定，按照行业商品更新周期等内容进行设置。

在第一接触者没有对客户进行跟踪的情况下，在一定期限内可以视作放弃该订单的认定权，这时，客户若通过其他的销售人员了解商品则视作该客户被其他销售人员重新认定，属于其他销售人员的有效客户。

3. 裙带性原则

若第一接触者是甲销售人员的老客户介绍的新客户，则这位新客户可以认定为甲销售人员的订单，甲销售人员可以将该推荐单的新客户记录入当日的工作日志中进行汇报，该原则的实施适用于老客户背后挖掘出的潜在客户。

若初次上门的客户刚好是销售人员的亲友，则该客户的第一接触点应视作该销售人员。

4. 轮值制度分配

针对初次上门的客户按照轮值接待制度进行分配，销售人员需要第一时间进行记录，保证自己的订单能够及时被认定。

5. 客户的个人意愿

当客户表示不愿以该销售人员作为自己的导购人员时，则视作强行放弃订单认定，需将订单转移给接手客户的其他销售人员，同时这样的情况应该向团队负责人报备。

订单认定制度需要涵盖销售运营过程中的各个方面，销售团队负责人可以根据团队情况合理更改制度条例。通过完善的订单认定制度，保证团队的和谐。

6.4　客户信息收集制度：有效、方式正当

销售人员需要通过各种各样的方式收集意向客户的个人信息，而此过程中需要保证操作方式正当，同时保证收集客户资料的效率。

客户信息收集包括客户的基本信息、客户身边的潜在消费人群、不同目标客户的需求以及其潜在的意向信息等。

收集客户信息能够了解客户对销售业务办理的意见，能够过通过信息反馈了解到企业提供的商品是否符合客户需要，能够了解到消费人群的消费倾向。根据市场份额的浮动、客户的消费趋势等可判断出行业整体的竞

争形势，有利于下一步销售任务的制定。

在收集客户信息的过程中需要保证搜集方式正当，这在一定程度上能够保证销售团队运营的稳定性，在实际搜集过程中可以采用以下 6 种方式，如图 6-2 所示。

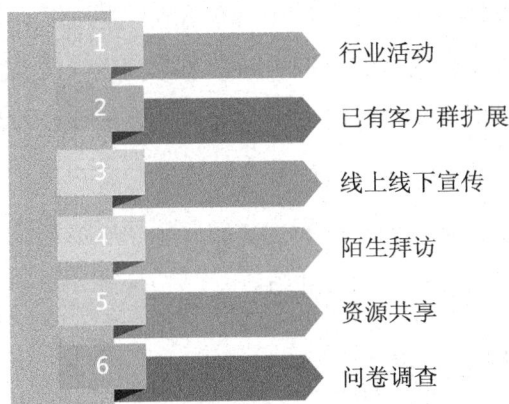

1　行业活动
2　已有客户群扩展
3　线上线下宣传
4　陌生拜访
5　资源共享
6　问卷调查

图 6-2　搜集客户信息的方式

1. 行业活动

通过举办行业活动收集参会人员的个人信息。参会人员本身对商品感兴趣，因此针对这些人群进行信息收集一定会事半功倍。

2. 已有客户群扩展

对于已有的客户群体，销售人员要充分挖掘其背后的潜在客户群。

3. 线上线下宣传

通过线上线下的宣传发展，扩大企业知名度，带动意向客户上门询问，主动留下意向客户的个人信息。

4. 陌生拜访

通过挨家挨户地拜访询问，了解客户是否对本商品有需求，进而达到对客户信息的收集。

5. 资源共享

在企业之间达成合作关系时，通常可以以渠道合作的方式收集客户信息。例如企业销售商品为汽车配件，则可以与4S店合作；销售商品为家居安装的，可以与装修公司合作，由于企业双方之间不存在利益冲突，因此客户群的共享也十分方便。

6.问卷调查

大量派发调查问卷，获得客户的基本信息。此处的调查问卷不仅通过线下形式派发，也可以通过线上调查问卷的形式进行信息搜集。

销售团队通过以上方式能够完成对客户信息的有效收集，同时也能够保证客户信息的来源正当。通过这样正当高效的客户信息搜集了解到行业概况、客户意向、消费趋势等内容，才能充分利用这些信息，对销售团队的销售手段进行优化，提升销售业绩。

6.5 矛盾处理制度：多方调查，要公正

在日常工作中，销售人员之间难免会出现矛盾，为了保证销售团队的团结性，企业需要建立矛盾处理制度，保证矛盾能够及时得到公平公正的解决。

赵惠和周茹两个人同为一家化妆品企业的销售人员，但两人在最近却出现了严重的矛盾，销售经理发现了两人的矛盾，并且单独询问双方为何出现矛盾。赵慧称周茹趁抢了她的单，而这笔单能够拿到将近1 000元的提成。

周茹在与销售经理交流时称自己很冤，周茹看客户一个人在店内逛便对客户进行接待，她并不知道在此之前赵慧已经接待了该客户，最后很快拿下了这一单交易。赵慧称自己由于遇到了回购的客人在开单时耽搁了，但周茹也在店内不可能没看到自己接待，认为周茹是故意为之。

销售经理通过翻看店内监控，并询问其他销售人员当时的情况，对周茹和赵慧两人进行调解，销售经理播放了当时的监控录像并告诉赵慧，在赵慧接待该客户的时候，周茹在帮另一名客户介绍，而周茹当时所处的位

置是背对赵慧的，所以周茹没有看到赵慧接待。在周茹的客户结算后，周茹注意到赵慧的客户并上前接待，最后成功开单。

销售经理希望能够将销售提成平分给周茹和赵慧两人。周茹同意了销售经理的意见，赵慧也了解到周茹不是故意抢单，也同意了销售经理的意见。

在上述案例中，销售经理询问多方意见、调取监控录像了解事情的经过，通过公平的调解手段将两人的矛盾化解，降低了销售团队出现纠纷的风险。

在矛盾处理制度中，由于矛盾双方都会以自己的利益为出发点，将事情经过朝对自己有利的方向叙述，因此销售经理仅仅听取一方意见不能够完全还原事情的真相，需要根据多方意见、了解到事情的缘由、经过和结果，并且公平公正的为矛盾双方均衡利益，达到调解矛盾、维护销售团队稳定的目的。

6.6　工作总结制度：坏事好事都要说

为了保证销售团队的销售业绩，保证销售人员工作方向与企业目标的一致性，为了使销售人员在未来的工作过程中对自己有明确的规划，销售团队需要在每个周期末进行工作总结，这样能够提高后续的工作效率，也能够保证团队的规范化管理。

王婷是一家日用品企业的销售人员，2018 年年末，企业要求全体员工对自己的工作进行年终总结，王婷对自己的工作表示十分满意，也希望能够得到领导的认可，在年终总结中着重对自己的工作内容进行了描述，谁知在年终总结递交后却受到了领导的批评和教育。

王婷的领导教育王婷，在工作中不能仅重视自己的工作贡献，团队的力量是最大的，不能够因为一点成绩就自满，在工作总结中除了要写明自己做了什么事情，还要对自己进行反思，哪里做得不足，什么地方还能改进这些内容都要写在工作总结中。王婷听了领导的教诲表示十分羞愧。

在上述案例中，王婷仅描述自己工作中的成绩，却对不足之处闭口不谈，这样的行为会造成销售人员心理上的自满，滋生骄傲情绪，甚至可能导致日后销售人员之间的矛盾。因此对于员工的工作总结，销售团队需要进行规定，确保销售人员的工作总结能够全面覆盖其工作内容，工作总结内容主要包括 4 个方面，如图 6-3 所示。

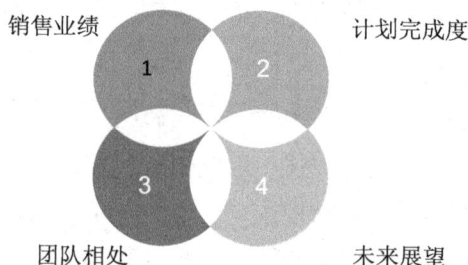

图 6-3　员工工作总结内容

1. 销售业绩

销售人员首先需要对自己的销售业绩进行评判，在团队内个人的销售业绩处于什么样的水平，有哪些值得学习的榜样等，需要根据整体的数据进行自我评判。

2. 计划完成度

销售人员在每个业绩周期开始前都会规划自己的工作内容，而在周期末尾也需要对计划的执行进行总结，包括计划的完成度、哪里出了差错、哪里能够改进等。

3. 团队相处

团队是一个整体，而销售人员的工作总结中也需要细致地总结出对团队的看法，团队成员的相处过程中是否有摩擦等。

4. 未来展望

在每一个业绩周期，销售人员除了对本业绩周期进行总结外，还需要对下一个业绩周期进行展望，同时明确自己的职业规划方向。

销售人员的工作总结需要涵盖以上几个内容，同时在叙述工作业绩时也需要尽量全面，讲明自己的优点与不足，通过这样自我检查来提升自我，提升工作能力，为企业创造更好的销售业绩。

6.7　沟通内容选择制度：开门见山，说重点

销售人员在团队中的沟通是十分重要的，沟通的内容涉及多方面，销售人员需要学会对工作内容有筛选地进行沟通，通过开门见山的方式进行交流，达到高效的沟通效果。

孔真真是一名被新提拔上任的团队销售经理，孔真真的个人业绩十分优秀，但是对团队管理，孔真真却没有什么头绪。团队中有一名问题员工何杰，何杰常利用各种方式打压其他销售人员，但其行为又不属于切单、抢单等违规行为，孔真真对此感到十分棘手。

孔真真多次在团体会议上以隐晦的方式提点何杰，但何杰仍然我行我素。在团队员工多次反映问题后，孔真真决定开门见山地找何杰谈话。在谈话过程中，孔真真动之以情晓之以理，告诉何杰其行为对其他员工造成了很多困扰，影响了团队的团结性，希望他能进行改正。

在孔真真对其进行教育批评后，何杰的行为有了很大的改变，孔真真也学习到在对员工进行沟通交流时，需要开门见山直戳痛点，才能够达到最好的沟通效果。

在上述案例中，孔真真最初在与何杰的沟通中，没有选择直接沟通，而是以隐晦的方式进行提点，这样的沟通方式力度不够大，不能引起何杰的注意，而开门见山式的沟通就能直击重点，达到很好的沟通效果。

在沟通的内容上，需要有选择性地筛选重点问题进行沟通，这样的沟通方式才能够引起销售人员的注意，也能够在一定程度上节约人力资源，达到销售人员工作效益的最大化。

6.8 沟通规模制度：严格限制人数

团队内出现问题时需要进行及时解决，而销售团队人数众多，召开集体会议会影响销售团队的工作效率，因此当出现问题进行沟通时，可以进行小规模的沟通交流，以最小的占用团队人力资源解决问题为目标，严格限制沟通规模。

当销售团队的规模逐渐扩大时，团队沟通成本会随着人员构成的复杂化而逐渐增加，若要保持销售团队的稳定发展必须妥善处理团队中的沟通问题。

吴云是一名化妆品门店的销售经理，管理着近十名销售人员。其中何薇薇是一名新员工，平时业绩不错，也是团队打算重点培养的对象。在2019年4月份的业绩汇总中，吴云发现何薇薇的业绩水平忽高忽低，吴云认为这与何薇薇的工作状态有关，便针对这种情况召开了一次集体会议。

吴云在会议上表示，何薇薇这样的业绩情况和其工作态度有密切的关系，而这样的工作状态很可能影响整体效益，需要进行调节，也希望其他销售人员能够有则改之，无则加勉。何薇薇对吴云召开会议十分不满，认为当众批评的做法损伤了自己的自尊心，于是愤然提出离职。

吴云表示自己召开集体会议只是希望大家能够把这件事情看作是一个工作状态的案例进行学习与改进，希望团队整体能够共同提升，而不是对何薇薇进行当众批评。

在上述案例中，吴云与何薇薇之间的矛盾出现的主要原因就是沟通的规模方面出现了问题。在与何薇薇进行沟通时若能缩小沟通规模，就能够有效保证沟通的私密性，就能够保证何薇薇不会因为"面子"出现问题，也不会因此而离职。

除去避免销售人员由于认为个人尊严受到侵害而离职，控制沟通规模还能够在一定程度上保证团队的工作效率。在沟通规模过大的情况下，团队沟通重点如何切入也相对较难，针对每名销售人员的不同问题需要作出不同的应对，因此控制沟通规模有利于沟通效率的提高，有利于沟通反馈效果的提高。

6.9　沟通时限制度：充分保证"双效"

企业销售团队在沟通上需要保证沟通的"双效"：时效与高效，沟通时效性的保证是达成沟通高效的重要前提。

时效性第一包括销售团队意见下达的时效性，发现问题、向销售人员提出修改意见的下达，保证销售人员能够第一时间获得修改意见，对自己的行为进行修改。第二是销售人员对问题上传的时效性，这部分内容多为销售团队问题以及团队效率的提升。第三是销售人员与客户之间的沟通，保证这一部分的沟通能够保证销售团队的经济效益。

沟通无非是上传下达的问题，如何保证沟通的时效性、保证沟通的高效是团队沟通中最大的难题。销售团队中的沟通主要包括三方面内容，如图 6-4 所示。

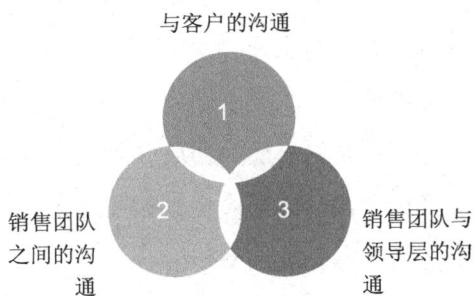

与客户的沟通

销售团队之间的沟通　　1　2　3　销售团队与领导层的沟通

图 6-4　销售团队的沟通

1. 与客户的沟通

销售人员需要明确客户的需求点，为客户作出商品推荐，通过明确的目标需求，减少在销售过程中不必要的人力资源损耗。

同时在与客户进行高效的沟通时，也能够给客户留下较好的第一印象。建立良好第一印象，有利于后续过程中的沟通交流、利于各项手续的交办等。在与客户进行沟通时需要注意沟通方式，较为成熟高效的方式是通过电话或是短信微信、QQ 的方式，若出现意见分歧等情况则采取面谈的方式才能有更良好的沟通效果。

2. 销售团队之间的沟通

销售团队要完成企业制定的销售目标，关键在于团队之间的配合，通过销售人员之间的配合达到商品推广效果的最大化。销售团队成员之间需要达成共识，保证持有共同的职业规划预期，销售团队要为团队成员建立相同的目标。

同时通过明确的分工协作与工作范围协商，确定各自的职责，并进行的相互监督，保证销售团队稳定和谐。在工作中遇到问题要及时沟通解决，鼓足团队士气，保证团队能够以积极的状态进行工作。

3. 与领导层领导的沟通

销售团队作为基层团队，需要向决策的核心领导层真实地反馈情况与问题，对于某些问题不能够一味地向领导妥协，也不能够一味地向领导承诺，这也是对工作的认真负责的表现。

在与领导沟通时要将销售团队置于企业大环境中，理解企业作出每一个决定的重要意义，并将团队的情况如实向领导层领导进行汇报，通过上下层级之间的信息互换保证沟通的高效性，抓住问题重点所在，减少协调解决问题的难度，提高问题解决的效率。

通过以上 3 点内容，保证团队销售成员之间、团队上下层级间和对外的沟通能够保证高效的沟通，销售团队能够以高效的沟通保证销售工作的稳健开展，保证企业的稳固运营。

7

第 7 章

精英流转制度：聘用、晋升、辞退

销售精英可以为企业拓宽市场，但也可能将客户带去其他企业。所以如何为销售精英制定合理的聘用、升级、辞退制度是企业必须要面对的一道难题。而企业制定销售精英的流转制度，可以优化企业人力资源的配置，提高销售人员的工作效率。

7.1　销售经理与 HR 协调制度：高效，不拖沓

企业的销售经理负责的业务中最重要的一项就是组建自己的销售团队，而销售团队成员的来源是通过人力资源部门的选拔和调配实现的，因此销售经理需要和人力资源部门充分协调，才能提高招募的销售人员的质量，而销售经理与人力资源部门之间缺乏沟通会造成不好的影响。

在北京一家生产功能饮料的食品公司里，销售经理谭飞和 HR 之间由于缺少沟通和相互协调，导致了招募的销售人员不能为销售团队所用，招聘效率低下，最终销售团队的业绩也出现了下滑。

HR 在招聘销售人员的过程中认为公司目前正处在上升阶段，需要尽快拓展销售市场，只有人力资源部门多多招聘销售人员才能提高销售团队的效率，因此将销售人员指标定位 20 人，超出销售部门需求的 10 人。并且人力资源部门在招募人员时对于销售人员的入职门槛要求过低，其中有8 人没有销售经验。

谭飞发现招聘上来的销售人员数量过多，且质量不高，销售团队在培训中消耗了大量的时间和精力。销售团队分两个小组，每组有十名成员，而大部分成员的业务能力并不过关，导致公司规定的销售业绩无法完成。谭飞只得向人力资源上报将不合格的销售人员淘汰或转岗，导致原有岗位空缺还需要 HR 继续招聘销售人员，无论是时间还是人力成本上都造成了不必要的浪费。

该公司基于以上 HR 和销售经理在人员招聘上协调度差、效率较低的情况，决定实行"先招精、再招多"的原则，并且要求销售经理及时向HR 反映所需人员的基本情况。HR 根据销售经理提供的基本情况科学合

理地招聘销售人员，将销售团队范围控制在合理的范围内。

通过招聘经理和 HR 之间的协调，HR 再次进行销售人员招聘，在此次招募过程中最终录取的销售人员素质明显提高，虽然招聘数量有所下降，但是由于人员业务能力较强，在销售经理的带领下实现了团队业绩的增长。此次招聘活动的效率相比上一次也有了明显提高。

在 HR 招聘销售人员的过程中有哪些注意事项？怎样才能使销售经理和 HR 的沟通发挥更大的作用？在销售人员招聘中有以下 3 点要素需要引注意，如图 7-1 所示。

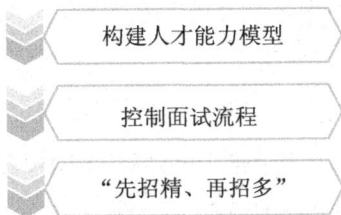

构建人才能力模型

控制面试流程

"先招精、再招多"

图 7-1　销售人员招聘要素

1.构建人才能力模型

HR 应根据销售经理对所需销售人员的反馈建立人才能力模型，并且在面试上可参照以下提问模版。

(1) 思维能力的提问：能否简明扼要地谈一谈你对之前销售工作的感受。谈谈你在销售某商品上的思路。请举例说明你在之前的工作克服困难的过程。

(2) 服务意识的提问：请举例说明你如何处理客户的抱怨和客户提出的过分要求。

(3) 心理承受力的提问：在过去的工作中面对上司的不公平待遇是如何处理的。

HR 可通过以上问题判断应聘人员能否拥有逻辑思维能力、服务精神和足够的抗压能力。

2.控制面试流程

面试应聘同一职位的人员应提问相同问题，一视同仁，避免主观印象和第一印象等感性面试，而且简化面试步骤，让面试更加标准化、正规化。面试官一般要由人力资源部主管和应聘部门的主管组成，这样既能考察应聘者的相关专业知识是否符合职位的要求，又能科学地对应聘者的能力进行考察。

3."先招精、再招多"

科学研究表明，一名负责人的直接员工最好在5～8位，这样的团队效率更高。因此HR在招聘销售人员时要遵循"先招精，再招多"的原则，首先保证团队质量，再追求团队数量。

总之，公司在进行销售人员的招聘时一定要注重销售经理和HR的沟通和协调，HR应根据销售经理的反馈意见构建人力人才模型，控制面试流程和招聘人员数量和质量，从而实现招聘流程的简约和高效。

7.2 销售经理聘用制度：把控好数量和条件

一些企业认为销售经理的数量越多越有利于开拓市场，事实上，销售经理属于企业的中层管理者，数量过多也会给销售人员设置过多障碍或是造成人浮于事的现象，反而不利于企业的发展。因此企业在制定销售经理的应聘制度时，一定要注意控制招聘的数量和条件，提高招聘质量，为企业选拔更多优秀的人才。

北京一家商务咨询公司的人力主管李杰希望招募区域的销售经理3名，为了替公司选拔足够优秀的销售人才，人力资源部门制定了符合企业要求的招聘条件。

该公司主要业务包括企业培训管理、股权项目投资、企业精英培训、定位咨询培训等内容，在全国各省市均有培训机构。因此该公司的销售经理的招聘条件为：

（1）拥有三年以上相关行业工作经验，并且能够和客户进行单独谈判。

（2）对于管理的区域能够组建销售团队，同时能够进行团队管理、建设。

（3）能够同时进行客服、电话销售、面销等工作，并且与客户建立联系。

（4）根据市场发展协助上层领导进行战略性建设，保证企业良好发展。

（5）能够接受经常出差。

前来应聘的人员有以下 4 位：① 张华有过三年的销售经理经验，并且从事商业培训讲师工作，业务能力较强；② 赵翼虽然有过销售经验，但是并没有组织过销售团队；③ 王强曾在房地产公司工作，虽然有组织过销售团队，但是金融知识方面比较欠缺；④ 胡飞从事过企业管理培训讲师工作，也有过一段时间的销售经历。

该公司的人力主管最终根据各位应聘人员的综合能力决定录用张华、王强、胡飞三人为该公司的区域销售经理，录用赵翼为公司的销售顾问。

由此可见，公司在招聘销售经理岗位时更加注重应聘人员的团队组织能力，在以上案例中王强虽然金融知识欠缺，但是却可以通过公司提供的商学院免费培训课程进行弥补。因此人力主管在进行销售经理的招聘过程中要把控好应聘条件，遵循"硬性条件不能变，其他条件可放宽"的原则。在人员招聘的数量上严格按照公司规定的指标，严把质量关。

所以企业在销售经理的应聘条件上还是应该更加注重应聘人员的工作经验和工作能力，只有各方面素质足够优秀的应聘人员才能适应未来紧张的工作要求，带领团队实现业绩标准，为企业的发展创造更大价值。

7.3 销售人员晋升制度：内容、程序、资格

销售人员的晋升制度是本着公平、公正、公开的原则，通过合理的晋升流程促进销售人员综合素质的提高，并且充分调动员工的工作积极性。销售人员的晋升制度主要可以从内容、程序、资格三个方面进行把握。

赵佳是广州一家连锁美容公司的销售人员，由于表现良好在入职一年后就成功晋升为销售经理，业绩表现突出，受到了公司领导的表扬。该公司的销售部门分为美容销售、美容讲师、大区经理和省级经理五个职位等级。公司的销售经理的评定工作一个季度进行一次，也可根据经营状况和市场需求稍做调整。

赵佳在入职半年后参加了美容讲师的考核，参加考核的条件为销售人员要求正式入职在三个月以上，并且测评结果为优秀，具体的测评内容如下。

（1）销售业绩评估（占总分40％）：申请审核的销售人员的业绩统计将送至人力资源部门进行审查核实。

（2）客户满意度评估：（占总分30％）：申请审核的销售人员的客户评价将通过回访系统送至人力资源部门进行审查核实。

（3）综合知识评价：（占总分10％）：申请审核的销售人员对人力资源部门出的综合知识试卷进行作答，并由人力资源部门进行评分。

（4）定性考核（各占4％）：申请审核的销售人员接受人力资源部门对相关项目的综合评估。

另外，附加考核和加分项目应由销售部门根据实际情况向人力资源部门上报，最后一并公示，以示公平。

根据以上的考核内容和标准，考核成绩排在前十名的销售人员可评为A级，考核成绩排在后十名的定为C级，剩余人员定为B级。

赵佳参加了此次公司举行的美容销售人员的晋升考核，并且由于平时

工作认真负责，业务能力强，勤学钻研，在全体销售人员的晋升考核中名列第一，成功晋升为美容讲师。

另一家北京的保险公司的人力资源部门为了提升电话销售人员的工作效率，重新制定了销售人员晋升制度内容及条件，新制度实行后电话销售人员的业绩有了明显提高。

以下就是该保险公司电话销售人员的晋升制度的等级区分，如图 7-2所示。

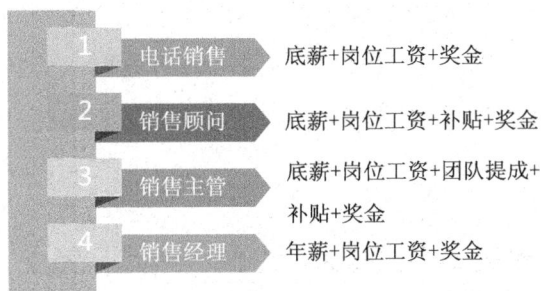

图 7-2 该保险公司晋升制度的等级区分

以下是该保险公司的销售人员的晋升条件和资格。

（1）电话销售晋升条件：入职时间超过 6 个月，严格遵守公司《电话销售人员规章制度》，工作认真负责，对新客户进行走访、跟单和售后服务保障，开发和业务跟进达 30 家以上。

（2）销售顾问晋升条件：入职时间超过 6 个月，严格遵守公司的《电话销售人员规章制度》《销售人员工作职责》，独立进行新客户走访、跟进工作，每月拓展新客户达 50 家以上，个人业绩达 12 万元以上，每月业绩不低于 1 万元。

（3）销售主管晋升条件：拥有自行组建销售团队能力，能够带领团队，并对团队成员进行培训，前 6 个月内个人业绩总额达 20 万元以上，每月业绩不低于 1.6 万元。

（4）销售经理晋升条件：前 6 个月内团队业绩总额达到 30 万元以上，

每月业绩达到 2.5 万元以上。

具体的晋升流程为：该保险公司实行每 6 个月一次的考核评估，即每年的 7 月都会执行新评估标注下的级别设置，并且在 12 月进行新一轮评估，第二年 1 月实行新评估的级别标准。申请人可参考自身条件在业绩达到标准的情况下，由本人填写《销售人员级别评定表》向部门主管提出申请，评估结果符合标准予以晋升，评估结果低于标准采取降级处理。

由此可见，公司应为销售人员制定合理可行的晋升制度，对销售人员的业务能力进行考核，根据销售人员的工作水平给予级别的晋升。规定时间内的测评制度，不但可以激发销售人员的工作热情，而且可以让销售人员对工作产生危机意识，不断调整工作状态，争取取得更高业绩，早日实现晋升目标。

7.4 销售人员轮岗制度：对象、办法、形式、要点

销售人员的轮岗制度是为了加强销售队伍的管理、提升销售人员的业务能力、优化人员结构、提高团队素质。

轮岗的目的包括缓解不同岗位人员配置的不足；尽快培养拥有多岗位工作经验的全方位、复合型人才；为销售人员积累更多人脉，寻找职业兴趣所在，拓展职业宽度，将员工安排到合适的岗位；提高员工工作效率，在竞争中淘汰不合格员工。

北京一家以销售为主的电子产品公司一直实行轮岗制度，在一定程度上提高了销售人员的综合能力，也促进了团队效率的增长。

该公司所有普通的销售人员、市场部人员、工程部人员和区域经理均实行轮岗制度，轮岗制度的原则如下。

（1）原则上轮岗制度一年进行一次，根据具体情况可做出延长或推迟的调整。

（2）具体轮岗实行办法由公司委员会决定，轮岗人员应服从组织规定，

对于拒绝轮岗的人员，按照相关轮岗程序给予免职处理。

（3）轮岗人员调动之前需要根据公司的轮岗规章制度办理好交接手续，如需要审计，还应在审计部门通过后再进行轮岗。

（4）轮岗过程的薪资办法：同级轮岗维持原工资标准，但要通过岗位考核；升级轮岗按新岗位工资标准并通过该岗位考核；降级轮岗，短期内实行原工资标准，对于总部下达降级轮岗决定的，按照轮岗岗位工资标准，并要求通过该岗位考核。

销售人员王洪在北京某总公司的销售部门从事公关销售工作，主要负责根据公司制定的销售计划完成销售指标，维护好与客户之间的关系，向客户推荐相关商品，并向公关部经理及时汇报客户情况等。由于工作认真负责，王洪在公司的轮岗制度的安排下到公司的工程部工作。

王洪通过在工程部门一年的工作和学习，跟随工程部门专业的功能工程师学习产品的研发和制造过程，对于产品实测、样板审核、验收标准都有了更加深刻的认识。随后王洪又回到了销售部担任销售经理的工作，有了工程部一年的工作经验后，王洪对产品有了更深入的了解，在销售的过程中也拉近了和客户之间的距离，实现了销售业绩的增长。

后来王洪又成为了公司的主打产品喷墨打印机的产品经理，对于公司的产品、销售、管理技巧都有了全新的认识，最后鉴于王洪的工作能力突出，有在多个岗位都有轮岗经验，综合素质较强，公司指派王洪在公司武汉分部成立办事处，促进公司的扩张。

销售人员的轮岗制度的理念就是在一个岗位上所能学到的东西是有限的，通过在不同岗位上的学习和实践能够促进销售人员的快速成长，也能提高销售人员的工作效率，增强销售人员在工作中的协调能力和沟通能力。

但是不少公司会有这样的担心，一名销售人员在本岗位上已经积累了一定的工作经验，业务关系也较为熟悉，如果轮岗是否会造成人力的流失和损失。实际上，只要公司制定轮岗制度时遵循以下两点原则，轮岗制度一定能够为公司带来更大收益。

1. 公司制定严格的管理制度

这是因为严格的管理将每一项工作都划归固定的流程模式，规范化的管理可以将销售人员个人的特性降到较低标准，因此这样流程化的方式也可以使销售人员在轮岗过程中尽快上手。

2. 控制轮岗员工比例

一般来说公司的团队轮岗比例在 10% 到 20% 不会对团队的建设造成很大影响。这样一来，轮岗的比例控制在一定范围内，又能保证每位销售人员都有机会参加轮岗，提升自身工作能力。对于公司中层管理层的轮岗，由于对公司情况较熟悉，适应岗位的速度会比基层员工更快，所带来的收益也是成倍增长的。

因此，公司在实行销售人员的轮岗制度时可遵循以上两点原则，通过轮岗，可提高销售人员的综合素质，逐渐成长为成熟的管理者，能够带领更加有战斗力的团队，为公司的长远发展积蓄更多力量。

7.5 销售人员转岗制度：转岗详情、转岗后的工作及待遇

公司的转岗制度是为了促进公司合理的人员流动，优化公司人员的资源配置而设定。

销售人员转岗的原因主要有销售人员因自身发展需要申请转岗；公司业务发展需要，组织构架引起的人力资源调整；销售人员因生病、受伤、生育、业绩原因不能胜任原岗位等。

北京一家小家电公司对销售人员采用以下转岗制度，促进了公司的人员流动，增强了公司活力。

为了提高员工的工作热情，减少公司的人员流失，该公司对于销售部门所有的销售顾问实行了转岗激励政策。公司为参加培训并通过考试的销售顾问颁发"公司护照"，获得在公司经销商网络自由转岗的

资格。

销售顾问刘健在销售岗位上已经工作三年，由于工作能力强在公司举办的全国销售大赛中取得了第三名的好成绩，并且成功通过了公司对于销售人员的业绩考核。除此之外，刘健还通过了公司培训考试获得了"公司护照"，获得了转岗资格。因此刘健希望借此机会到市场部工作从事产品主管工作，进一步提升自己的业务能力。

随后销售顾问刘健向公司的人事部门递交了转岗申请，并填写了《员工转岗申请表》，最后经过了销售部门经理、市场部门经理和人力资源部门的批准后，刘健成功实现了转岗产品主管职位。刘健转岗后还有三个月的试用期，在试用期内刘健主要负责对行业市场展开全方位调查，根据调查结果制定产品发展战略，参与新品宣传协助销售部门等工作。

三个月后，刘健通过了试用期考核，转正成为市场部正式员工，在新的岗位上刘健也学习市场部的相关知识继续为公司的发展做出贡献，刘健的成功转岗也为公司其他的销售人员树立了榜样，促进销售部的销售人员努力工作，争取早日通过公司考核获得转岗资格。

除了销售人员因自身发展需要申请的转岗之外，公司的转岗还可直接由人力资源部门任命，这种情况可能是由于销售人员的业绩不达标，不适合从事销售工作，转岗的目的也是为了促进公司人员的合理配置。

该公司的另一名销售人员谢烨由于自身原因，销售业绩没有达到公司要求，在公司举办的区域销售业绩评比中一直处在垫底位置，但是人力资源部门考虑到谢烨曾经从事过出纳工作，而且工作比较细致认真，因此决定将谢烨转岗至销售内勤工作的岗位上。

转岗后的谢烨主要负责管理客户档案、制定月度销售统计表、合同管理、建立收款台账并做好核查维护工作。谢烨在销售内勤的工作岗位上重新找到了工作自信，认真敬业，全力配合好销售人员工作，对客户的管理和维护工作也完成得不错。

因此，企业在进行销售人员的转岗时应对销售人员进行合理调配，将销售人员的潜力充分发挥出来，既能减少不必要的人力资源浪费，也能保持公司人员配置的活力，促进公司健康发展。

7.6 销售经理辞退制度：详细说明辞退的原因

公司的销售经理出现不称职、不能完成好领导制定的任务的时候，为了公司的发展和利益着想，人力资源部门应该遵循公司的淘汰机制辞退这些不合格的销售经理，并且应将辞退原因进行详细说明，安抚好被辞退人员的情绪。

王志是上海一家食品公司的销售经理，工作能力较弱，手下的销售团队因为缺乏管理和相关培训，组织纪律涣散。因此王志带领的销售团队没能完成本部门制定的年度销售计划，并且对于未能完成的工作，王志也没有及时总结，调整整体思路，而是得过且过没有表现出上进心。

王志的主管领导张明发现公司的业绩统计表显示，王志带领的销售团队的年销售额不足计划规定的80%，并且对于公司重点商品的推介、营销的毛利率和新商品的销售比例也均未达到公司要求。根据公司的"能者上，平者让，庸者下"的核心理念，也为了激发销售人员整体战斗力，保持企业的竞争力，公司决定将其辞退。

张明在与王志的沟通过程中首先说明了公司的规章制度，公司的业绩要求较为严格，有业绩规定和评比制度，无论是在业绩要求还是公司销售团队的整体评比方面，王志都没有达到要求，因此只有按照公司的规定行事。对于公司突然的辞退结果，王志表示不满，表示自己在公司工作多年，勤恳工作，不接受辞退现实。

张明耐心将王志的解释听完，直到他冷静下来接受这个事实，随后张明为王志详细解释了离职流程，并向王志推荐了其他公司的职位以缓解王志的离职焦虑，最终王志办理了离职手续离开了公司。

综上所述，销售经理的辞退制度不仅要符合企业的淘汰机制，也就是业绩考核规范，保障企业的竞争力和员工的整体战斗力，也要注重被辞退人员的情绪，不能让辞退过程过于生硬，激起被辞退人员的仇视情绪。所以企业管理者要制定好企业的考核机制和淘汰制度，在面对销售经理的辞退问题上才能做到公平公正，有据可循。

8

第 8 章

红黄线制度：三黄并为一红

红黄线制度指的是将企业中明令禁止的事项。行为划分为红线、黄线，对团队运营造成部分经济损失或加大运营难度的行为列为黄线，这是员工工作中需要特别注意的事项。对企业造成严重经济损失，导致团队运营十分困难的行为与事项列为红线，这是员工工作中的高压线，是绝对禁止的事项，一旦触及后果严重。

而红黄线制度能将这些内容汇总，加以完整的惩罚制度，保证员工对红黄线制度中涉及的内容心有顾忌，不去触犯团队的红黄线标准，保证团队的正常运营。

8.1　请假制度：严格遵守《中华人民共和国劳动法》

销售团队为了加强团队人员管理，保证纪律的严肃性，同时保证团队经济效益与各项工作的顺利进行，完成销售目标，需要制定员工请假制度，员工请假制度需要严格遵守《中华人民共和国劳动法》（以下简称《劳动法》），并逐条细化，针对销售团队自身状况进行修改。请假制度的制定需要包含以下几个方面。

（1）制度适用范围：员工请假制度适用于销售团队的每一名员工，基于销售业绩的影响，销售人员需要提高工作效率，在工作时间内积极完成工作任务。

（2）休假时长：按照国家规定，员工在累积工作满一年的情况下可以拥有 5 天年休假；在企业工作超过 10 年，但不满 20 年的可以拥有 10 天年休假。在年休假的期间员工的工资福利是照常进行发放的，根据实际的情况企业安排员工可以对年假分配进行自主安排。

（3）迟到早退：若属于非预期迟到、早退、旷工可以按照次数和时长进行累计。对于情节严重者进行罚款或是计入业绩档案等，针对其他情节较轻者，可以口头批评。

（4）病假申请：病假员工可向领导领导进行临时申请，需要事后补交病假申请。若发现对病假假条进行涂改、伪造的情况，根据情节严重性进行相应处分。

若员工由于病假申请较长时间的休息，在申请复工前应提前以书面形式提交复工申请，并将医院开具的诊断书作为参考内容一并提交，在获得复工批准后即可回到岗位开展正常工作。

（5）调岗、辞职：提出调岗申请或是辞职申请、还未经团队批准便擅离职守的员工，可以按企业条例进行一定的罚款作为处罚。

（6）请假期间待遇：请假的员工在其请假期间，应完整扣除基础薪资、业绩分红、交补、餐补等各类薪资内容。

（7）书面申请：员工的个人事务假期需要提交书面申请写明事假时长原因等内容，得到批准后方可请假。

（8）长假提前申请：长假期的申请必须提前一天以上进行申请，例如婚假、产假、探亲假等可预知的情况需要提前报备申请。

企业应根据自身情况、人员安排配比进行请假制度的不同设定，以本条例为参考酌情进行细化，并且定期进行更新维护，保证制度的全面性与适用性。

在企业制定了相对全面的请假制度后，能够使员工在没有紧急事件的情况下，能够最大程度上保证团队工作的稳定性。

8.2　旷工制度：旷工的行为和处罚办法

旷工是指员工在正常工作日未请假或请假未获批准的无故缺勤行为，旷工是一项非常恶劣的违纪行为，会使团队工作交接出现问题，对团队整体工作及团队运营有非常坏的影响，轻则影响工作进度，使团队无法完成既定目标，重则使重大项目的进程停滞，让企业蒙受巨大损失。所以，企业应明确划分出旷工行为并设立对应的处罚办法。

旷工行为包括以下 3 个方面：一是未按照劳动合同为企业提供劳动，二是未获拥有所对应批假权限的领导批准，三是无正当理由旷工。

上班时间开始后，半小时内到班者按迟到进行处理；半小时以上一小时以内到班者按旷工一小时处理；一小时以上但中午之前到班者按旷工半天处理；中午之前未到班者按旷工一天处理。

提前半小时内下班者按早退处理；提前半小时以上一小时以内下班者

按旷工一小时处理；提前一小时以上但中午之后下班者按旷工半天处理；中午之前提前下班者按旷工一天处理。具体实施过程中，企业可根据自身情况对标准进行调整。

现行的《中华人民共和国劳动法》以下简称《劳动法》及相关的法规、条例、说明中并没有处罚旷工行为的具体标准，所以在销售团队运营的过程中企业应当在其所制定的规章制度中规定处罚办法。以下列举几项实际过程中的处罚办法。

很多企业在处理员工旷工时通常会采取扣工资的方式，在工资的计算方式上，法律中是有明确规定的，即使员工出现了旷工行为，企业只能扣除其被认定为旷工时间内的工资，而不能扣除其多余的工资。

《工资支付暂行规定》第十六条规定："因劳动者本人原因给用人单位造成经济损失的，用人单位可按照劳动合同的约定要求其赔偿经济损失。经济损失的赔偿，可从劳动者本人的工资中扣除。但每月扣除的部分不得超过劳动者当月工资的 20%。若扣除后的剩余工资部分低于当地月最低工资标准，则按最低工资标准支付。"所以如果因为旷工给企业造成经济损失的，企业有权向旷工员工要求赔偿。

若员工连续旷工或一次性长时间旷工，企业通常会与其解除劳动合同。《劳动法》第二十五条规定，劳动者若严重违反劳动纪律或者用人单位规章制度，用人单位可以解除劳动合同。但对于具体旷工几天可以解除劳动合同没有具体标准，企业可以根据自身情况设立标准，实际中的标准通常为 3~5 天。只要企业在规章制度中明确员工旷工几天会被解雇，且经过民主程序制定并已告知员工，法院基本上会支持。

除了以上两项常用处罚办法外，企业也可根据自身情况，在不触犯《劳动法》等相关法律法规且通过民主程序，制定个性化的旷工处罚办法。

旷工是一项对销售团队运营造成极大损伤的行为，制定处罚办法是为了给员工敲响警钟，杜绝该行为的出现，让企业和团队避免损失。

8.3 休假制度：休假类型＋批假权限＋假期待遇

休假制度是为了保障员工的休息权，根据《劳动法》等相关法规、条例及说明的规定，休假类型主要包括公休假日、法定休假节日、年休假、婚假、丧假、路程假、产假、陪产假以及由于职业特点或其他特殊需要而规定的休假。完善的休假制度可以增加员工对企业的信赖感，并且使其有更饱满的精力投入工作。各类型休假及其假期待遇如下。

1.公休假日及法定休假节日

《劳动法》第三十八条规定："用人单位应当保证劳动者每周至少休息一日。"第四十条规定："用人单位在下列节日期间应当依法安排劳动者休假：（一）元旦；（二）春节；（三）国际劳动节；（四）国庆节；（五）法律、法规规定的其他休假节日。"

在公休假日及法定节假日员工依法享有休假权利，企业应予以落实以保障员工的休息权，若因工作原因无法进行休假，企业应按法定标准高于劳动者正常工作时间工资的工资报酬。《劳动法》第四十四条规定："休息日安排劳动者工作又不能安排补休的，支付不低于工资的百分之二百的工资报酬；法定休假日安排劳动者工作的，支付不低于工资的百分之三百的工资报酬。"

2.年休假

《职工带薪年休假条例》（以下简称《条例》）第三条规定："职工累计工作已满1年不满10年的，年休假5天；已满10年不满20年的，年休假10天；已满20年的，年休假15天。国家法定休假日、休息日不计入年休假的假期。"

假期待遇方面，《条例》第二条规定："单位应当保证职工享受年休假。职工在年休假期间享受与正常工作期间相同的工资收入。"第五条规定："单位确因工作需要不能安排职工休年休假的，经职工本人同意，可以不安排职工休年假。对职工应休未休假天数，单位应当按照该职工日工资收入的 300% 支付年休假工资报酬。"

《条例》第四条规定："职工有下列情形之一的，不享受当年的年休假：（一）职工依法享受寒暑假，其休假天数多于年休假天数的；（二）职工请事假累计 20 天以上且单位按照规定不扣工资的；（三）累计工作满 1 年不满 10 年的职工，请病假累计 2 个月以上的；（四）累计工作满 10 年不满 20 年的职工，请病假累计 3 个月以上的；（五）累计工作满 20 年以上的职工，请病假累计 4 个月以上的。"

3. 婚假、丧假、路程假

目前，对于员工的婚假、丧假、路程假的认定和假期待遇主要参考《关于国营企业职工请婚丧假和路程假问题的通知》（以下简称《通知》）。

《通知》规定："（一）职工本人结婚或职工的直系亲属（父母、配偶和子女）死亡时，可以根据具体情况，由本单位行政领导批准，酌情给予一至三天的婚丧假；（二）职工结婚时双方不在一地工作的；职工在外地的直系亲属死亡时需要职工本人去外地料理丧事的，都可以根据路程远近，另给予路程假。（三）在批准的婚丧假和路程假期间，职工的工资照发。"

其中，《通知》里关于婚假方面的具体规定为："按法定结婚年龄（女 20 周岁，男 22 周岁）结婚的，可享受 3 天婚假；符合晚婚年龄（女 23 周岁，男 25 周岁）的，可享受晚婚假，假期天数由各地方计生委制定；结婚时男女双方不在一地工作的，可视路程远近，另给予路程假；再婚的可享受法定婚假，不能享受晚婚假。"

4. 产假、陪产假

《女职工劳动保护特别规定》第七条规定："女职工生育享受 98 天产假，其中产前可以休假 15 天；难产的，应增加产假 15 天；生育多胞胎的，每多生育 1 个婴儿，可增加产假 15 天。女职工怀孕未满 4 个月流产的，享受 15 天产假；怀孕满 4 个月流产的，享受 42 天产假。"

陪产假是指在女方产假期间，男方有一定看护对方的权利。目前我国相关法律法规没有陪产假方面的明确规定，具体详见各省市《人口与计划生育条例》。

就批假权限来说，对于普通员工而言，1天以内由部门主管审核并批准，1~3天由部门主管审核、部门经理批准，3天以上由部门主管及经理审核、分管副总批准。

对于部门主管而言，1天以内由部门经理审核并批准，1~3天由部门经理审核、分管副总批准，3天以上由部门经理及分管副总审核、总经理批准。

对于部门经理而言，1天以内由分管副总审核并批准，1天以上由分管副总审核、总经理批准；副总经理，由总经理审核并批准。婚假、产假、陪产假等需提供相应材料方可获批。

企业亦可根据自身情况建立批假权限制度，建立完整的批假权限制度可以使销售团队层级之间关系明确，避免因层级混乱、信息传递有误造成损失。

8.4 保密制度：范围、等级、环节、处理

对企业而言，其资料、培训体系、福利待遇、项目内容、商品数据等情况，都属于和企业利益相关的需要进行保密处理的内容，而在员工人数过多的情况下，企业如何保证机密内容不外泄，这是企业团队领导需要认真对待的问题，也是企业保密制度存在的根本原因。

为了保护企业机密，维护企业利益，企业会根据自身情况规定保密制度，而企业的机密内容实际包括6点，如图8-1所示。

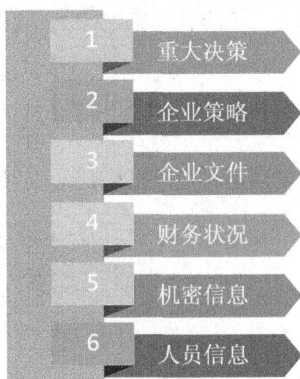

图 8-1　企业机密内容要点

（1）重大决策：包括产品开发内容、相关数据以及企业团队运作、甚至整体的运营营销手段等内容。

（2）企业策略：包括企业团队整体的运营方向、规划、根据目前经营项目所做的预估扩展项目以及经营策略等。

（3）企业文件：包括企业签署的各项合同、协议，与各公司签订的合作书，以及公司业务的数据性文件，及各类会议纪要等重要文件。

（4）财务状况：包括企业的财务预算、核算清单以及各类财务报表、统计报表等情况，这些数据的泄露会导致企业的经济实力外泄，不利于企业在市场中的资金运作。

（5）机密信息：包括企业掌握的尚未流入市场的机密信息，机密信息的泄露会对企业的发展造成严重的打击。

（6）人员信息：包括企业的人员信息、人事档案、工资待遇等情况，一旦造成泄漏可能会导致企业人才的流失，造成企业经济受损等情况。

通常情况下企业的机密内容包括以上 6 点内容，此处需要注意，一般的企业决议、企业通告、以及行政管理类资料文件均不属于需要保密的内容范畴。而保密文件也根据其重要性进行相应等级划分。泄漏机密文件的等级越高，则对企业产生的负面影响也越大，使公司为之震荡。因此保密制度需要有相应惩罚措施与之并行，才能够保证保密制度有足够的威慑力与影响力。

企业可以根据自身情况，将不同的文件内容设置成不同等级，并为保密机制中不同等级泄密设置不同的惩罚措施，小到通报批评、扣除基础薪资、大到赔偿企业损失，降级开除处理等惩罚方式，将各种惩罚方式与不同等级的保密文件一一对应，使能够接触到机密内容的员工做到心中有数。这样保密制度的设定，一方面能够保证机密内容的安全性，另一方面也保证了企业运营的稳定性。

8.5 重大工作失误制度：根据具体情况做处罚

销售人员日常工作中难免会出现失误，但倘若出现的是重大工作失误则会对销售团队造成重大的损失，而且往往难以弥补甚至无法弥补，所以确立重大工作失误制度可以为销售人员敲响警钟，最大程度上避免此类情况的出现。

重大工作失误包含三个方面：一是失误，其不具有主观故意性，一般表现为销售人员疏忽或欠缺经验所出现的差错；二是失职，其一定程度上具有主观故意性，一般表现为销售人员在工作岗位上态度消极、不负责任对团队运营造成恶劣影响，并使企业蒙受损失；三是渎职，其具有很强的主观故意性，一般表现为销售人员在工作岗位上玩忽职守、滥用职权、徇私舞弊，使企业蒙受重大损失。

不同企业由于工作情况不同，所以所对应的重大工作失误也各不相同，应根据自身实际情况制定相对应的制度，以下列举几项一般情况下的重大工作失误及其相对应的处罚办法。

1. 重大工作失误类型

（1）在与客户的商务活动中，违反企业的操作规定或不讲诚信，致使合同不能履行或不能完全履行，继而严重损害企业形象、给企业造成重大损失。

（2）拒不执行或不认真执行领导指示、决策以及交办的工作任务，对职责范围内的事项拖延不办，从而影响团队运营、给企业造成重大损失。

（3）对领导指示、决策以及交办的工作任务不理解也不进行沟通，不能合理安排工作顺序，消极怠工，造成团队工作开展缓慢，影响团队运营。

（4）销售团队管理层人员未按既定决策程序进行决策，导致决策失误，致使团队运营混乱、企业蒙受重大损失。

（5）销售团队管理层人员用人不慎，所推荐员工品行不端、工作马虎，或者不能约束属下员工，继而严重损害企业形象或给企业造成重大损失。

（6）销售团队管理层人员排斥员工或不培养团队接班人，令团队人力工作难以开展，影响团队后续建设。

（7）玩忽职守、滥用职权、徇私舞弊，利用职责之便侵吞企业财产、出卖企业利益、收取个人好处，造成企业重大损失。

（8）在应对突发事件时，由于措施不得力、方法不得当，处理不及时，影响团队运营、造成企业重大损失。

2. 处罚办法

（1）《劳动法》第一百零三条规定："劳动行政部门或者有关部门的工作人员滥用职权、玩忽职守、徇私舞弊，构成犯罪的，依法追究刑事责任；不构成犯罪的，给予行政处分。"企业可根据自身情况对员工进行行政处罚，构成犯罪的，应追究其法律责任。

（2）《工资支付暂行规定》第十六条规定："因劳动者本人原因给用人单位造成经济损失的，用人单位可按照劳动合同的约定要求其赔偿经济损失。经济损失的赔偿，可从劳动者本人的工资中扣除。但每月扣除的部分不得超过劳动者当月工资的20%。若扣除后的剩余工资部分低于当地月最低工资标准，则按最低工资标准支付。"所以若员工因重大工作失误使企业蒙受经济损失，企业有权依照规定要求员工赔偿。

（3）《劳动法》第二十五条规定，劳动者严重失职，营私舞弊，对用人单位利益造成重大损害，用人单位可以解除劳动合同。所以企业有权解除和出现重大工作失误员工的劳动合同。

企业也可根据自身情况，在不触犯《劳动法》等相关法律法规且通过民主程序的情况下，制定个性化的重大工作失误处罚办法。

8.6 破坏氛围处罚制度：传播不良情绪、传播公司负面新闻

所谓"好事不出门，坏事传千里"。在企业团队中，表面上可能平静如水，实际上却暗流涌动。信息传播最快的不是那些鼓舞人心的消息与团队正能量，而是那些使人消极的不良情绪与负面新闻。

员工稍不注意就可能会陷入消极情绪中，这种状态不仅影响个人的正常工作，伤害员工人际关系，也可能导致团队整体情绪懈怠，积极性下降，团队进入倦怠期。因此企业需要对破坏氛围、传播负面情绪、传播公司负面新闻的员工进行一定约束，保证这样的消极情绪能够及时消解。

对于破坏团队氛围的负能量员工来说，其负面情绪通常来源于短期、长期两种矛盾，短期矛盾通常来源于工作本身，例如工作中遇到不礼貌的客户或是不遵守行业规则的同行，导致员工出现负面情绪，这样的状况在销售行业更为常见。

长期矛盾的情况则大多由于工作难度高于员工自身预期，员工就会产生付出与收益不等的错觉，从而导致对薪酬、工作内容等诸多方面不满的情况。通过短期、长期矛盾产生的负面情绪一旦传递，很可能给团队带来诸多负面影响，如图 8-2 所示。

图 8-2 员工破坏工作氛围的后果

1.工作效率降低

在团队中大多数成员喜欢与做事自信、有责任、有担当的员工相处，而破坏团队氛围的员工，其自身心理状态较消极，在工作上也会出现畏首畏尾的情况，不敢承担重任，这样的员工会在一定程度上打乱团队间的良好合作性，导致工作效率降低。

2.影响团队士气

员工的消极怠惰、对企业缺乏信心、患得患失的情况时有发生，而这种负面情绪在团队中传播很快，在团队齐心奋力拼搏时，员工传播出的负面情绪，甚至是传播企业的负面新闻，很容易导致团队人心惶惶，工作氛围崩溃，导致团队士气下降。

3.影响人际和谐

员工中一旦存在负能量的传播者，会导致员工人心不稳，彼此之间缺乏信任，甚至会导致团队中心思细腻的成员患上"疑心病"，导致同事之间相处不愉快，激化矛盾的情况。

要解决以上问题、降低员工的负面情绪破坏团队工作气氛的可能性，企业需要完善自身机制，通过对员工进行心理疏导、对破坏团队氛围者做出处罚、对表现优异者进行物质奖励等方式，保障团队稳定性，同时培养企业的核心文化与核心价值观。通过企业文化与价值观的同化，保证团队整体的抗压能力，与对负面情绪的抵抗能力。

8.7　弄虚作假处罚制度：以结果和损失为界限

企业要规范制度，明确各类违规行为，从制度根本上杜绝员工弄虚作假行为出现的可能性。在企业制度规定中要重点体现《劳动合同法》中，对员工行为有一定约束力，并对所有员工做好培训记录。

2018 年年末，某商场一家女装店进行年终核算时，由于发现商场账面记录与店内记录不符，上层派出调查员对店长李艳进行调查核对。通过核查发现账户与店面记录有近万元的不匹配。调查员经多方探查发现，李艳本人利用销售大厅内客户遗留的信用卡伪造了本店的综合业务签章，并向店面财务谎称是自己亲友购买的衣物想要退货，同时与财务私下退钱。

在调查中发现，李艳用这种手段套取了多件价格高昂的衣物，同时套取了近万元的企业款项。经过调查证明，李艳的行为是一种典型的弄虚作假行为。企业根据其规章制度，责令李艳补齐企业损失的款项，对其罚款1 000元，并对其做出开除处理的决定。

上述李艳的案例是侵占企业利益的典型案例，通过弄虚作假、徇私舞弊的行为为自身谋求利益，而这样的行为也是各个企业规章制度中明令禁止的红线行为。要想根治员工弄虚作假的行为，需从企业规章入手，加强规章管控，同时对员工进行培训，加强对员工的教育与监督，使其增加自我约束能力，增强洁身自好意识，以杜绝弄虚作假行为的发生。

对于弄虚作假的员工，企业要以企业实际损失与弄虚作假事件的最终结果，作为对员工行为定性的最终标准，以事件结果判断轻重程度，以企业损失判断惩罚力度，而在对弄虚作假的处罚制度中有以下4种类型的处理方式，如图8-3所示。

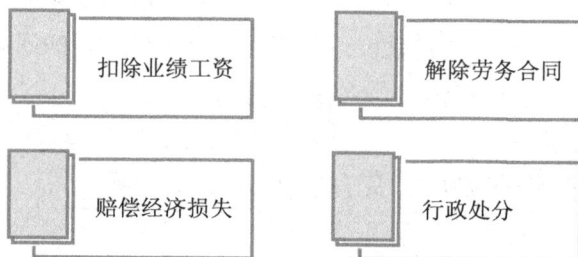

扣除业绩工资　　　　　解除劳务合同

赔偿经济损失　　　　　行政处分

图 8-3　对弄虚作假的处罚制度

（1）扣除业绩工资：在员工行为没有造成企业实质性损失，且行为不构成极端恶劣的行为性质的情况下，仅视情况扣除一部分业绩工资，以此作为对员工的惩戒与警示。

（2）解除劳务合同：员工行为性质相对恶劣，其行为反映出的员工价值观与企业价值观不符，因此对员工作出解除劳务合同的处理决定。

（3）赔偿经济损失：当员工行为直接或间接造成了企业的经济损失时，企业可要求员工赔偿企业的经济损失。

（4）行政处分：对于员工弄虚作假行为给予的警告处理，其中包括通报批评、记过、甚至降级、留用察看等方式。

通过以上处理方式，约束员工的行为，配合企业对员工的教育监督、培训宣传等辅助手段，保证企业内能够树立起制度意识，保障员工能够按流程办事，强化自身执行力，提高制度效力。

9

第 9 章

出差制度：审批、费用、汇报、处理

为了能够对出差人员进行规范管理，降低出差过程中的费用成本，提高运作效益，企业需要制定相关的出差管理制度。而明确的出差制度也能够在一定程度上明确出差流程，保证出差资金费用的审批、汇报、处理等手续，使出差员工在出差过程中有明确的规划与参考。

9.1　出差审批制度：出差申请及变更

销售团队中的销售人员在出差前，必须办理审批手续，详细填写差申请单，如表 9-1 所示，注明出差原因、时长、出差地点、出差同行人员、乘坐交通工具等情况，出差申请单的内容要详尽、全面，以防出现审批上的漏洞，也保证报销出差费用过程中的流畅。

表 9-1　出差申请表

编号：　　　　　　　申请日期：　　年　月　日

申请人		所属部门	
申请项目（勾选相应项目）	1.省内出差　2.省外出差　3.国外出差　4.其他		
出差人员		出差地点	
预计出差时长		出差目的	
出差当地企业名称			
携带办公物品、文件			
预计费用	住宿：　　元 交通：　　元 餐补：　　元 其他：　　元 合计：　　元	经费支出	1.个人垫付 2.预借款项
		预结款项金额	元

续表

出差申请部门主管签名：	年 月 日
本部门领导意见	年 月 日
人事部门签字	年 月 日
财务部门签字	年 月 日

若由于事项紧急，在出差前未能办理相关的审批手续的，需要及时告知相关领导，并在出差回来后及时补交出差审批手续，并说明原因与出差过程等内容。若员工出差不能按时返回，也需要向审批人进行报告，告知相关原因，并在出差归来后，在出差审批单上，如实写明情况、以及延长期限的工作内容、实际出差时长等情况，交由审批人确认。

若出差员工未经审批擅自延长出差时长、或出现无故旷工等情况，则按照公司考勤制度对其进行相应处理。除此之外若出差人员需要预借差旅费的，需要持"出差审批单"以及"预支差旅费申请单"经过所在团队的团队经理批准后，到财务处办理相关手续。

出差员工应秉承实事求是的态度履行出差手续，如在出差申报中发现弄虚作假以权谋私的情况，则需按照企业规定进行严肃处理。

在出差审批制度完善以上内容后，能够保证员工出差信息的填写相对完善，也能够保证企业对员工出差的流程与事项有一个基础的了解。而出差申请表的完善、出差审批制度的全面，能够在一定程度上保证员工出差时的工作效率，在无人监督的工作环境中，起到一定的监督作用。

9.2 差旅费预支制度：先清后借

员工由于出差需要而进行差旅费的预支，需要填写相关"预支差旅费申请表"，如表 9-2 所示。企业根据申请表进行核算，若员工上次出差费用未结清，企业可以拒绝预付其本次差旅费。出差者需要根据出差计划表，自行提出预算差旅费并进行申请。对于员工的预付款项，企业可以从财务账户中进行扣除，预支差旅费金额不得超出对客户的收款款项。对于超出预付额度的部分，员工需要根据相关凭证申报结算。

表 9-2　预支差旅费申请表

编号：　　　　　　　　日期：　　年　月　日

出差人员姓名		所在部门、职位	
个人地址		联系方式	
出发日期		返回日期	
出差目的		出行方式	
预支款项	住宿： 交通：（出行方式） 餐饮： 其他：招待费用、会议费用等 共计：	费用详细说明	
部门主管签字	年　月　日	财务签字	年　月　日
申请人签字	年　月　日	批准日期	年　月　日

　　员工在预支差旅费的情况下，在出差前需要先填写出差申请表和预支差旅费申请表两个表格，在填写过程中注明自己的身份、出差事由、日期长短、款项花费等内容，经过本部门审核后，交由财务部门审批。出差人凭预支差旅费申请表填写相关借款单，向财务部门预支相关差旅费。

在回程后，应该及时填写相关的差旅费报销单，注明出差日期、工作内容、报销金额等内容，并附上出差过程中的各项票据，经过本部门审核后，交由财务部门审批，若预支款项仍有结余，需退还财务部门，若实际花费金额超出预支款项，则财务部门根据票据进行补款，财务部门根据实际花费对冲预支金额数。

针对差旅费的预支，出差人员若上次的费用未结清，财务人员可优先结清其出差费用，若出差员工上次预支款项尚未归还，或相关申报表格尚未提交导致费用非结清，则预支的财务费用企业可不予办理。

在差旅费预支制度中，首先要注意收集预支差旅费人员的信息，掌握出差人员的行程概况，以便对出差费用进行核算，其次为保证企业制度的规范性，对上次出差人员费用未结清者，不予预支差旅费。在回程后，出差员工也需要将预支差旅费申请表与各项票据汇总，并上交财务部门进行相应款项审核。

9.3 出差补贴制度：根据级别做上调

许多企业都对员工出差有一定的出差补贴，但对出差补贴都会有不同的制度与审核方式，这样的规章制度是为了规范企业的各项费用支出，用最小的资金成本达到最大收益，保证员工工作效率的同时，使企业的出差制度能够形成相对规范化、模块化的整体，在出差补贴制度中，需要注意以下内容。

（1）补贴标准的制定：对于出差人员在出差期间的住宿、餐饮、通信、交通等各方面费用支出，企业要有基本的架构，对补贴的标准进行一个大致框架的设定。

（2）按地域划分补贴金额：由于地域生活成本费用以及物价水平等情况的不同，根据出差地域的不同，进行补贴金额的层级划分。

（3）按照人员级别进行补贴上调：针对不同层级的员工，出差期间负责事物大小以及能够为企业带来的经济收益均有不同。总体来讲，级别高的员工在出差时负责事物更多、工作效益更高，因此企业可以为不同级别的员工提供不同的补贴，针对高级别的员工，给予更优的待遇。

（4）对于企业员工外出参加活动 / 会议等情况，若对方提供食宿，则不再享受餐补与住宿补贴。对于这类情况下的自费餐饮同样不予补贴。

（5）当天往返：对于当天往返短途的出差情况，员工仅可申报餐饮补助与交通补贴两种类型的补贴。

（6）针对其他内容需要进行规定，例如会议花费或是宴请花费等各方面的其他花费。

针对以上内容，企业可以进行自身规章制度的完善，在这之中较为重点的内容是按照人员级别进行补贴的上调。其中包括更好的食宿待遇、更高效的交通待遇等内容，同时对高级员工的补助上调外，也可以对其出行方式减少审核程序，保证高级员工能够享受到更优待遇的同时也能够将更多精力用于工作，不为食、住、行等杂务分心，保证工作效率。

9.4　差旅费标准制度：超过标准不核销

对于出差员工出行时的吃、住、行三方面，企业应划定相应红线，对于差旅费标准也应细化，严卡员工出差过程中的花销，一旦超过企业划定的标准红线，超过部分不予核销，若发现企业员工在差旅费核销上出现问题，或是超标严重，不仅可能导致违规操作资金的追查，甚至可能会在企业内通报批评。

河北一家广告公司，员工郑磊受团队安排去广州参观学习，时长为 8 天，根据郑磊的员工等级，其住宿 7 天，每天住宿费用为 300 元，餐补费用为每天 100 元，共 8 天，交通费用仅包含来回机票费用，约 2 000 元。当地交通由承办方负责，故郑磊的差旅费标准共计为 4 900 元。

郑磊在广州参观学习过程中，由于与其他部门同事聚餐，导致其餐补费用超标严重，郑磊个人不愿承担这笔费用，并想办法将超额的餐补费用记录为会议花费并上报，财务部门经过核实相关票据等内容，认为郑磊的差旅费花费出现问题，严重超出企业规定的差旅费标准，于是对其进行资金方面的追查，了解到了事情真相，最终对郑磊处以通报批评的惩罚。

在上述案例中，郑磊的差旅费标准为 4 900 元，这样的差旅费花销是企业根据其当地物价水平进行规定的，企业的差旅费标准能够满足员工出差期间的日常需求，甚至能够在一定程度上仍有结余。因此像郑磊一样出现差旅费严重超标的情况可能性不大，即使出现这样的情况也需要财务部门向相关领导核实确认，并通过相关开销报销单对账，保证员工差旅费的正当花费。

在差旅费标准制度中，企业需要核查各地物价情况，时刻关注飞机、火车等交通费用的变化，保证企业制定的差旅费标准符合实际情况，这样才能够在最大程度上保证员工的合理权益，也能够保证差旅费标准制度的合理性。

9.5　差旅费核销制度：食住行等票据

企业为了能够规范员工出差期间的差旅费花费，降低不必要财务损耗，制定相关的差旅费核销制度，对于不满足企业规定的不正当花费，企业不予报销。该制度适用于企业内因公出差的所有员工，其中出差指的是一天以上不能够当天往返的出差情况。

在差旅费核销制度中，员工需要自行保存好相关票据，以便财务部门后续核销工作的展开，在需要保存的票据中，主要有以下 5 点内容，如图 9-1 所示。

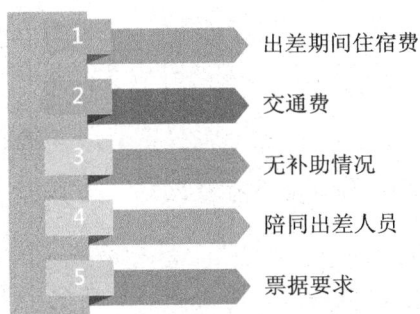

图 9-1　差旅费核销制度

1. 出差期间的住宿费

住宿费需保留住宿酒店所开发票，按照实际住宿天数乘以当地的差旅费标准进行计算核销。若出差当地单位提供员工住宿的情况，则无住宿补助。

2. 交通费

其中包括当地交通费与往返交通费两种。在往返交通费中，员工应提供相应出行方式的购买票据，并且若员工购买超过等级标准的出行工具或出行方式，则超出标准不予核销。例如，员工张强按员工等级规定可以购买硬卧出行的火车票，而张强购买了软卧火车票或飞机票，企业可以不予报销超出部分的金额。

在当地交通费中，根据员工等级进行相应报销，高级人员申请后报销出租车费用，其余员工可以核销公交、长途汽车等其他合理的交通费用，但需明确行程时间、出行目的，企业据实核销。在交通费用中，各类交通保险费、茶座候车室费用不能够进行核销。对交通费用的核销，员工也应列出详细的行程清单，按照出行时间将票据与出行线路一一对应，保证每一张出行票据都有据可查。

3. 无补助情况

若出差当地单位提供餐饮、则企业无餐饮补助；若出差当地单位不提供相应补助，则员工需要保留相应餐饮店面发票。若未保留相关票据，则不予核销。

4. 陪同出差人员

对于陪同出差的人员而言，已享受公费待遇者或是由领导人员负责相关食宿交通花费的，均不再享受食宿补助。

5. 票据要求

报销凭证应以正式发票为准，若由于特殊情况，店面无法提供正式发票，则提供加盖公章的收据作为证明，同时应注明联系号码，以备核查。

在差旅费核销上，企业应将核销程序、核销期限等情况进行详细说明，对于差旅费核销期限应该设定在一个业绩周期内，超出企业规定期限核销者，对其核销金额将进行折扣。通过这样的制度设置，保证员工能够在出差返回后，第一时间向财务部提起核销，以保证企业财务账面的完整，保证企业财务压力均衡。

9.6　进程汇报制度：上交工作总结

为了贯彻落实企业的各项任务需求，保证员工出差期间工作效益，也为了企业及时获得当地调研情况并进行准确分析，企业应针对出差员工制定进程汇报制度，以便能够及时掌握员工出差的工作情况与工作内容。

对于销售团队中销售人员出差谈合同、考察、培训学习等情况，都需要进行工作进程汇报。若员工需要负责实际的基层工作，则除了完成基础工作的同时还要对所到单位进行概况了解，包括经营效果、企业管理、服务范畴等情况。在工作进程汇报制度中，汇报范围包括如下 6 点，如图 9-2 所示。

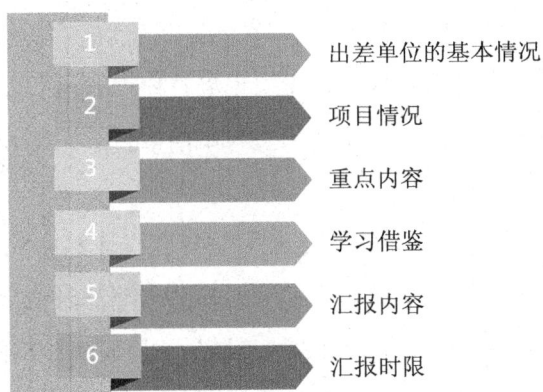

图 9-2　工作进程汇报范围

1. 出差单位的基本情况

对于出差当地单位的基本情况进行基本叙述，其中包括：基层单位的实际情况、存在哪些问题以及针对这些问题提出解决意见或建议。

2. 项目情况

员工须详细描述所参加会议的基本情况、主要内容、要求及如何贯彻落实会议内容的具体意见。

3. 重点内容

员工出差过程中了解到、掌握的情况以及员工认为重要的内容有必要向领导汇报。

4. 学习借鉴

对于在出差当地学习、考察的具体内容，以及员工出差过程中的主要收获，根据收获能在工作中作出哪些改进、提出意见与措施。

5. 汇报内容

汇报内容应形成文字性的书面材料，并提交到上层领导手中进行审批，在情况紧急的情况下，可通过社交软件临时汇报消息，在事后进行相应总结。

6.汇报时限

员工在进行工作总结汇报时，需要根据具体内容进行总结精炼，将出差过程中的问题具体化，并在企业规定时限内进行总结汇报，保证汇报内容的时效性。

通过以上内容保证员工在出差过程中的进程能够得到全面的总结汇报，同时也能够加强企业与出差员工之间的沟通与及时的指导，对员工起到督导与协助的作用。而工作总结能够帮助员工厘清出差期间的学习内容，并融会贯通，有利于员工将出差期间的所见所闻学以致用。

9.7 出差延误处理制度：及时知会领导

员工在出差期间总会遇到一些特殊情况，导致出差时间的延误，那么在这种下，员工要依据出差延误处理制度，及时将自己的情况告知领导，保证以企业利益为第一位，将出差延误对企业造成的损失降到最低。

郑悦是北京部门销售团队的负责人，企业组织各部门负责人远赴香港学习销售经验与团队管理的内容，而郑悦所乘的航班由于天气原因无法按时起飞，预计延误时间长达 12 小时。飞机延误导致郑悦无法与团队汇合，也无法及时参与企业的学习活动。

郑悦及时将自己飞机延误的情况进行上报，所幸由于天气原因导致飞机晚点的并不只郑悦一人，华北地区多省负责人都由于飞机延误无法正常抵达。企业高层经过商议决定将原定计划推迟 2 天，保证全体人员都能够参与到学习活动中，并有足够时间进行精神状态的调整。

在上述案例中，郑悦因为天气因素导致的行程延误，及时将情况上报，保证企业领导能够及时根据情况作出相应调整对策。通过这样的行为，郑悦保证了自身的利益，争取到了学习的机会，也在一定程度上保全了公司的利益，通过延迟学习活动保证了各销售团队领导能加入活动中，并获得学习机会，将企业组织学习活动的收益最大化。

除去天气因素等不可抗力因素外，员工在出差期间还可能由于原定计划进程不理想、相关人员不配合等情况造成误工，进而导致需要将出差归期延后，遇到这种情况，出差员工应按规定向领导领导汇报，保证企业的整体利益。

10

第 10 章

报销制度：注重细节，考虑各种情况

企业为明确各项费用开支的作用，提高工作效率，规范企业整体管理制度，设定了费用报销制度。而企业的运营过程中，会遇到许多复杂的情况，因此企业在面对员工的款项、收支等内容的报请核销时，需要依据明确、详尽的制度，保证员工了解到报销的处理办法。

通过细化、全面的报销制度制定出对企业、对员工最有利的报销流程，以制度、流程管理销售团队，保证团队高效运营。

10.1　报销流程管理制度：严格按照流程办事

企业为规范费用开支而设定相应报销流程管理制度，而许多销售团队成员由于熟识关系，随意打破报销流程，这样的行为在小团队中屡见不鲜，这种行为很可能造成不同程度的负面影响。企业需要保证员工严格按照既定流程进行规范化操作，只有严格遵守企业制度，企业才能够保证员工与企业双方利益不受侵害。

2019 年初，某日化用品销售部门经理曹云离职，企业在对曹云进行离职审计时发现，其报销单中所附的发票缺失，而后，缺失的发票却在另一份报销单中作为原始凭证出现，企业认为这张发票被重复使用了，而曹云表示并不知情。

企业对曹云的所有账目进行追查，进而发现这样的造假情况不止一例。企业经过调查发现曹云由于事务繁忙，在各项费用的报销上均交由自己的助理张晖处理，而张晖与财务部门工作人员熟识，通过报销单造假，在企业财务上做了许多手脚，为自己谋利数万元。

企业调查发现，张晖不仅挪用原本的发票，甚至将自己消费的发票夹带在领导的报销单中进行报销，企业查明情况后，决定起诉张晖，并对规章进行整改，保证类似情况不再出现。

在上述案例中，报销单造假情况的出现不只是张晖个人因素造成的，也反映出了领导、财务、企业制度多方面的漏洞。首先，对于账务的报销，应由本人填写报销，不能够由助理代笔，而曹云由于事务繁忙将费用报销等情况交由助理代办，这属于报销过程中的不规范操作，给了张晖可乘之机。

财务人员方面，由于与张晖熟识，对张晖提供的材料放心没有进行细致审核，导致报销了其个人的夹带发票，甚至对报销单中的发票缺失也没有察觉。对张晖代办曹云报销单的不规范操作也没有提出异议，财务方面的监管不力，也给了张晖可乘之机。

在企业制度方面，制度不明使员工对报销内容没有一个明确的了解，也不明白按照流程规范办事的重要性，企业没有通过制度规定、奖惩措施，确保员工的规范操作，企业制度的确立没有达到应有的规范流程的作用。而张晖的事件反映了企业制度的漏洞，需要进行修整。

企业通过严格的规章制度和具有惩戒性的处罚制度，配合对员工的宣传教育，保障员工能够遵守企业流程办事，规范日常工作行为。在流程规范的情况下，员工工作效率提高，支出费用损耗减少，企业可花最少的成本，获得最大的经济效益。

10.2　报销行为审核制度：什么样的行为可以报销

对于员工的报销单据及报销行为，企业应根据员工提供的报销表单进行核查，保证资金的去向能够落到实处，对于员工报销行为也应有明确的界定，如哪些支出属于必要支出可以进行报销，哪些支出属于个人支出或不必要支出不予报销，将这些内容通过制度进行明确，也能够在一定程度上保证企业的工作效率。

王珏是河南一家公司的销售人员，由于工作性质她经常需要去全国各地出差，因此她的报销发票较多。2018 年末，企业外聘的会计师事务在对王珏的个人花费进行审计核算时，竟然发现王珏报销的许多发票与实际出差时间不符。

企业立刻针对王珏展开调查，通过其报销的差旅费发票来看，其中有近 2 万元的费用企业公务支出无关，其中很大一部分费用是餐饮店面中的发票单，但不属于宴请团建等费用，属于王珏的个人花销。企业核查后立刻规范报销行为审核制度，并对王珏作出相应处罚，以儆效尤。

在上述案例中，企业发现王珏的报销行为不属于正当报销范畴时，应及时拒绝为其报销。而当企业已经出现为王珏这样报销行为时，企业管理者也应及时反思是否制度与监管方面出现了问题。

在报销内容的划分上，企业应为员工设定明确的界定范围，以员工层级作为划分，同时对票据、员工叙述等情况进行相应核查，确认无误后进行报销，对员工的报销行为进行审批，贯彻领导审核下级的宗旨，在办理报销业务时严格按照员工的个人权限进行审批。对员工报销行为的审批应遵循以下流程，如图 10-1 所示。

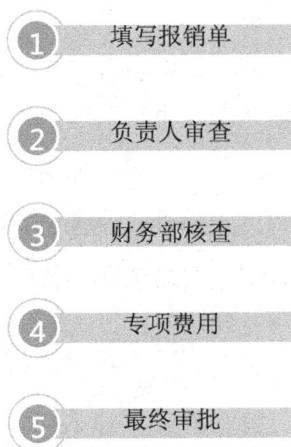

1　填写报销单

2　负责人审查

3　财务部核查

4　专项费用

5　最终审批

图 10-1　员工报销流程

1. 填写报销单

报销人本人填写报销单，报销单上详细注明经办人、所在部门、个人职位、款项用途、详细金额、付款方式等内容，并附上相关单据一并提交。

2. 负责人核查

本部门领导要对员工的报销行为负责，领导需检查员工报销单据无误，对其内容的真实性与合理性进行初步审查，确认无误后方可签字确认。

3.财务部核查

财务部对报销单内容进行复审，对报销单内容是否符合企业规定，员工报销内容是否符合其个人等级等进行审核，同时应对票据真实性、款项合理性进行审核，确认无误后签字。

4.专项费用

对于企业的专项费用，员工报销时除以上内容还需报给专项内容负责人签字，按照专项费用的特殊管理要求进行重复审查。

5.最终审批

通过多道手续、多方负责人重复确认员工报销数据无误后，即可对员工的报销行为进行最终的审批。

员工在进行报销时，企业应遵循以上流程，保证员工报销行为的正当性，也确保员工报销内容处于个人报销范围中，经多方责任人确认后才能最大限度上保证报销行为合理性，一旦出现问题也将由多方责任人共担责任。这样的制度设定极大程度上降低了误报销的可能性。制度的完善形成完整的流程，不但能够规避风险、提高效率，同时也能对员工行为作出约束。

10.3 报销经办人管理制度：不得越权，乱报销

在员工报销费用时，须明确各部门、各负责人的职责，员工、部门之间起到相互制约的作用，保证每位负责人能够对每笔报销单负起责任，避免越权报销事件的发生。

孟楠是上海一家大型服装企业的销售部经理的助理，2018年年末，在公司进行各店面日常用品的采购时，孟楠通过汇总旗下各店面提交的所需物品清单等内容，得知采购物品需花费几十万元。孟楠认为有利可图，她通过关系运营越级采购了相关物品，并伪造了相关报销单据、发票等内容，从中获得回扣万余元。在年终的财务审查中，孟楠的行为被揭露出来，企业对其行为进行相应惩处，并完善、修改了企业的各项报销制度。

在上述案例中，孟楠的行为属于典型的越权报销行为，通过企业制度的漏洞中饱私囊，因此完善报销经办人管理制度对于企业来说是十分重要的。而如何完善报销经办人管理制度，要从以下 4 个方面入手，如图 10-2 所示。

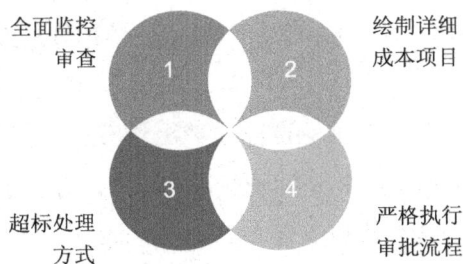

图 10-2　报销经管人管理制度要点

1. 全面监控审查

企业需要对员工整体的报销流程进行严格全面的监控审查，确保员工按企业规章流程行事，本人填写报销单、办理报销手续。这样能够有效防止员工钻制度的漏洞，避免企业的损失。

2. 绘制详细成本项目

根据不同的成本用途制定详细的成本项目，报销的成本项目可以与财务项目比对，这样的比对方式更为细致，也能够进一步规范整体审批流程。

3. 超标处理方式

通过详细的成本项目汇总制定出成本报销标准，当员工填写个人报销单时，如果报销单费用超过企业预估的报销费用，则对报销单进行详细核查，若超出部分没有正当的开支理由，则对报销员工进行调查处理。

4. 严格执行审批流程

企业根据报销流程和报销经办人的管理要求，针对不同类型支出费用设置不同的报销单内容与不同的报销形式，保证报销单据的清晰明了。确立报销单的各级责任人后，财务根据审批流程，将报销单亲自送达各审批人，防止越权审批。

企业通过明确审批流程、对责任人的检查、成本项目体系的建立以及超标的处理方式等确保报销经办人管理制度的完整，确保每一笔报销单都由员工本人填写，也确保经办人、责任人各级能够互相监督，降低报销风险。

10.4 报销单填写制度：坚持实事求是，准确无误

对于报销单的填写，员工应遵守实事求是的态度，将各项数据准确无误的填写汇报，这有利于财务制度的建设，同时也有利于各项数据的汇总。为保证报销单填写内容符合企业预期，企业的报销单填写制度中应明确规定以下内容。

1. 书写用笔，报销单使用要求

为保证企业账单一致性，报销单应规定使用统一规格的签字笔填写，员工必须使用企业统一规格的费用报销单，严禁私自打印其他规格报销单上交，企业的费用报销单可以设置在财务部门统一领取，以保证其一致性。

2. 正确填写资料

对报销单中内容填写应明确，对部门名称、个人职位的填写需规范化，填写全称；对于出差日期格式须写作：20××年××月××日，严禁简写；书写字体清晰，杜绝连笔字、行书、草书，以确保财务人员能够识别书写内容为准。

3. 费用名称及事项

对报销费用应实事求是列出清单，针对每项费用详细写出花费事由、支出渠道，并明确列出费用花费名称、金额以及对应单据。在花费项目名称的区分上应清晰的表述，对花费无法判别属于哪一类支出时，可及时询问财务人员。

4. 票据整理要求

将同类票据（如：火车票类、公共汽车票类、餐饮费用类）排列在一起，

将需要粘贴的票据与不需粘贴的票据区分开，在排列时按照从上到下，从左到右的顺序进行粘贴，以防出现颠倒粘贴的情况，保证票据方向一致，保证报销单账面整洁。

5.不符合规定

针对员工报销单填写不符合企业规定的，财务人员有权将其报销单退回并要求重新填写。

通过严格、规范的报销单填写制度，保证员工上交的报销单整齐有序，利于财务人员核查。对员工进行章程重要性的宣讲，并告知报销单需如实填写，在报销单报销过程中会前后多道审查手续，发现越权报销、夹带报销等行为将严肃处理。通过制度的硬性规定与企业教育的感化作用，保证员工报销行为的正当合理，减少违规操作。

10.5　日常费用报销制度：交通、通信、办公等

企业的日常开支占企业资金损耗中很重要的一部分，企业为规范各项日常费用开支，合理控制日常开支的资金支出，能够有利于企业形成勤俭节约的工作习惯，从支出节省下不必要的资金支出，保证企业的财务压力在合理范围内。企业的日常开支中主要分为以下4个方面，如图10-3所示。

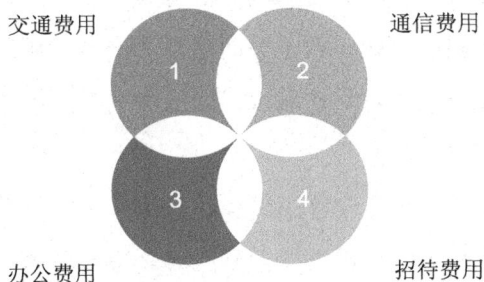

图 10-3　企业日常开支

1.交通费用

日常交通费费用的报销，可以凭借正规发票，例如公交车票、出租车

票等办理报销手续，同时在报销交通费用时注明行程的起始地点、办理事项等，员工在无特殊事项时不得打车，若由于特殊原因打车需要经过团队领导的签字确认。

对于企业的车辆费用报销与上文交通费报销不同，交通费报销通常应用于少数人的临时出行，而车辆费用报销则多数用于集体出行上，车辆租用、油料费用、司机工费、过路费、停车费等一类费用，甚至对企业派发车辆的维修保养费用，都可以算在车辆费用报销事务内。

2.通信费用

企业办公室的通信费用由办公室指定专人，按照企业的流程制度进行审批并上报，若费用出现异常变动，则到相关通信机构查明变动原因，若遇特殊情况则需要向部门经理进行批示签字。

员工本人移动设备的通信费用则按月报销，在报销期限内可以随时报销，只要提供相关通信机构打印的数据单即可，超过报销期限则不予报销。针对员工管理层和普通员工的通信费用报销额，可以进行层级制度，对管理人员的通信费用可以在一定程度上进行上浮。

3.办公费用

通常情况下，办公室都会根据需求对办公室现有物品库存情况进行预算估值，在购买办公物品时，可以填写购置申请单，保证购买物资、申请单、发票单据三者能够达成一致，进而保证了办公费用的缩减。对于办公用品的消耗，企业也应建立实物账目，详细登记办公用品的申领等。

4.招待费用

招待费用中包括员工团建费用以及对外部人员招待产生的餐费、礼品等费用，对于这项费用的报销需要做到在事先进行申请，通过企业章程了解具体的招待费用标准，按照标准严卡费用支出，并以实际单据作为报销准则，若费用超出标准则不予报销。

企业的所有对内、对外招待，都需要填写相关招待费用的申请表，经过各级、各部门负责人签字批准后才能够成功办理。对于企业需要购买招待礼品等的支出，如烟、酒、茶等招待所需物品，可以按照物品申购的程度进行办理，企业整合各部门需求统一购入，各部门各自领取相应份额。

通过以上 4 点内容，完善日常费用报销的整体制度，以企业制度保证各项费用支出的真实性、合规性，并完善监管制度，对各项票据加大审查力度，严禁白条入账的行为，杜绝费用支出与票据不符的违规行为，以制度保证企业每一笔资金都能够落到实处。

10.6　公关、招待费用报销制度：必须拿出证据

2018 年 3 月，一家汽车销售企业在做第一季度账目总结时，发现第三销售分部招待费用的账目发票与实际情况有所不符，于是立刻开始核查。经过查看报销票据发现就餐发票并非在实际就餐地点产生，财务的开支费用数额也完全不合理。

企业经过对第三销售分部人员以及多方涉及人员的问询后，逐渐了解了违规报销操作的事实真相，判定第三销售分部经理助理杨慧存在违规报销、借壳报账的行为，通过私下销售分部招待费用的发票进行更替，报销了多笔不存在的账目费用。企业掌握证据后迅速报警并起诉杨慧，要求其返还企业损失费用。

在上述案例中，杨慧通过报销公关招待费用获得大笔资金收益，实际上这一部分费用是最容易出现资金漏洞的，因此对于公关、招待费用企业应制定相关的检查措施，保证每一笔报销费用的支出都是有效的。

对于公关招待费用的报销制度须从严处理，对接待、招待、公关方面发生的相关费用如餐费、礼品费、住宿费、交通费等其他招待费用，须按照企业制定的报销制度严格执行。在实际发生公关费用及执行报销流程时，员工应遵循以下 5 点守则，如图 10-4 所示。

图 10-4 公关、招待费用报销守则

（1）事先申请。由于企业业务员工需要发生相关公关费用、招待费用时，应事先填写《公关费用申请表》，经过企业各责任人批准后，到财务部门提交公关费用申请。

（2）申领权限。企业的公关费用通常应设置一定的申领门槛，例如允许部门副经理级及以上领导级别人员进行申领。

（3）申请内容。员工须在相关申请表中如实填写招待事由、本部门参与的招待人员人数、被招待人员的企业、职位、人数、招待地点以及预计费用等事项。

（4）票据留存。公关招待费用须留存相关店面真实有效的票据，若员工未提交相关票据则不予报销。

（5）招待报告。在公关招待事项完毕后，员工需填写相关的报告书，向领导汇报本次公关费用花销以及达到的效果。保证小额公关费用能够给企业带来更大的收益。

通过以上公关费用报销制度，保证员工报销的每一笔资金都是有证可查的公费资金，保证其中不会存在夹带报销的行为。同时这样的制度能够控制公关与招待费用，明确反映招待费用使用情况，为企业预估收益打下良好的数据基础。

10.7　虚假报销处罚制度：根据次数加大处罚力度

企业为有效遏制虚假报销等行为的蔓延、维护企业正常的秩序与规章，通常会设立虚假报销处罚制度，通过对个人员工的严厉处罚，达到对全体员工的警醒作用。

何刚是一家广告公司的销售人员，其由于开展业务产生的费用向公司报销。而后公司对财务进行抽检时，发现何刚提交的餐票发票以及报销记录存在很大问题。发票的开具方从事行业是商业服务业 / 其他服务业的类别，而非何刚填写的公关申请表中所述的餐饮行业，而何刚也在开票项目说明中，将发票模糊为餐费服务，企图混淆概念。

同时，经公司实地调查发现，发票开具方注册地点并未开设餐厅，而就餐费用的结算单中的餐费基本都是价格昂贵的荤菜，甚至没有酒水与凉菜，这不符合正常人的餐饮习惯，因此公司认为何刚提交的发票是自己伪造的。

通过以上证据公司确定何刚存在虚假报销行为，并核实其报销金额，共计约 4 000 元，公司对何刚处以罚款降级的处理，并要求何刚返还虚假报销费用。公司以何刚的案例昭告公司，出现类似问题将从严处罚，对屡教不改者或是数额巨大情节严重者将选择报警处理。

在上述案例中，何刚通过虚假报销谋取企业财产，行为恶劣，企业对其处以降级处理并罚款，对员工而言是相对较轻的处罚，

除虚假报销的处罚制度之外，企业想要杜绝虚假报销等一系列恶劣行为的出现，还应从以下 4 点入手，如图 10-5 所示。

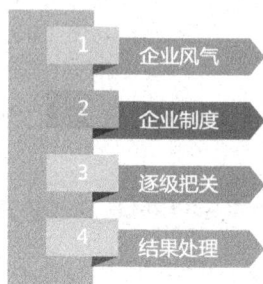

图 10-5　治理虚假报销的要点

1.企业风气

企业管理者对虚假报销等一类恶劣行为的态度十分重要，若是企业管理者以身作则，对恶劣行为零容忍，一旦发现立刻严惩，那么企业整体风气积极向上，出现此类事件的概率也较小。若企业本身偷税漏税，利用虚假票据抵税，那企业如何能要求员工诚信守法？

2.企业制度

企业若制度完善、流程明确，凡事有法可依、有据可查，出现恶性事件的可能性则大大降低，企业制定相关完善制度，并将规章制度明确告知员工，强调其重要性，能在一定程度上降低问题员工出现的概率。

3.逐级把关

通过设立责任人机制，员工的直属领导应对自己团队内员工的报销行为严格把关，明确员工产生费用的原因，判断费用的合理程度，判别报销发票单据真伪。同时，财务人员也需要对报销流程、报销申请人、上交单据等内容严格把关。

4.结果处理

针对虚假报销等性质极恶劣的行为，除了对员工进行严苛处罚，其直属领导也要承担一部分过失责任。以"杀鸡儆猴"的方式，保证员工对恶劣行为产生抵触情绪，从而降低恶劣行为。对屡教不改者可以逐渐加大处罚力度，甚至报警处理。

　　企业通过以上 4 点内容的综合治理，确保虚假报销行为的减少，配合虚假报销处罚制度对犯规者严惩的心理威慑，能够在极大程度上降低员工虚假报销行为的出现，进而保证员工遵纪守法，保证企业收益。

第 11 章

开会与行程分析制度：注重效率，加强引导

员工是一个销售团队的中流砥柱，团队要谋求发展，其中的员工就必须关心且知道团队的动向。而组织各种各样的会议则是让员工了解团队近期发生的重大事件以及发展动向的一个重要途径。

当销售团队召开会议时，以数据化的方式来展现工作情况将会是一种更为明晰、有效的选择。本章将从日例会、周例会、月例会以及协调会议这 4 个方面来对如何用数据开会，引爆销售团队产品倍增销量做一个说明。

11.1　日例会制度：规划好当天的工作量

例会是指按照约定的惯例，在每隔一定期限召开一次会议。这种会议是销售团队在日常工作中最常见的，也是一项重要内容。通过例会，不只能让员工了解团队近期的发展状况，还能加强员工的团队精神和责任意识，更主要的是能让员工总结先前的错误、问题，并在团队讨论中解决这些错误、问题，让员工在明确的指导下，完成团队所下发的任务，以避免员工在工作中出现盲目性，以及避免在日后工作中犯同样的错误。

日例会是例会中的一种，是指每日例会，主要是为了督促每一位员工了解到当前工作项目的进展情况，做好一天的准备工作，并规划好一天的工作量而召开的会议。

每日例会的会议时间不宜超过 15 分钟，因为它是用来检视、同步、适应性地制定每日计划，以帮助团队能更好地完成工作的短小会议。

日例会又可以细分为晨会和夕会。在晨会上，主要是明确今日的必做工作量；在夕会上，则主要检验今日已完成的工作量，并反馈在工作中出现的问题，以明确下一步的做法。所以总的来说，在日例会上，要对这一天的工作量做一个准备或检验。

晨会：部署当日必做工作量

俗话说，一日之计在于晨。在早晨这个大好的时间阶段，很多销售团队都会召开晨会来为员工部署一些当日的必做工作量。

然而有些销售团队虽然有召开晨会的制度，但是一些销售团队管理者可能没有让晨会真正发挥出作用，只是让它停留在单向沟通的层面上，没有在晨会中和员工进行双向的交流，或者只是简单地安排一下当天的工作，而没有提出对工作的明确要求，又或是变成了员工的签到点名会。总而言之，这些都显示出晨会的形式比较随意，甚至成为一种形式主义。

究其原因，可能有以下 3 点：

（1）有些团队虽然召开晨会，但没有对晨会的形式、内容等做统一的要求和标准；

（2）有些团队的晨会缺乏双向性，仅仅只有责任主管一人之言，缺少和员工的沟通交流，久而久之，员工就会失去积极性，进而影响工作；

（3）有些团队虽然意识到了晨会的重要性，但却没有抓住召开晨会的核心目的。

由此可见，团队必须针对自身的情况，制定出一个可行的晨会管理制度。而且在晨会上，要多鼓舞团队员工，而非批评或处罚员工。因为在一天的起始，拥有一个良好的心态将会对今日的工作有很大的帮助，而一个坏心情将会不可避免地对员工今日的工作产生不良影响。所以在晨会上，应该以激励员工为一日的开始，调动起员工积极的工作情绪。

开晨会时，最重要的是要明确当日的必做工作量。在正式开始工作之前，提前制订一个任务完成计划是非常关键的，因为计划可以让员工有一个努力的目标，而不至于漫无目的地过完这一天。

适当地制定一个明确的工作完成要求，可以促进员工的工作进度，即将一定的工作压力转化为工作动力。而且明确当日的必做工作量，不仅有利于促使员工积极工作，对加快销售团队任务进度的完成也是非常有帮助的。

关于晨会，我们必须要清楚其是为了什么目的而召开的。晨会的目的主要有两个：一是为了激励员工，让员工可以保持一种良好的工作状态去迎接工作和客户；二是为了部署当日的工作重点，明确当日的必做工作量，确保团队每个员工都知悉，以便提高员工的工作积极性。

夕会：检验工作量，反馈问题

　　夕会就是在结束一天的工作后，销售团队在下午时分召开的一个工作会议。然而，晨会主要是部署工作，明确当日必做的工作量，而夕会则是检验当日的工作量，以及反馈当日工作中发现的问题。

　　员工在一天的工作中，可能顺利地完成交托的任务，但是有些时候也会不可避免地遇到一些问题，这些问题可能并不会对所负责的工作产生很大的影响，但是既然有问题出现，那就说明工作中的某个环节必定存在着一些差错，而且就算当时不影响，也不能保证对其日后的工作就不会产生影响。

　　所以，从这点来说，召开夕会的必要性就体现出来了。在夕会上，销售团队负责人除了检验员工当日完成的工作量是否达到晨会上所要求的当日必做工作量之外，还应该听取员工在当日工作过程中发现遇到的问题，即接收员工的问题反馈。

　　员工完成必做工作量是基本要求，而将问题反馈给上级，明确问题出现后的下一步做法也是必须的。只有把遇到的问题反映出来，让团队员工以及上级知道问题所在，共同应对、解决问题，这样做的话，不管是完成进度，还是完成质量，都会得到有效提升。

　　可以说，销售团队召开夕会的目的就是为了检验员工当日的工作完成情况，对工作中出现的问题做一个反馈总结，以便下一次再遇到相同或类似的问题时，掌握相对应的处理办法，避免在以后的工作中措手不及。

　　另外，夕会上的工作量检验有利于团队建立起一种目标承诺兑现的文化氛围，在夕会上的问题反馈总结，则让团队员工能互相学习经验教训，增强团队间的沟通交流。

拜访日志表填写

　　拜访日志就是将当日拜访过的客户记录在一个记录表上，其性质上类似于工作日志。拜访日志表是员工将这些拜访过客户的行为以一种表格的形式记录下来。

拜访日志表有很多类型，不同行业的团队，针对自身不同的业务要求，会有不同填写内容的拜访日志表。比如销售拜访主要可以分为预约拜访、陌生拜访、电话拜访三种。

预约拜访，就是通过以礼貌预约的方式与客户约定拜访，进行产品销售的拓展。

陌生拜访，就是通过登门拜访陌生企业的方式来挖掘销售团队的潜在客户。

电话拜访，就是通过打电话的方式来与客户进行沟通拜访。

根据拜访类型的不同，拜访日志表中的内容填写也要做相对应设置，比如标注该次拜访采用的是何种形式，是预约拜访、陌生拜访，还是电话拜访等。

但是不管是何种拜访类型，拜访日志表都需要填写拜访者与被拜访者的姓名、拜访的时间、被拜访者的联系电话以及拜访的结果。这些是拜访日志表中的关键内容，若是拜访日志表中没有这些内容，那么该拜访日志表也就没有填写的意义。

表 11-1 为常用的拜访日志表。

表 11-1 拜访日志表

姓名：	所属团队：	年 月 日（星期 ）			
晨会内容					
当日工作内容	上午				
	下午				

续表

	客户姓名	联系电话	拜访地址	业务类别	拜访结果
当日拜访记录					
当日拜访结果总结					

　　从表 11-1 中我们可以看到表中出现了一系列和拜访相关的内容，比如拜访客户的姓名、联系电话以及拜访所在地址（客户的单位所在地）等。除此以外，该拜访日志表中还加入了晨会内容和当日需要完成的工作内容，因此，我们可以很明显地知道这是一张针对一天的拜访记录所做的日志表。

　　这里还需要注意的是，在填写拜访日志表的时候，一定要保证拜访信息的准确无误，清晰明了，不要写任何有歧义的信息。一张有效的拜访日志表应该能够反映出该员工的拜访任务完成情况以及获取的客户信息。以这种填写拜访日志表的方式，既可以让员工的拜访工作情况以表格的形式简洁清楚地呈现出来，又可以培养员工在工作完成后做记录的良好习惯。

电话预约客户的技巧

　　电话预约客户是销售行业中的业务员必有的经历。销售团队业务员打电话所要预约的对象是客户，这和平常我们打电话邀请朋友去玩不一样，稍不注意电话预约时的礼貌、说话分寸等，就很有可能让销售团队失去一个客户，给团队带来损失。

　　通常情况下，电话预约环节的成功与否成为客户是否愿意接受邀约或合作的第一步。但在销售行业中总有这样的一些业务员，他们大多只是按部就班，机械性地打电话预约客户，只管将活动信息传达给对方，而不了解电话预约客户时所需要注意的问题和预约技巧。

　　也正是由于这个原因，他们可能在电话预约客户上花了大把的时间，但取得的效果却并不理想，然后又因为每次预约客户都不成功而对工作失去积极性，就越发不愿认真对待电话预约客户这份工作，从而陷入了一个恶性循环。

用电话预约客户的时候，业务员应该好好做准备，而不是随意、机械性地传达活动信息或合作内容。必须明确电话预约的目的，其最终目的就是为了让客户接受预约。所以，在电话预约中，掌握与客户沟通的技巧就非常重要。

在预约通话过程中，业务员需要注意以下 4 点。

（1）业务员一定要提前做好充分的准备工作，比如事先了解客户的背景，设想各种可能被拒绝的情况，斟酌与客户沟通的语言用字，反复模拟演练，而且还需要备好纸笔，以便电话预约过程中出现一些特殊情况。

（2）要以最快最简洁明了的方式说明自己的身份，让客户了解自己是谁，属于哪个团队，以及能提供哪些产品和服务，而不至于马上就被客户拒绝。

（3）电话上的陈述效果远不如面谈的效果，所以在与客户沟通时，要尽量争取面谈，不能在电话中就将一切事项介绍完毕，那么就极有可能让客户以为事情已经说完而不必再面谈了，甚至还可能会对你滔滔不绝的言语感到厌烦，从而拒绝接受预约。

（4）不采用过于开放的方法来预约客户，比如询问客户"您看什么时候方便和我们进行一次面谈"，这种询问方式其实就给了客户一个很大的拒绝机会，客户可以回答"没时间"，话题就立刻结束了。所以在预约的时候，应采用选择性的方法，比如用"您看我们是周四还是周五进行面谈"这种询问方式，将会更易于让客户同意接受预约。

11.2　周例会制度：总结并探讨本周业务量增加方法

顾名思义，周例会就是每周在固定的时间召开一次会议。召开周例会具有总结计划、过程监控等作用，也是管理销售团队的一个方法，它对销售团队负责人进行管理工作有着不可或缺的重要性。而且周例会的召开，也是增加销售团队每周业务量的一个重要方法。

但是，一些销售团队的周例会却开得很糟糕，比如有些周例会几乎全由领导来发表讲话，极少听取员工的工作意见与建议；有些周例会属于流水账式，即由会议主持人宣布会议开始后，按照既定的顺序每个人发言讲话，全部讲完后，会议就结束了；还有些则是聊天式，大家随意说一通，到会议结束的时间了，就各自散去，缺乏会议的组织性。

依据销售团队周例会的重要性，不管是员工还是管理者，都必须认真对待周例会。怎样才能将周例会开好，是一个销售团队全员上下都值得重视的问题。

选择周例会召开时间点

选择好一个恰当的时间点，对召开的一个会议是否能发挥最大效益的关键因素。当然，这对周例会也不例外。周例会召开的时间点最好是每周的工作日开始或工作日结束的当天。

这是因为在一周的起始日召开会议，可以对刚结束的周末休假状态的员工进行一个工作积极性的调动，调整好这一周的工作状态，并且在起始日销售主管可以总结上一周的工作情况，以及布置这一周需要完成的工作，让员工有一个充分的准备。同样，如果周例会在工作日结束的那天召开，销售主管可以对这一周的工作情况作一个反馈总结，并且计划下一周新的工作任务。

当然，除了时间点选择，一天当中应该把周例会安排在什么时间段也是有讲究的，需要注意的，会议的安排要尽量避开用餐或即将用餐的时间。

因为在经过了一个上午的工作之后，员工已经饥肠辘辘。如果销售团队负责人选择在用餐时间段召开周例会，员工不仅无心开会，甚至还有可能缺席。选择这样的时间段召开会议会导致会议效率低下，参会率降低，达不到预期的效果，周例会的召开也就失去了意义。

周工作量环比考核

环比是指将本期的统计数据与上期的统计数据进行比较。比如销售团队负责人将 2019 年 7 月份第三周客户拜访量的统计数据与 2019 年 7 月份第二周客户拜访量的统计数据相比较，这就叫作环比。

而本节要谈的周工作量环比考核，就是指将销售团队员工本周的工作量与上周的工作量以数据统计的形式进行比较，从而对员工的工作完成量作出考核评价。

一般情况下，员工的周工作量包含两个方面：一方面是环比增长率，反映本期比上期增长了多少，放在周工作量的计算中，就是指本周的工作量比上周增长了多少；另一方面是环比发展速度，一般是指报告期水平与前一时期（相邻两个时期）的水平进行对比所得到的动态相对数，是用来表明现象逐期的发展变动程度的，放在周工作量的计算中，可以理解为连续两周的工作量增长或下降程度。

在周例会上，销售主管要对员工的周工作量进行环比考核，这是对员工连续两周的工作量作出一个的评价。而且对员工进行有效的环比考核，有利于提升员工工作任务完成的质量与速度。

只有将工作完成量以具体的数据形式呈现出来，员工才会比较容易地产生工作实感。将工作量转化为直观数据，员工能更加清楚地了解到自己这两周的工作量完成情况，间接推动销售团队每周业务量的增长。

销售团队通过对员工的周工作量进行环比考核，可以让员工反思自己在近阶段的工作表现。若是考核数据的结果呈现出增长的趋势，就说明近阶段的工作状态良好，应该继续保持下去；若是呈现下降趋势，则说明近阶段的工作效率有些低下，需要调整好工作状态，继续努力，以便在下一个周工作量环比考核中得到提高和改善。

周业绩环比考核

与周工作量环比考核类似，周业绩环比考核是指将销售团队中员工本周的工作业绩与上周的工作业绩以数据统计的形式进行比较，从而对员工的工作业绩作出考核评价。

销售团队在对员工的周业绩做环比考核的时候，要先了解两个概念：

一是横向环比法，是指将考核指标结果与同时期的同事的平均业绩进行比较，按照相对的好坏给予奖罚，奖罚的程度与相对比例是挂钩的。它有一个公式为：绩效工资＝绩效工资基数 ×（实际完成额 ÷ 平均完成额）。

另外，横向环比法的优势在于见效快，可以充分鼓励团队员工之间的良性竞争，从而提高员工的工作效率，并且还能综合反应市场的变化，减少市场变化对员工业绩的影响。

二是倍数环比法，是指先将各个考评因素进行随机的排列，再按照一定的顺序，对各个考评因素进行比较，得出各因素重要度之间的倍数关系，也称为环比比率，最后再将环比比率统一转换为基准值，进行归一化的处理，再确定其最终的权重。

另外，倍数环比法由于有准确的历史数据做依据，因而在销售团队考评者设定绩效考核的权重时可以起到较大的作用，从而避免团队考评者在对员工进行业绩考评时掺杂大量的主观性，保证了员工周业绩环比考核的公平公正性。如此一来，员工对周业绩的考核结果也会比较信服，考核优秀者继续保持，考核结果不理想的员工也可以在下一周继续努力。

以"周"为一个时间节点，对销售团队员工做周业绩环比考核，以最终的业绩数据结果来激励员工，有利于员工产生一种竞争心理，为下一周的业绩目标奋斗努力。

需要注意的是，虽然进行业绩的环比考核是必要的，但不能光调动起员工的竞争心，还要注重对员工进行团队合作理念的指导，让员工在一个良性竞争的环境下，不断达成每周的业绩目标。

分析周要点总结

在周例会上，让员工对本周的工作做周要点总结是十分有必要的。周要点总结是对销售团队在本周工作完成情况的做一个总结。不过，在做周要点总结的时候，一定要学会用数据说话，即将相关的工作情况用数据的形式展现出来。通过数据来作周要点总结，内容看起来既简洁又具有直观性，所而且还能体现出总结者的工作能力。

另外，为了契合数据这种表达方式，采用表格书写的方式将会比单纯地写一篇文章来做周要点总结更为适合。因为表格更有利于数据的读取与计算。

用表格的方式总结周要点，要注意内容填写得简洁、清晰以及重点的突出，尤其要保证数据表达的准确性。周要点总结表范例如表 11-2 所示。

表 11-2　周要点总结表范例

部门：　　　组：　　　姓名：　　　职位：　　　日期：	
本周工作总结 1. 只写目标完成的结果，不描写具体过程； 2. 用数据说话，一定要写出完成的百分比和绝对数值。例如：上周完成 XX 项目，完成计划的 80%； 3. 无论结果是成功或者失败都需要总结，不要避重就轻； 4. 写出重要的日常工作	目标完成情况：
	目标达成与否的原因分析：
	工作表现自评：

下周工作计划	主要工作事项：

如果考虑到纸质版表格不易保存的话，以 PPT 的电子文档形式来总结周要点也是一种可行的方式，二者在本质上是相同的，只是呈现的形式与保存方式不同。

对比长篇论文式的总结方式，表格式的总结使管理者更容易接受与阅读。对于员工而言，电子版、纸质版表格还是用 PPT 来进行总结，都是十分有效的方式。

11.3　月例会制度：帮助团队销售量翻倍

月例会是在每月末或月初召开的一次会议。如果说，销售团队召开周例会是增加每周业务量的重要方法，那么月例会的召开，则是销售量翻倍的引擎。

在月例会上，销售团队负责人应该要先对员工的每周业绩情况进行一个图表分析，然后再对员工的月工作量做一个数据分析。另外，负责人还应该对表现优异的员工兑现奖惩措施，以及根据本月业绩的完成情况，对下月的业绩考核做出修订。

分析每周业绩情况图

每周业绩是销售团队员工在一周内所达成的工作目标水平，在开月例会前，分析并制作员工每周业绩情况图是非常重要的一个环节。

每周的业绩情况图是以图表的形式，对员工每周所达成的工作目标水平进行统计并分析，而如何在每周业绩情况图中展现有说服力和对比性的数据尤为重要。

一个月以"周"的时间节点来算的话就是四周。对员工当月四周所完成的业绩作一个精准的计算统计后，在月例会上将其以图的最终形式展现给全体员工，如图 11-1 为一张"九月份员工每周销售业绩情况图"。

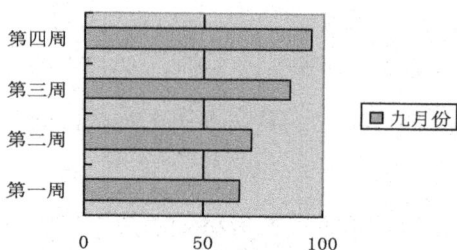

图 11-1　九月份员工每周销售业绩情况图

图 11-1 只是一个最为简单的范例，针对每个行业销售团队的不同情况，团队可以制作相对应的每周业绩图表，比如可以为所有员工的每周业绩情况做一个总体的统计图，也可以为每一个员工的每周业绩情况做一个具体的统计图。

并且图的类型的选择是多样化的，比如条形图、饼图、折线图等。不同的统计图可以反映出销售团队当月不同的数据情况与结果，团队可以根据想要得到的分析结果来选择图表类型。

制作员工每周业绩情况图是为了通过观察图上所展现的数据结果，对销售团队当月业绩完成情况进行分析，从而得出员工工作完成情况的反馈。若是图中数据显示为未达标，则说明员工当月的业绩完成情况不佳，需要调整好工作状态；若是图中数据显示为达标或是超额完成，则说明员工该月的工作状态良好，应该继续保持。

需要注意的是，这是一个月中的每周业绩情况图分析，而非该月整体性的业绩情况图分析。通过统计当月每周业绩的情况，并且以图的形式展现给员工，有利于体现出员工在该月每周的业绩增长或减少趋势，让员工以及团队领导者可以很直观地了解到该月中业绩情况的动态发展趋向，以便为下一个月的销售业绩制定出一个合理的任务目标。

分析月工作量数据

为了让内容更有说服力，最常用的办法就是用数据说话。掌握数据之后，还要进行数据分析。在月例会上，销售团队如果想要不断提升自身产品的销量，必然离不开对月工作量作数据分析。

实际上，月工作量的数据分析与每周业绩情况图分析相类似。月工作量的数据分析可以使用 Excel 电子表格中的数据透视表来完成。

当然，在作数据分析时，只拥有数据统计、分析的工具是远远不够的，还必须要明确其分析的内容与目的，内容就是员工的月工作量，目的则是通过最终的数据结果来观察员工每月工作量的完成情况，看是否有消极怠惰的问题出现。

在确定数据分析的内容以后，就需要进行数据的采集和处理，在这一过程中必须保证数据的准确性，即员工上报的月工作量必须真实有效，做数据处理时不能随意更改。只有保证数据的准确，才能保证最后分析的结果准确且有针对性。

另外，在明确数据分析的目的与内容，采集和处理数据之后，还要以数据透视表的形式展现数据。

销售主管通过对员工的月工作量进行数据分析，不仅可以对员工的工作完成情况作出评价，而且还可以将员工每个月的月工作量数据统计分析情况保留下来，做一个纵向的对比，为下一个阶段的产品销售制定出一个合理的规划和目标，以驱动产品销售量的翻倍增长。

兑现奖惩措施

优秀的销售团队都会有着一套自己的奖惩制度，而且也会严格执行这套奖惩制度，不让奖惩制度名存实亡。销售团队制定奖惩制度，一方面，是用奖惩制度来规范员工的工作行为，另一方面，是用奖惩制度来激发员工的工作热情。所以根据奖惩制度来兑现相应的奖惩措施，是保证员工工作顺利进行的一个重要手段。

销售团队都需要有规章制度来进行规范化管理，所以需要认真、严格地对待奖惩措施的兑现。如果没有做到奖惩分明，员工就会产生不公平感。

为了让奖惩措施能公平公正地兑现，应该遵循以下几条原则：

原则一：要合理、适当地给予奖惩，奖励不能过多，惩处也不能过重，奖励过多会导致员工唯利是图，不利于形成良性的竞争，而惩处过重则会打击员工的进取心。

原则二：奖惩的依据必须公开，即一定要给出明确、具体的奖励或惩处理由，让员工清楚自己是因为什么原因而受到奖励或是惩处的。

原则三：在奖惩兑现之前，一定要对事实情况调查清楚，做到实事求是。

原则四：予以承诺的嘉奖到了规定的时间就必须向员工兑现，惩处也是同样的，做到不拖延、不夹带私心。

原则五：在兑现奖惩措施的时候，不能让负责人的主观情绪影响奖惩结果，比如和某人关系很好，就给予更多的奖励；或是和某人关系很差，就给予更严重的惩处。要根据奖惩制度的规定来严格兑现奖惩，做到不偏心不袒护。

只有严格兑现奖惩措施，销售团队的奖惩制度才有说服力。在月例会上，根据实际工作情况，对员工予以适当的奖励或是惩处。一方面可以提高员工的工作热情，激励员工继续努力工作，另一方面可以让员工反省自己的过失与不足，避免在下一阶段中发生同样的过失，争取得到奖励。

总之，有奖有惩的方式，才能鼓励员工继续努力，有利于提高员工的销售水平，从而让销售团队的产品销售量翻倍。

修订下月业绩考核

业绩考核也被称作"业绩考评"，是一种利用科学的定性定量的方法对团队员工的实际工作成果或是贡献进行的考核和评价。月业绩考核则是以"月"为一个周期，对员工每月的业绩进行考核，以此来考评员工每月的工作表现与工作成果。

销售团队进行业绩考核的目的是以考核的方式提高团队中每一位员工的工作效率，进而为团队谋求更多的收益，具体体现在产品销售量的增长上。为了能达成这一目的，销售团队需要做大量的准备工作才能支撑这一考核制度的顺利进行。

另外，针对销售团队所处的不同时期和面临的不同问题，原定的业绩考核标准可能需要进行相应的修订，以便能更好地应用于业绩考评工作中，以及改善团队的反馈机能，激励员工不断提升销售业绩，进而使得团队产品的整体销售量都呈增长趋势。

而所谓修订，就是指修改订正，它是有标准可循的，而不是无视实际情况，胡乱地、盲目地修改。因此，在修订业绩考核的过程中，必须保证修订完成的业绩考核制度在实际执行时也依然能遵循以下 5 条原则。

1. 严格原则

业绩考核制度不能流于形式，要有明确的考核标准，以及严格的流程执行规定。

2. 差别原则

业绩考核的标准应有明确的差别界限，即对于不同员工的不同工作业绩，要划定一个鲜明的层级范围。比如针对不同的业绩成果，设定不同的工资额度，并标明具体的数字，让员工有标准可对照。

3. 反馈原则

执行业绩考核制度，一定要把最终的考评结果反馈给被考评员工本人，肯定业绩成果的同时说明其存在的不足，形成与员工之间的一种双向交流，否则对员工进行业绩考核就失去了意义。

4.公平原则

公平是对员工进行业绩考核的前提。只有保证考核制度的公平性，才能真正发挥业绩考核对员工个人和销售团队整体的积极作用。

5.结合奖惩原则

在业绩考核制度中，应该结合奖惩，比如业绩与工资、奖金关联，以这种与物质利益相结合的方式来激励员工提升业绩。

一个月的时间为员工的业绩考核提供了更多的数据，也为销售团队发现业绩考核制度的不足提供了证据，团队可以对下月的业绩考核做出相应的修订。

11.4　过程数据制度：跟踪关键指标

在传统的销售时代中，销售团队好不好主要是看销售结果，而在如今的销售时代下，最新的营销观念认为：营销管理重在过程，对于一个销售人员来说，好的过程，一定会有好的结果；一个不好的行程也一定会导致一个不好的结果。

所以，当今时代，判断一个销售团队是否优秀的依据，不只要注重销售团队的销售结果，还要注重管理分析销售人员的行程。因为可能一些销售人员只注重完成销售任务，但却是通过压货达到的。

销售主管在管理员工行程的前提就是销售主管收集员工的过程数据，然后进行分析。

所谓销售行程管理指的是对销售过程进行了解与追踪，了解每个员工日常销售工作的动态、进度，通过分析员工过程数据来发现销售活动中所出现的异常现象及问题，并予以解决。也就是说，销售行程管理的主要目的就是要重视目标与实际销售业绩之间的关系，通过对销售过程的追踪与监控，确保销售目标的实现。销售过程数据主要有以下内容。

新增客户询盘量数据

客户询盘量是影响销售业绩的一个重要因素。所谓询盘也就是我们通常所说的咨询，客户询盘量是指准备交易的双方，购买某种商品的人向销售员或出售某种商品的人咨询该商品的成交条件或交易的可能性的这种业务行为的数量。

通常情况下，新增客户询盘量越大，交易成交的可能性也越大。因为一个客户既然咨询这个产品，就说明他想要了解这个产品，就是潜在的客户。一般新增客户询盘量有三个影响数据因素，我们以淘宝店的数据来说明：

1.点击量：客户点击我们产品的次数。

2.曝光量：就是客户看到我们产品的次数。客户只有看到我们的产品才会向我们进行咨询，我们在淘宝上买东西的时候会看到各种各样商品的图片，想要被看到，产品的排名就靠前。

3.反馈量：客户在浏览完产品后会点击发询盘的次数。

如果我们从事的是传统的线下门店销售方式，在询盘量方面我们需要主动识别或询问客户的渠道来源，对渠道来源数据进行分析后，后期的推广过程才能有所侧重。

客户邀约量数据

客户邀约通常有电话、短信、电子邮件等方式，一般情况下，客户邀约量越多，邀约成功的概率就越大。所以，邀约工作成为评价销售员专业的一个重要指标。

邀约的成功量影响销售员最终能否签单。对于销售人员来说，只有做好邀约的基础工作，才能为自己提供更多的当面沟通和争取客户的机会。

那么怎样提高邀约的成功率成为摆在很多销售员面前的最大问题。我们以最常见的电话邀约为例来说明如何提高客户邀约量。具体建议如下。

（1）要学会掌握主动权。

（2）掌握一套自己非常熟悉的交谈模式。

（3）要对自己的产品 / 服务有透彻的认识。

（4）要学会提问。

（5）学会控制通话的时间。

（6）学会跟客户预约时间。

客户转化量数据

无论是新增客户询盘量还是客户邀约量，都不是真正客户的数量，而是针对潜在客户来说的。只有客户转化量才能代表真正客户的数量。客户转化的定义就是将潜在客户转化成精准客户、成交客户，所以客户转化量的计算方式就是精准客户与潜在客户的比率。

据统计，大多数消费者在选择购买某件产品时，通常都是在成交之前脑海中想象的产品与成交时的产品是不同的。这就是我们熟悉的"二八法则"，意大利经济学者帕累托针对零售当中的销售和收益模式提出：把我们的客户群体按百分比计算，可能我们销售额总量的 80% 仅仅来源于客户群体中 20% 的消费者，所以如果我们对客户的定位不精准，且让客户体验不佳，那么就会导致大量客户的流失，客户转化量降低。

提高客户转化量的方法就是做到客户至上。随着经济和科学技术的发展，客户在消费时会面对各种各样的产品，他们必然会进行选择性购买。我们的销售不再以产品为主，更多的是以客户为中心，成交之前，满足客户需求，让客户有良好的体验，例如提供舒适环境等；成交之后，做好售后服务工作，及时做好客户维护、客户反馈，让客户再次购买时能够更快、更直接成交。

老客户推荐量数据

对众多经验丰富且业绩高的销售员分析发现，他们的销售业绩高，并不是因为开发新客户的能力强，而是他们在维护老客户的工作方面做得好。据统计，开发一个新客户的成本约是维护老客户的 3 ～ 10 倍，而且借助老客户的口碑宣传力量，往往也会给销售团队带来连锁的反应，提升老客户的转介绍率，让销售团队的业绩成倍增加。

每一位老客户其实都是销售团队要挖掘的金矿，因为老客户的信用推荐，不仅可以帮助销售团队节省时间与成本，而且更能影响新客户的决策。

下面我们通过 A 团队的故事，体会一些老客户的重要性。

A 团队是 H 产品行业中的佼佼者，在最近的 5 年中，这个团队以零售的方式共销售了 15 000 件 H 产品，其中连续 3 年平均售出 3 500 件 H 产品。在当地，A 团队所创造的 H 产品销售纪录至今无人能破。

A 团队始终相信卖给顾客的第一件产品代表着长期合作关系的开端，如果与顾客的交易不能为以后再带来生意的话，A 团队成员会认为自己是失败的。A 团队有 60% 的交易都是来自老客户的再度购买，又有 50% 的新客户是由老客户推荐过来的。A 团队成功的关键就在于为老顾客提供足够的高质量服务，让老顾客一次又一次地向 A 团队成员购买 H 产品。

由此可见，成功的营销团队是把留住老客户当作头等大事来对待，留住老客户甚至比开发新客户更重要。调查显示，留住老客户比只注重新客户的开发对团队的销售贡献要大得多。

相比较，同样是推销 H 产品的 B 团队，曾经也是这个行业的领先团队。但是后来 B 团队的领导者认为，老客户没有太大的推销价值，便转换推销策略，只注重新客户的开发，在老客户购买产品出现问题时，他们也不重视售后服务，导致口碑越来越差，最后成为一个默默无闻的小团队。

成交业绩数据

某销售团队 2017 年的销售业绩较 2016 年下滑了 100 万元。该团队的领导通过对新增客户询盘量数据、客户邀约量数据、客户转化量数据、老客户推荐量数据等方面的数据进行分析，最后发现 2017 年销售业绩下滑的原因是客户邀约量数据和老客户推荐量数据较 2016 年的数据下滑了一些，其中客户邀约量数据下滑占比 30%，老客户推荐量数据下滑占比 70%。于是，该团队负责人根据数据找出数据下滑的原因，并作出整改。

整改后，2018 年该销售团队的销售业绩比 2017 年增加了 150 万元。成交业绩也就是我们常说的销售额，是销售活动的最终结果。成交业绩是销售主管对销售员工进行绩效考核的依据，也是销售员工能力的体现。

销售人员的行程分析就是由以上 5 个数据组成，销售主管在进行行程分析的时候应该认真比对、分析，找出销售中存在的问题，帮助员工解决问题，提高销售能力。

11.5　漏斗原理制度：以漏斗的形式制定行程

漏斗原理是销售团队管理中一个非常重要的管理工具，它在控制销售过程方面发挥着极大的作用，主要包括以下 6 点。

（1）分析每位员工、每个地区的销售情况，管理者可以时刻掌握销售进程。

（2）帮助管理者对未来的销售情况做出比较精准的预测。

（3）了解每位员工、每个地区的客户情况，便于管理者对客户资料的管理，防止因为销售员工的离职而引起客户流失。

（4）便于对员工进行多维度的考核。例如，既可以考核员工的产品销售量，又能考核他们在留住老客户、捕捉销售机会、拉来新客户、销售速度等方面的能力。

（5）有利于管理者更好地督促和管理自己的员工。

（6）有利于分析整个行业的销售形势，制定出合理的销售方案，然后再根据方案公平地为每位员工分配工作。

对于销售行业来说，让潜在客户成为正式客户的过程不是一蹴而就的，更多的是像爬山那样，一个阶梯一个阶梯地去进行，努力过后才可以顺利登到顶峰，成功搞定一个客户。

有些管理者经常对自己的员工说："我不管你们用什么方式去向客户推销，就是最后可以成功地卖给他们，我只看重销售数量。"这就是典型的"只求结果"型管理模式。对于现在的时代环境来说，这种模式不仅没有意义，也没有市场。如果管理者对员工一直使用这种模式管理的话，他根本就得不到想要的销售结果，而且还会被时代和市场淘汰。因为这种管理模式只注重结果，而忽略了过程。

现在比较流行的一种管理观念是：管理过程非常重要，把过程管理好就相当于把结果管理好，工作结果的来源是工作过程。

在现代的管理观念中，有两个名词："过程管理不透明""黑箱操作"。一旦在管理中沾上它们，就很可能会导致过程管理的失控，进而导致结果的失控。一个管理者采取"只求结果"还是"把控过程"的管理模式，在很大程度上决定他们管理工作的成功与否。

从根本上来说，"只求结果"的管理模式只可以起到"亡羊补牢"的作用，因为结果的一个显著性质就是滞后。如果团队去年的销售业绩非常高，也许是由于营销方面的努力，而明年的营销努力也许要在很长一段时间以后才可以反映出来。基于现代的管理观念，管理者应该要根据市场信息来调整自己的决策，不能只根据"只求结果"型管理模式来进行决策。

如果管理者想要管理好员工的工作过程，首先要做到就是掌握"每一天每一位员工做的每一项工作"。例如，有一家公司做得非常出色，他们将漏斗原理应用到过程管理的工作中，取得了非常不错的效果。

他们将漏斗分成了三层，最上面一层是每一天（Every Day）、中间一层是每一位员工（Everyone）、最底下一层是每一项工作（Every Work）。该公司把"3E 漏斗"应用到了驻外销售人员身上，因为他们的工作地点离公司的总部太远，管理起来比较困难。

该公司设置了5名管理人员去管理员工们的销售全过程。每天早上九点钟，这5名管理者必须要联系他们手下的销售员工，检查他们的工作情况，看看他们有没有准时到达工作店铺，开始一天的销售工作。

每天下午六点，销售员工还要主动与这5名管理者取得联系，向他们汇报每天的销售情况和工作过程，具体包括：去过哪些地方、拜访过哪些客户、与客户交流了哪些问题、解决了哪些问题、哪些问题没有解决、公司需要提供哪些方面的帮助、拜访客户的信息（姓名、年龄、喜好、联系方式）、接下来的工作计划等。

在获得了这些资料以后，管理者就要将这些资料整理好，记录在每位员工的"工作日报"当中。为了防止销售员工提供假资料，这5名管理者还要进行不定期的抽查，以确保工作资料的真实性。销售员工也需要每天填写"工作日报"。驻外销售员工要求报销的时候，管理者要根据"工作日报"上的内容来判断发票的真实性，只有与"工作日报"相符的发票才可以报销。

该公司采用"3E漏斗"，对驻外销售员工进行全过程管理，起到了显著效果，主要体现在以下五个方面：

第一，"3E漏斗"让每位驻外销售员工的工作都在管理者的控制之下，改善了以前那种"将在外，君命有所不受"的情况，让二者之间的联系不断加强。

第二，每个人都会存在一些惰性。有些销售员工稍微取得一点成就之后，就很难再提高销售业绩了，这是由于惰性导致的。采用"3E漏斗"可以让他们每时每刻都能感到工作压力，一旦将这种压力变成动力，就可以克服自己的惰性，从而帮助他们提高销售业绩。

第三，"3E漏斗"要求销售人员填写"工作日报"，在这个过程中，他们可以反省自己，找出自己的不足，然后再总结出一些销售经验，从而大幅度提高自己的工作能力。

第四，通过"3E 漏斗"，管理者可以了解销售员工的销售情况和工作过程，然后就可以在他们需要帮助的时候，及时地向他们伸出援手，给他们最大的支持。

第五，管理者通过分析"工作日报"，可以掌握销售市场的具体情况，也就可以及时地调整销售策略和销售方案。

对于管理者来说，管理驻外员工是最困难的一件事情了，因为他们只能靠电话、网络的形式来保持联系。在这种情况下，更应该对他们的工作过程进行严格的管理。案例中那个公司的做法就非常值得借鉴。

11.6　参照物制度：没有对比就没有进步

如果一个团队中没有参照物的话，员工们就会出现自满、工作懈怠、迷茫等情况。这种情况持续时间太长的话，整个团队就会面临岌岌可危的局面。因此，作为管理者，必须要防止这种现象的发生，为团队找到一个合适的参照物。

在一家服装公司里面，一共有五个销售小组负责产品的销售工作。一年以后，其中一个小组的销售业绩一直没有上升，有的时候反而还会下降，被销售主管点名批评。

该小组的组长非常不服气，就跑去质问销售主管："为什么只点名批评我们组，那其他的小组呢？"

这个主管非常耐心地跟他解释道："因为你们小组的业绩一直没有提升，组员的销售工作也做得非常不好。"

销售组长反驳道："我看 A 组业绩也不是很高啊，跟我们也差不了多少。您怎么不批评他们？"

主管回答说："你只看到了 A 组这个跟你差不多的小组，却没有看到人家 B 组，他们的销售业绩逐年递增，还有几个组员都为了公司的销售之星，你应该去跟这个组相比。"

销售主管是这个团队的领导者，在管理销售员工的过程中，他犯了一个非常大的错误。他只告诉各个小组要努力工作，提高业绩，但是却没有告诉他们应该把业绩提升到什么程度，也没有为他们找到一个可以参照的标准。当被点名批评的销售组长来找他理论的时候，他才告诉这个组长应该以 × 组为标准，但是已经为时已晚。

这个案例中的销售主管没有为员工设立一个明确的参照人物，使得员工的销售工作出现了问题。所以，我们在管理团队的时候，也要注意参照物的问题。

实际上，团队中的"参照物"就是团队中的榜样人物。他们的力量非常大，这种力量在管理团队的过程中也可以发挥出来，例如，管理者选出一个员工作为团队的榜样，又或者拿出一件典型事例作为榜样，让这些榜样成为参照物，以此激发员工的工作热情和积极性，促进团队的成长进步。

但是，与参照物进行对比会造成员工的不公平感。

管理者选出来的参照员工的能力都是比较强的，领导也会偏爱他们，久而久之，其他员工就会出现不公平感，他们可能会想：他和我职位相同、学历相同、工作量也相同，凭什么他就能成为参照人物。员工降低这种不公平感的方式就是减少自己的工作投入或者是增加自己的回报，比如不认真工作，向其他公司泄露机密赚取回报等。这样就会造成公司的损失。

那么，管理者应该如何降低员工们的不公平感呢？最好的办法就是从参照员工着手，也就是所谓的"解铃还须系铃人"。我们需要增加员工与参照员工之间的"差距"，让员工深刻地意识到自己与参照员工之间存在着工作效率、学习能力、工作质量、工作态度等方面的差距。简单来说，就是要让员工清楚知道自己能力不足。

由此看来，管理者在选择参照员工的时候一定要谨慎。要考虑到多方面的因素。在选出参照员工以后，最好向员工们解释清楚为什么要选择这位员工作为参照员工，这位员工的优点是什么，这位员工身上有什么值得学习的地方等。如此一来，其余的员工就会自动地与参照员工做对比，找出自己不足的地方并加以改进。

第 12 章

复盘制度：用数据分析结果

所谓数据分析，就是指用恰当的统计分析方法对收集的数据加以汇总、分析，以求得最大化开发数据功能，让数据发挥出对销售团队发展应有的价值。一个销售团队要想保持长久的生命力并不断地发展壮大，就必须建立起一套数据分析制度，用数据说话。

目前，数据分析虽然已经成为业务部门需要掌握的必备技能，但在团队的管理上，利用数据进行分析却仍有不足。本章将对销售团队中常用的一些数据分析制度做详细的讲解，帮助大家掌握数据分析技巧。

12.1 平均分析制度：在整体水平面前，可以尝试末位淘汰

平均分析是指利用平均指标来比较某一现象总体在同一时间或不同时间上的水平，以反映该现象总体在特定的时间、地点和条件下某一数量特征的一般水平。所谓平均指标等于总体各单位某标志值总和除以总体单位总数。

平均指标是总体内各单位之间差异的标志值，现象总体的特征通过平均指标最能反映出来。对于企业来说，平均指标可以反映出企业在某一方面的水平。

在企业中进行平均指标的对比，比如人力资源中职工的平均年龄、平均学习水平程度、平均工资等的对比；企业生产方面中的原材料平均消耗、单位产品的平均成本，以及平均劳动生产率等的对比。但需要注意的是，在进行不同企业之间的比较时，必须使用平均指标，因为平均指标可以不受现象总体规模大小的局限。

在一些销售团队中，实行末位淘汰制，这属于员工绩效考核制度中的一种，具体操作办法是企业需要根据工作的总体目标，以及员工岗位的实际情况，设定出一套考核指标，并依据该指标对员工进行考核，将考核结果排在末位的员工予以淘汰。

我们在对员工进行考核的过程中，必定要分析员工各方面之间的工作情况，才能得出最后的淘汰结果。那么，在对员工工作情况的分析中，我们就可以利用平均分析法，把在排在整体工作业绩末位的员工淘汰。当然这里所指的淘汰不一定都是辞退，也包括对员工予以调岗、降薪、降职等。并且在使用平均分析法时，需要注意以下 4 点。

（1）要根据企业管理工作的基础资料以及当前经济现象的特点来分析。计算正确的平均指标可以有效地反映出企业生产水平、员工工作业绩、效率的高低等；

（2）要把总平均数和组平均数结合起来分析。这有利于正确认识、评价平均水平受到总体结构的影响；

（3）要把平均数和具体的实际情况结合起来分析。这有利于对总体内部的实际情况和典型事例作更深入的说明；

（4）要把平均指标结合变异指标一起分析。这有利于对总体有一个更全面的认识和评价。

以上的第四点值得我们注意。一般而言，企业使用平均分析法的时候，都会和变异分析法结合起来使用。那么，为什么要结合变异指标来进行分析呢？

一方面，平均指标说明经济现象总体的一般水平，反映集中趋势（平均数）；另一方面，变异指标则说明经济现象总体内部的差异程度，反映离散趋势（方差、标准差）。

所以，把平均指标和变异指标综合使用，有利于我们对总体内部的差异和总体的一般水平进行细致的分析总结，从而进行相应的调整、解决措施，比如对低于总体一般的工作水平的员工尝试末位淘汰，即依据具体情况，予以调岗或是降薪等。

12.2 对比分析制度：找出第一名与最后一名差距

对比分析分为横向对比和纵向对比。其中，横向对比则是指将不同的总体指标在同一段时间内进行比较，比如不同部门、不同员工之间的销售业绩对比。而纵向对比是指将不同时期的指标数据在同一总体条件下进行比较，比如与去年同期或是与上个季度的销售业绩对比。本小节则以横向对比为主进行论述。

产品的销售量对于销售型企业来说是极为重要的。企业对员工的销售业绩做横向对比分析，通俗来讲就是"看第一名与最后一名之间的业绩差距是多少"。如图 12-1 为某企业销售员工 2018 年产品销售量的横向对比示意图。

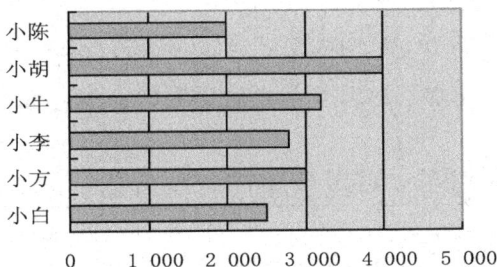

图 12-1　某企业销售员工 2018 年产品销售量的横向对比示意图（单位：件）

从图 12-1 中，我们可以很明显地看到，员工小胡在 2018 年的产品销售量最高，员工小陈的销售量最低。那么，依照销售量进行排名的话，小胡自然是第一名，而小陈为最后一名，第一名与最后一名的产品销售量相差 2 000 件。这是我们从该条形图的数据对比中得出的结论。

既然该条形图的销售量对比结果已经非常明确地表现出了第一名与最后一名的差距，那我们就可以针对这一结果做进一步的分析，比如为什么小胡可以达到如此高的产品销售量，他是怎么做的？而为什么小陈的产品销售量却不尽人意，这当中存在着哪些需要注意的销售问题？又或是如何向第一名学习来提升自己的销售技巧，进而增加产品的销售量？

而解决这些需要进行研究分析的问题，正是对比分析的最终目的。为什么要做对比分析，分析第一名与最后一名的差距？难道只是单纯做个统计，做个记录吗？我们从以上的论述中就能知道答案当然是否定的。

对员工的业绩进行对比分析，实际上就是通过这种对比不同员工之间业绩差异的方式，来激发员工的工作上进心，激励他们在以后的销售工作中取得更高的业绩，在企业中形成一种良性的竞争氛围，为企业的盈利做贡献。

对比才能体现出差距，只有把员工实际完成的工作业绩转换成具体、精准的数据，并且相互之间进行对比，才能让员工受到最为有效的刺激，即让员工产生一定的压力感与紧迫感，告诉自己不能再怠惰下去，要向优秀员工的销售业绩看齐，从而调整好自己的情绪，找对工作的方法与技巧，为达成下一阶段的业绩目标甚至是超过目标做出改进与努力。

12.3 交叉分析制度：对多个属性深度分析

交叉分析法是指用于分析属性数据，主要是交叉列联表分析。一般来说，我们所说的属性数据，也可称之为类别数据或是定型数据，是指反映事物属性的数据，它是属性变量的取值。

属性变量的取值其实就是事物属性的量，比如把"性别"作为属性变量，那么其取值就是"男"和"女"；又比如把"人们对事物的表态"作为属性变量，那么其取值就是"赞成""中立""反对"，我们也可把属性变量取的值称为属性变量的"水平"。

这里要注意的是，属性变量所取的值只能是有限个，并且相互之间不能进行加、减、乘、除等数学运算，因为属性变量是一种"变量"，反映的是事物的一种客观属性。指示变量形式、频数形式、原始属性变量形式，以及列联表是属性变量的 4 种表示形式。

我们之所以对属性数据进行分析，是为了达到以下这 4 个目的：

（1）得到汇总的分类数据，即列联表；

（2）可以对属性变量之间的关联性统计量进行计算；

（3）可以进行高维数据的分层分析和建模；

（4）可以对属性变量之间的独立性进行实践检验。

需要指出的是，第一点中所提及的列联表是交叉分析中的一种方法，我们把根据两个及两个以上的变量分组所汇总得到的结果称为列联表，而列联表分析就是指交叉分组下的频数分析。

12.4　分组分析制度：小组与小组之间有差距

分组分析是将某总体按照某一个标志分成几个不同性质的小组，然后再在分组的基础上分析当前要解决的问题，以便可以正确地解决问题。

在分组过程中，要保证组与组之间的差距尽可能的大，而组内部的差距尽可能地小。之所以要这么做，是为了让组与组之间能更容易、更直观地反映出问题，让分组分析这一方式发挥出其应有的作用，否则的话，分组分析就失去了意义。

有一家企业的销售经理 A 总是抱怨销售任务很重，压力太大，没有时间休息。但是他们小组这个季度的销售任务只完成了一半，同时他的团队已经有人准备要辞职了。

在对其销售小组进行多次培训与督导后，仍然不见起色。总经理决定将此小组合并到其他小组中。

因为如果销售团队无法产生业绩对企业及销售成员都是一个打击，将其合并到其他小组中，至少可以使原销售小组成员快速找到问题所在。

一般来说，团队中都会有多个小组，比如项目小组、功能小组、固定工作小组等。而且团队还需要根据某一标准，比如"是否达到企业所要求完成的业绩目标"之类，收集每个小组在同一时期内所完成的业绩数据，进行计算统计，将那些没有达到要求的团队分成一组，而已达到要求的团队另为一组。分组分析方法的示例如图 12-2 所示。

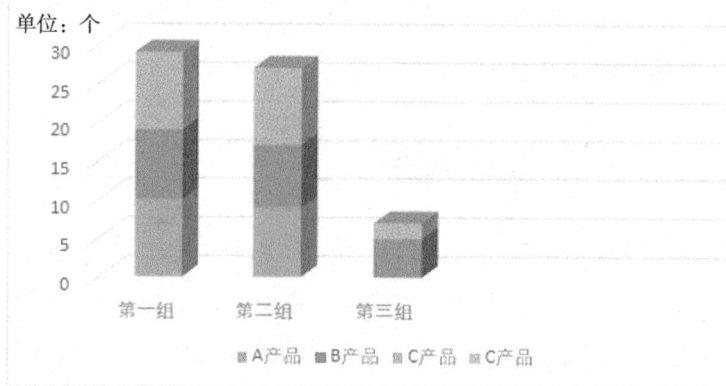

图 12-2　某销售团队用分组分析法做出的数据图

然后，再仔细研究和分析组内各个团队的实际情况。对于那些已经接近衰退或已经有衰退症状出现的团队，企业在经过大量的数据分析和研究后，如果认为通过某几个团队互通联结的方式能取得更高的利益，那么企业就会将这些团队拆散合并到其他团队，以解决人员冗余和工作效率不高的问题。

在这种情况下，选择合并的方式是出于对企业整体利益的考虑。合并并非单纯地将两个团队或多个团队组合到一起，而是有选择性地将两个或多个团队中的优秀员工综合到一起，集合优质资源，形成一个更为有效的大团队，以提高工作效率，实现企业利益的最大化。

12.5　结构分析制度：完善业务模式，让销售事半功倍

简单来说，业务模式是指开展业务的方案。在企业的业务架构中，基本业务模式包括流程反馈模式、业务事件模式、流程评估模式和活动交互模式。

一个好的业务模式，可以让产品的销售达到事半功倍的效果。销售团队要想建立起一个成功的业务模式，有 5 大要素需要我们注意：

（1）开展的业务要能够保持一定的稳定性与动态性；

（2）开展的业务要针对企业当下的策略与发展目标；

（3）开展的业务要与同类竞争对手区别开来；

（4）开展的业务要与企业自身的资源与能力相契合；

（5）开展的业务要适应时下的社会经济环境。

所谓结构分析，就是指通过计算结构相对数的方式，对总体的性质、总体现象的内部结构特征，以及总体内部结构随着时间的推移而逐渐体现出的变化规律性进行分析。并且要注意的是，这一分析方法需要在统计分组的基础上才能完成。

结构分析法一般有以下几种可以运用的方面：

（1）企业利用分组法来设计调查问卷，并将调查问卷投放至市场进行市场调查时，可以使用结构相对数来反映最终的问卷调查结果；

（2）企业总体的质量亦或是工作质量可以利用结构相对数来进行分析；

（3）要分析现象的性质以及所属的类别时，可以根据现象总体的内部结构来分析总体的特征；

（4）要想研究现象之间的平衡关系时，可以选择将同一总体中有相互联系的几种结构放在一起进行观察、分析；

（5）要想分析不同社会经济现象之间在数量上的依存关系时，可以选择将已进行分组的资料信息和另外的指标结合起来观察；

（6）要想通过找出失误现状的因素的方式来给出解决办法，可以在统计分组的基础上，对各组结构相对数进行比较；

（7）要想找出现象总体由量变到质变的转变规律，可以对不同时间内的同一个现象总体的内部结构进行对比分析。

在企业中，我们其实就可以运用结构分析法来分析企业的业务模式。之所以要对企业的业务模式进行结构分析，是因为结构分析法可以让我们知道同类现象之间所存在的本质性差距，可以了解现象的发展规律和趋势，进行数量上的推算，以及了解现象之间的依存关系，而这和建立起一个成功的业务模式所需注意的因素是相契合的。我们可以用结构分析法来分析企业现有业务模式中所存在的问题，为打造一个成功的业务模式找出一个可行的办法。

12.6　关联矩阵分析制度：开大单也要有因果

矩阵分析法就是要在分析一个含有多方面因素的事件时用不同的方法去考虑问题。在这个具有多方面问题的事件中，能够找出相对应的因素，排列成矩阵图，根据矩阵图来分析问题，寻找答案。

而关联矩阵分析法是分析数据时使用率较高的一种系统综合评价法，每个替代方案相关的评价指标与其重要程度，方案对于具体指标的价值标准，评定量之间的关系就是关联矩阵分析法，主要以矩阵的形式表示出来的。

运用关联矩阵分析法的关键是在于确定具体每一个不同评价指标的相对重要程度，也就是权重，以及根据评价主体设定的具体评价指标的评价程度，能够确定评价指标的价值评定量。

当然，我们选用矩阵图来进行关联性分析，是因为寻找问题的结果与目的数目较多，而同时还要找出解决问题的办法，矩阵图比其他图更加简洁、更加方便，还能建立分析及评价的层次结构。

用矩阵的方式还可以表示每个可替代方案。在横向与纵向的问题中，我们找到交叉点，取得交叉点的数值，再来分别分析数值，选择最佳方案，定为最后结果。矩阵图最大的优点就是能够使评价的过程简单化。

关联矩阵分析法能够使人们更加快速、容易地接受相对较复杂的问题，通过把具有多方面的问题分成两个方面，进行对比，找出重点，让评价问题的过程变得简单化，使问题更加清晰。

矩阵图的形式如图 12-3 所示，A 为某一个因素群体， B 为另一个因素群，将它们排列成列。行列之间的交点表示 A 和 B 各因素之间存在着什么样的关系，根据图中行和列的因素是否相关联以及观察其关联程度的大小，可以分析问题的所在之处及其以什么样的形态而存在，还可以从中获得解决问题的启示等。

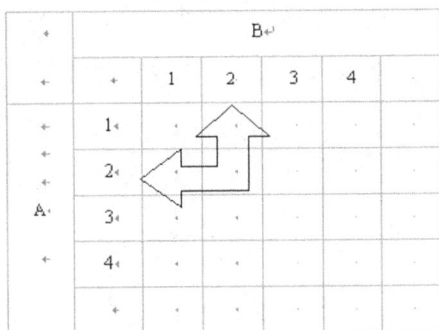

图 12-3　矩阵图的示意图

引进了权重的概念是关联矩阵分析法最大的特点，在总体评价中对于各评估要素进行了区别对待。

当我们在进行销售工作时，如果接到了一个大单，不要因为一时的开心而忘了去进行对比分析，多想出几个方案来，进行对比，相互比较，权衡择优。

矩阵图分析法适用于多目标的系统。它是用矩阵的形式去表示每个可替代方案相关事件的平均值，之后再通过计算将各个方案的评价值进行对比分析，综合评价，根据结果的重要程度选出最佳的方案。

12.7　竖形折线图分析制度：找出转折点，引爆销售

对销售工作的每个阶段都要进行总结分析，把每个阶段的销售业绩进行分析，总结出每个阶段与其他阶段的不同之处，看看哪里是我们做得不好的地方，并及时加以改进，哪里是我们做得好的地方，并持续做好。

做得好的地方和做得不好的地方，都有可能成为转折点。找到转折点后，员工要找出解决问题的关键点，优化自身的能力，改变策略、转变方式、调整结构，同时也要看清自己的优势，让优势发挥到极致。

竖形折线图能够既实用又直观地体现数据的变化。能够把每个阶段都清晰地表现出来，还能体现阶段性的数量的多少、数量增减的变化，以及一个时期内的最高点和最低点，易于表现变化的趋势，如图 12-4 所示。

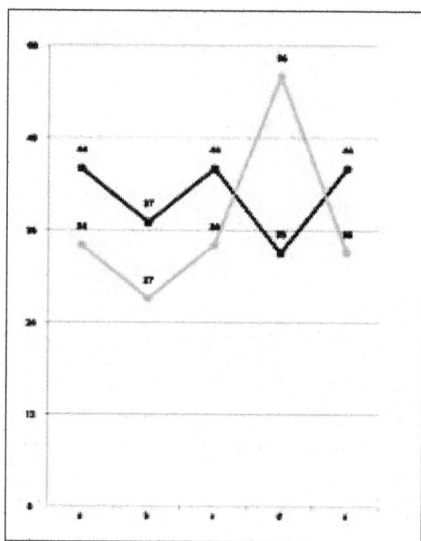

图 12-4　竖形折线图

在每年的销售数据分析中，我们可以采用竖形折线图来分析销售差距的变化。看清每个阶段的数据，找出变化的程度，以及每年销售中的爆发点是什么时候，比其他时候多多少。

从变化的趋势中可以分析销售好的原因和销售不好的原因，找出每个阶段的特点，从内外因素分别分析销售的变化原因，以使我们更加明确应该在什么时间注意什么问题，如何才能让我们的销售业绩有所提升。

12.8　双坐标图分析制度：找出销售动态影响因子

分析因子主要是通过对原始数据进行相关分析，找出可变量的因子与原始因子之间的相关性，然后再以重新分组排列的方式影响销售动态的因子。

客户与我们交流沟通时，往往希望我们能够用简单明了的方式为他们进行讲解产品，如果我们不能用清晰的思路来分析产品和合作事宜，那么原本能够达成的合作也会因为模糊的讲解而导致失败。

为了让客户能听得懂我们讲的内容，可以用双坐标图为客户讲解。用双坐标图分析我们自己销售中每个时间段存在的差距、相互之间的联系，并用公式计算出数据。

双坐标图可以有效解决由于数据过多而不能把所有数据放在同一个平面分析的问题。当数据在 5 个以内时，我们或许可以不用那么麻烦地厘清思路，但是如果数据超过了 10 个，为了能够清晰地表示出来，我们就可以用双坐标图来表示数据，找出相互的关联性，如图 12-5 所示。

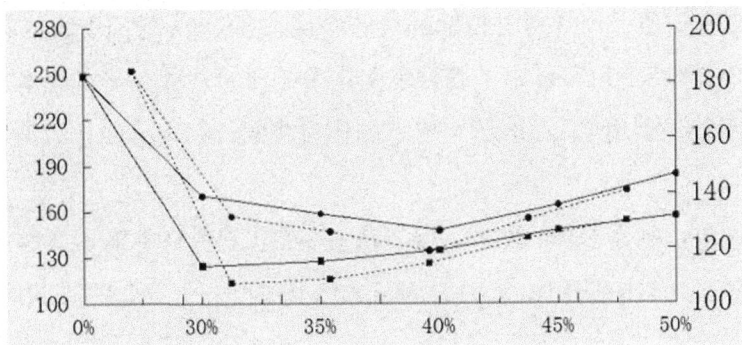

图 12-5　双坐标图

通过绘制双坐标图，我们利用次坐标把不同数值系列都给显示出来，有效解决了平时绘图时遇到数值差异很大的问题，从而达到数据分析的要求。

12.9　漏斗图分析制度：影响转化率的只是这几步

顾名思义，漏斗图的样式类似于一个漏斗的形状，如图 12-6 所示，是一个漏斗图的示意图。

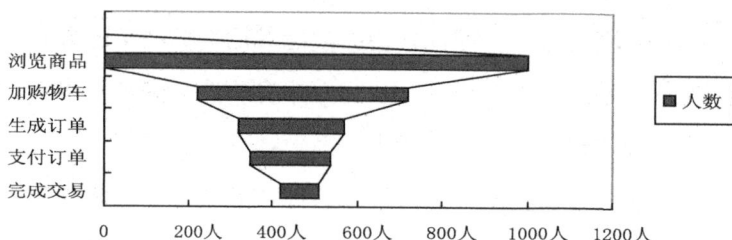

图 12-6　漏斗图示意

对于业务流程来说，漏斗图是最为直观的一种表现方式。通过漏斗图，企业可以对业务流程中各个环节的数据进行比较，进而迅速地发现当中所存在的问题。

那么漏斗图该如何制作呢？一般有两种方式：一种是利用 Excel 电子表格来制作；另一种是利用 ECharts（一个纯 JavaScript 的图表库）来制作。这里主要介绍利用 Excel 电子表格来制作漏斗图的方法，其实上述图 12-6 的漏斗图就是利用 Excel 电子表格来制作完成的，以下为制作该漏斗图的简单步骤。

第一步：制作 Excel 数据模型。在 Excel 电子表格中输入已有的相关项目和数据，具体见图 12-2。并且为了最终呈现出一个"漏斗"样式的效果，必须一并输入"占位数据"；

第二步：制作条形图。选中先前已输入数据的单元格区域，选择插入"条形图"项目中的"堆积条形图"，并删除该堆积条形图中的网格线；

第三步：设置数据系列格式。鼠标右键点击"占位数据"数据系列的条形，在弹出的对话框选项中选择"设置数据系列格式"，将占位数据填充为无色，即将该数据系列进行隐藏；

第四步：去除横坐标轴。在图表的"布局"功能区中，点击"坐标轴"，选择"主要横坐标轴"项目中的"无"，即去除横坐标轴（在图 12-2 中未表现）；

第五步：绘线。选择"形状"按钮中的"线条"选项，绘制出漏斗的边框。在漏斗图绘制完毕后，就可以针对该漏斗图进行相关的数据分析。

在统计业务流程方面的数据时，大多数企业之所以更倾向于使用漏斗图，尤其是分析销售团队的用户转化率，因为漏斗图可以向企业管理者提供用户在业务流程中的转化率与流失率，不仅展示出用户在业务结束时的最终转化率，还可以展示出用户在每一个环节的转化率。

这里有一点需要注意的是，只凭借单一的漏斗图，是没有办法对某关键性流程的每个环节的转化率做出准确的好坏评判的。但是如果在已有漏斗图的基础上，结合不同业务或是不同用户群等的漏斗图，运用趋势、比较、细分这三种方法对转化率进行对比分析，是能够发现日常销售业务中所存在的问题的。

总而言之，漏斗图对于周期长、步骤多的业务流程分析是非常有效的。每个流程环节的转化率通过漏斗图都可以显而易见，然后再根据统计分析的结果，从中找出影响转化率的因素。

12.10　瀑布图分析制度：让销售结果呈现流线型

瀑布图是由麦肯锡顾问公司创造的一种图表类型，用来表现数个特定数值之间的数量变化关系，由于其形似瀑布流水从而被命名为瀑布图。这是一种最经典的数据分析法之一，能更直观地展现我们想要看到的数据对比。

当我们想要分析销售数据变化过程时，为了明显地表现一个数据到另一个数据的数量变化过程，可以采用瀑布图来表示，瀑布图的效果能够更直观反映出数据的多少以及数据的增减变化过程。瀑布图可以更直观地展现流线型销售的结果。

瀑布图可以用来展现每个季度销售情况之间的差距，还能更直观地展现公司每一年的盈亏状况。我们可以用瀑布图来做销售数量增减对公司影响的分析，能够更直观地展现业绩。

瀑布图上的每一个数据都是相互关联，一环扣一环的。当某一个环节由于不可控因素出现问题时，我们可以追溯到上一个数据，来查看缺失的某些数据，但同时我们又不得不先放下下一个数据。

以流线型的形式来呈现销售数据，不仅仅是为了讨论问题，还是一种美观的体现，也是促进销售的重要手段，如图 12-7 所示。

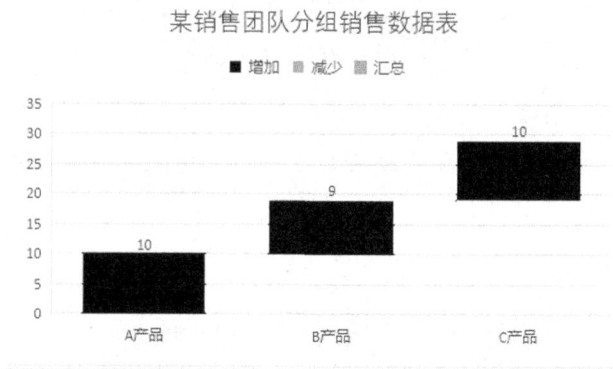

图 12-7　某销售团队用瀑布图显示的数据分析

12.11　旋风图分析制度：剔除外围，直击核心

在销售工作中，通常会遇到很难应付的客户，我们也经常被拒绝，但还是要认真对待工作，并且排除掉那些不重要的东西，学习销售的核心，不论前进的道路多么蜿蜒曲折，只要我们能够把一些不重要的东西看清，并且排除掉，那么剩下的就是最重要的核心了，就像学什么要比学习本身重要一样。

旋风图可以更加直观地让我们看清什么是外围的不重要的东西，什么
是销售的核心部分，如图 12-8 所示。

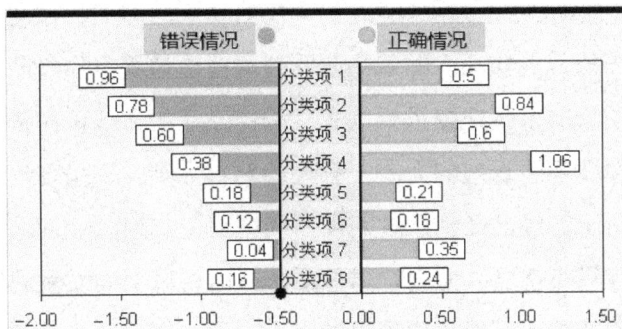

图 12-8　旋风图

旋风图的展示效果非常强，根据旋风图中的两组对比数据，孰强孰弱，
我们都能一眼就看出来。

12.12　帕累托图分析制度：改进过程，优化结果

我们一般都是为了结果且带着目的性去做事，因此往往忽略了过程的
重要性。其实，过程相对于结果来说，往往更重要，因为做任何事情，前
进的道路都是曲折的，充满艰辛的，只有把过程中需要做的事情做好了，
我们才能得到想要的结果。

过程，很可能是漫长的。但是往往在过程中我们会接触到一些从未遇
到过的问题，之后我们努力解决这些问题，一点一点地进步，走向向往的
结果。但是我们在解决这些问题的时候，往往是很困难的，因为我们可能
不知道如何更加快速地解决，或者如何能够很清晰地看清问题所在，这才
是关键性的问题。

在进行销售的过程中，我们可能会遇到各种各样的问题。这时就要及
时修正改变一些策略。当与客户进行交流谈话的过程中，出现一些这样或
那样的问题时，要改变策略、改进过程，那么成功的概率自然也就更大一

些，结果自然会得到优化。因此，我们可以采用帕累托图来进行过程的改进，用帕累托图来看清问题的所在。

帕累托图是用意大利经济学家帕累托的名字命名的，排列图或主次图都是帕累托图的其他叫法。帕累托图能够很清晰地将有质量问题的事情以及需要改进质量的事情根据重要的程度采用图表的方式依次排列出来。帕累托图可以按照事情发生的大小、频率绘制直方图，来呈现出有多少种可能的结果是由于曾经已经确认过的事情的原因造成的。

分析质量问题就可以使用帕累托图，从而可以明确质量问题产生的主要原因。帕累托图还可以按照等级顺序，引导怎样采取措施纠正错误。帕累托图的核心部分是：八成的问题来源于两成的原因，以有限的人数和有限的时间来有效地解决问题，如图 12-9 所示。

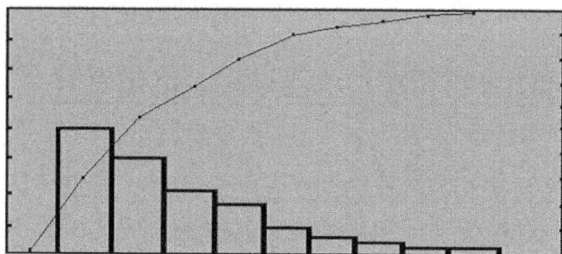

图 12-9　帕累托图

从图 12-9 中我们可以直观地看到，之前的数据和现在的数据有什么不同，可以更加迅速地分析之前的销售和现在的销售相比发生了哪些变化，使我们能够更直观地感受到数据的变化，帮助我们更容易厘清思路，找出问题的关键点，以此来优化结果。

流程管事篇

"事情" > "人情"，流程必须标准化

当前，科学化的管理体系与制度层出不穷，营销管理体系的规范化越来越成为企业提高效益的主要因素之一。

在以往的企业中，轻视了流程的规范化与标准化，而如今，越来越多的企业开始探寻工作流程的优化、科学的管理体系与制度。流程管事将从销售人员的培训、客户的开发、商品介绍流程、品牌宣传流程、销售谈判、合同签署流程、销售跟进流程以及引导复购流程八个方面，从企业营销用人的角度来谈，如何提高销售人员的业务能力，从而带动企业的整体效益。

13

第 13 章

新员工培训流程：培训、考核、反馈

　　企业的培训能够使新员工快速了解企业文化、政策、发展方向，了解企业整体规章制度，掌握工作所需技能，快速适应岗位，消除新入职的紧张感，尽快融入销售团队。

13.1　建立复制体系，引入标准化培训流程

将已经被证实成功的系统迅速复制，企业就能迅速成功，这就是复制的神奇力量。链家作为房产中介中的翘楚，是如何从一家门店快速裂变出8 000 多家门店的？

为了让每一个新加入销售团队的员工能够快速进入状态并产生业绩，链家对每一名新员工都会安排为期 7 天的封闭式入职培训，以便帮助新员工更好地理解业务内容。

7 天封闭式入职培训之后，店长还要根据链家对新员工专门制定的辅导手册对新员工进行 7 天的店面培训，店长会安排新员工做社区商圈调查，并给新员工一个详细的工作步骤的指引。同时，店长在辅导新员工期间，也可以考查新员工接受专业知识的能力以及新员工的工作态度等。当然，新员工在此期间也可以认真考虑一下自己是否接受链家的企业文化，是否真正有愿意从事房地产经纪人这个岗位。

由于销售行业的特殊性，链家的销售团队与其他公司的销售团队一样，同样也存在着人员流失严重且难以保持业绩稳定增长的问题。为了能最大限度地提升业绩，顺利达成销售目标，链家特别注重团队协作，链家认为好的团队靠的不仅仅是某一个人，而是靠整个团队的共同努力创造的。

正是由于对销售团队的系统化、步骤化的团队管理，才让链家从一家中介公司，成长为一支房产中介的"铁军"。所以，在建立销售团队时，无论是对刚入职的新员工，还是对已经有经验的老员工，都要做到内容明确、步骤清晰、标准统一。

销售人员入职后首先需要让其快速掌握商圈基本数据，例如房屋户型、房屋价格、周边公交与学校分布等情况。其次需要掌握业务流程及税费、中介服务费的计算方法与理论依据。由于房产行业的特殊性，需要掌握网络发布信息的方法，最后在遇到客户时，能够把本中介机构的优势以数据

的形式说出来。

在销售团队运作中，通过对一些有助于团队运作的经验进行过滤和筛选，形成适合自己团队的经验，最后在团队中复制下去。复制系统直接关系到团队其他销售人员是否可以达到统一的思维模式和行为模式，团队复制的范围应该是团队中的每一名销售人员。

链家对于销售人员系统化的管理、可复制的培训体系是推动其快速发展的重要因素，对于其他企业和销售团队来说，建立复制体系、引入标准化的培训流程也是其发展壮大的重要推动力。

13.2　培训复制核心：标准、带教、培训

复制的前提就是标准化，因为只有标准化才可以去衡量复制的程度，实现百分之百复制，复制才具有可操作性。

许多电话销售人员都会困惑，自己电话量很高、商品介绍得也很好，就是不出单。其实，做电话销售有一个系统的流程，掌握了出单就很容易。

第一步：讲好开场白。

在电话营销过程中，被客户挂电话是经常遇到的事，客户为什么会接到陌生推销电话就挂断？

一般客户都认为这些电话是对自己的打扰，所以销售人员需要换个角度，如果电话的开场对客户有利，客户是否愿意听下去？所以开场白的每一句话都要站在客户的角度去考虑问题。开场白就是要吸引客户愿意继续听下去，这一点如果能做到，才有成交的机会。

第二步，谈预期。

如果销售的商品是减肥商品，在开场白时要讲述商品具有减肥功能。在谈预期时，可以说："一般客户使用我们的商品 3 个月，能够减重 10 千克。"客户在听到这个预期后，很容易联想到自己 3 个月之后的变化。

第三步，深度挖掘需求。

当客户知道减肥的预期后，接下来要进一步挖掘需求，一定要多倾听客户说的话重点是什么，同时要养成做笔记的习惯，将客户说的情况记录在笔记本上。这时要避免经验主义，如果自己说得多，客户说得少，不容易挖掘到深层次的需求。

第四步，入主题。

在挖掘需求环节，当得知客户没有购买同类的商品或正在找类似的商品的时候，销售人员要把商品的优势充分介绍给客户。

第五步，签约。

签约过程可以再细分两步：合同细节沟通和签约。先与客户沟通合同细节，如果客户对合同细节认可，就可直接签约。

把流程标准化后，就需要通过带教的方式来把它复制下去，新员工刚入职后通常会有诸多困惑，这时就需要制定新员工培训系统，比如，让老员工来充当新员工的导师，不仅可以快速让新员工了解工作、熟悉工作流程，实现复制，还可以促进团队成员共同成长，培养团队精神。

戴尔公司培训新的销售人员的制度被称作"太太式培训"。他们把销售经理称作为销售新员工的"太太"，意思是销售经理要不断地在新员工耳边唠叨、鼓励、指导，让新员工快速掌握销售方法和技巧，并帮助他们养成良好的销售习惯，从而让销售培训在最大程度上发挥作用。

戴尔的销售培训通常由培训经理和销售经理一起完成，新员工不但要把自身情况向直属销售经理汇报，还要向培训经理汇报。培训经理还承担新员工的技能培训、跟踪和考核职能，需要每周给新员工排名，让他们感受到压力，并化压力为动力；销售经理则承担管理职能，让新员工牢牢地掌握销售方法，提高销售能力。

在培训期间，先是进行为期三周的集中培训，由专家讲解销售的过程和技巧，同时邀请销售能力突出的员工来分享经验。然后每周末召开例会，销售经理与培训经理都参加，检查新员工上周进度，讨论分享工作心得，制订下周的销售计划。这种销售经理与培训经理、新员工一起讨论的方法，可有效促进新员工的成长。最终，"太太"在指导新员工、培训新员工中也能提高自己的管理能力，同时新员工也能够快速地成长，提高销售能力。

带教新员工，就需要像妈妈一样不嫌麻烦，反复演示指导，达到复制的标准。概括来说，带教要遵循"四步走"流程：呈现→演示→辅导→追踪。

其实，带教和培训是相辅相成的，带教是学会怎么做，培训是进行监督考核，及时发现问题，并辅导销售人员解决问题。在培训过程中，要注意以下4点。

（1）要帮助员工发现偏差，并给予监督和指导，而不是自己去解决。

（2）建立奖惩制度，发掘销售能力突出的员工，树立榜样。

（3）多进行沟通，让员工主动把问题说出来。

（4）对待员工要有耐心，多进行鼓励式回应。

销售经理要多给员工一些鼓励，让他们感觉到自己被接纳、被认同，这样也能使员工快速适应工作，掌握工作流程，提高团队凝聚力。

13.3 带教人员演示一遍，让成员清楚方法

许多新员工刚从事销售行业的时候，每天打电话都希望客户挂掉自己的电话，因为不知道如何跟客户表达，有时候客户接了电话，员工讲话声音也很小，特别没有底气。

其实这种现象在销售行业特别常见，新员工哪怕接受了培训，但还是缺乏实战经验。这时候带教人员就该挺身而出，把培训的重点内容都在新员工面前演示一遍，就像是打电话环节，带教人员可以亲自给客户打电话，在打电话过程中合理运用一些销售技巧，让新员工学会怎么把这些技巧运用到工作中来。打完电话后要对这个过程作出分析，然后总结出优点与缺点，加深新员工对打电话环节的切身体会。

从事销售行业的工作只有专业知识是不够的，因此，为了增强新员工的销售能力，亲身感受是最好的方式。因此带教人员时要做到以下 3 个方面，如图 13-1 所示。

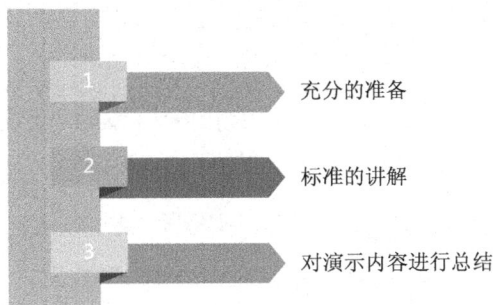

图 13-1　带教人员演示要做到的 3 方面

1.充分的准备

有些带教人员认为自己是前辈，带了那么多人，演示一遍不会出错误。事实上，很多失败的案例都是由于带教人员过于自负导致的，如果因为带教人员过于自负而在演练中出现问题，不仅会带给员工错误的讲解，还会在员工心中留下不好的印象，导致员工对带教人员日后的培训内容、工作指示都抱着怀疑的心态。

因此，带教人员要做好充分的准备，多加练习要演示的内容，再给员工干脆利落地演示一遍。

2.标准的讲解

标准的讲解分为 3 个部分：理论部分、流程部分、案例部分。理论部分为销售行为提供了底层支撑；流程部分让销售人员能够掌握基本的步骤；案例部分能够结合实际分析销售行为。

在培训中，可以让新员工进行角色扮演来介绍公司、介绍商品、讲述成功案例。有位资深带教人员说："事实上，不少销售人员都不能清晰地、有逻辑地把这些销售的要素说清楚、讲明白。在课程中让新员工角色扮演来进行第一次客户拜访的情景，员工都能感觉到自己的开场情景有问题，但说不清楚哪里有问题。带教人员可以带领员工一起讨论、分析如何能让情景更有效，当带教人员这样做时，其实员工已经在不知不觉中投入学习中。"

带教内容一定要有系统性，教哪些内容、怎样教，也需要制定标准和具备相关技巧。

要制定好流程、标准、细节，才能获得想要的带教效果。避免新员工走自己曾经走过的弯路，帮他们分析销售失误的原因，找准错误根源，使其逐渐地积累正确的工作方法，让其一切工作操作步入正轨。

"学"这一活动最好的方法就是"做"。因此带教人员亲身示范很重要。可以模拟一个销售场景，带教人员和员工一起演习，教会他们如何说话可以尽量降低客户对于销售行业的反感程度，传授他们销售技巧的同时，还要让他们知道客户们的拒绝很正常，不要因此丧失信心。而且作为带教人员，一定要具备很强的讲解能力以及亲和力。

3. 对演示内容进行总结

在培训考试过后，一般老师都会对试题内容再做一个充分的讲解。过程演示和老师讲解试题是同一种性质的，在讲解时，员工可能当时明白了，但也忘得很快，这时候就应该对演示做一个总结。

总结的内容至少要包括这次演示的重要性、销售正确的做法、出现问题的应变方法以及注意事项等。只有通过总结，员工才能记得更牢靠，更好地得到提升。

13.4　员工模仿着做一遍，找出差距所在

带教人员所演示的内容，员工一定要模仿学着去做一遍，才能在模仿中找出差距，获得提升。

带教人员在员工第一次模仿时，要逐一监督，找出员工与自己的差距。

带教人员在带着员工模仿时，应该做到"四不"：不点评、不打断、不询问、不批评。因为员工刚开始进行模仿时，业务流程方面难免会不熟悉，会出现这样或那样的错误。

在模仿过程中，带教人员还要对员工面带微笑，时不时点头，给员工一定的信心。这样做有利于员工缓解紧张感，从而减少失误。

模仿之后，带教人员要针对员工的表现一一作出评论。首先找出他们表现的优点，对他们的工作表现予以肯定，让他们感觉到通过带教人员的示范，他们的模仿是有所成长的。在表达肯定之后再对错误作出分析，让员工认识到自己的不足，从而提升自己的销售技巧。

找出差距的目的不是为了分出谁对谁错，而是为了成长提高，不要用对错来评判员工的能力。确认是否能看出差异，如有需要可再重复一次。在模仿过后，员工要对自己的表现进行总结发言，说出这次模仿带来的感受和好处。这样做的目的是让员工分析现在的不足并在后续做出调整。带教人员要认真和员工分析失误的原因，带领他们走上正轨。

13.5　带教人员再次重复，让销售员工深度对比分析

在第二次带领员工演习之前，带教人员要提醒他们之前犯过的错误，注意这一次不要再犯，再一次让员工对自己的演习进行更深一步地对比分析，不断与员工进行沟通，了解他们的思想状况，利用标杆的作用进行积极引导，加强对员工的关心，增强团队的凝聚力。

在进行第二次教学演示的时候，应该比第一次更加突出重点，讲到重点的时候要比第一次的速度稍微放慢一些，但是不用再像第一次那样给员工讲解分析了，只需要在旁边听员工讲，让他们说出带教人员的演示和他们的演习有哪些差别，有什么需要改进的地方，是不是他们和客户说话时表情不够认真、态度太过强硬，或者会不会紧张到语无伦次，一定要具体分析，找出差距。找出差距是为了更好地进行下一步，不断

地缩小差距。

深度的对比分析是必要的。带教人员在带员工做第二次演习时，就可以使用对比分析法和第一次的演习做出比较。对比分析法也叫比较分析法，是研究数据时必不可少的一种方法。对比分析法是通过比较来找出差距并加以改进的一种方法。

对比分析法也分为很多种，其中一种就是水平分析法，水平分析法说的是要与竞争对手或者公司里最强的人进行对比，找出差距。水平分析法也包括两个重要的方面：一是制订计划，根据已有的标准和参照物，确立目标，制订相应且适合自己的计划；二是不断采取合理、有效的改进措施，取他人之长，补自己之短，不断提高自己的销售水平。

13.6　员工再次模仿，直至一模一样

知道了解和实际操作所带来的结果是不一样的。当然要想达到目标，模拟演习一次是远远不够的，必须要经过多次重复的演习，再不断修正，直至达到理想的结果。

有人说销售人员要想成为销售冠军，就必须要有不怕吃苦的精神，因为销售人员就是要每天不断地奔走，要主动积极地去寻找客户、努力说服目标客户与自己达成合作。因此销售人员就需要现场与实际地模拟演练来达到其所期待的结果。

不要认为做销售是一件轻松的工作，它需要不断地重复练习。就像小豹子学习捕猎一样，大豹子在教授小豹子如何捕猎时，一定是把猎物咬个半死，然后放在小豹子面前，让它实际操作如何给猎物致命的一击。豹子的奔跑速度很快，但是如果没有实际的演练，那么豹子无论如何也掌握不了捕食猎物又快又准的技巧，它天生的优势也发挥不到极致。

所以，销售演练是必不可少的，必须经过多次重复练习才能够达到最理想的效果。要在重复中积淀，在重复中升华，量的积累才能变成质的飞

跃，这就要靠销售团队的鼓励以及员工自己的坚持。员工要不厌其烦地重复演习，找出与带教人员的差距并改进，才能不断进步。

13.7　反复强化，减少执行误差

在团队管理中可以发现，一些销售团队要么过于重视培训员工的工作流程，要么使培训体系流于形式，这两种极端的方式都造成了不良的后果：要么员工感觉受控，工作起来没有激情；要么后期才检验团队执行力，结果总是在执行过程中出现了误差，使执行力大打折扣。这让很多销售团队都产生疑问：培训，应该怎么做才好？

培训的主要作用就是把事前控制和事中控制相结合，它对于团队工作具有时效性和及时性，很多问题在萌芽状态时能够被解决，这就是培训的作用。培训及时纠正了执行上的误差，有利于解决时间被拖延以及资源被浪费这两个问题。

培训是保证团队计划正常运行的必要步骤，也是团队执行力的具体体现，但是总有人会误解培训的作用，认为只要有完整的培训体系，执行力误差就会得以消灭，团队计划就不会出现错误，于是这些团队对员工进行事无巨细的控制。由于培训体系过于严格，导致团队成员士气低下，工作起来缺乏创造性。

有效的培训应该抓住执行过程中的关键点，发现执行计划过程中的误差，及时纠正这些偏差，从而保证团队计划得以正常运行，最后达到目标。

在培训中，员工的执行误差来源于方方面面，对企业方针政策执行不到位、市场调研内容不准确、对销售数据分析不准确、工作计划不合理等都会导致员工的执行误差。

因此在员工培训过程中，一定要让员工反复强化销售的整个流程以及销售过程中的每一个细节，确保员工了解企业制度方针、确保员工工作计划的合理性并督促其按部就班地完成销售任务，减少员工的执行误差，保证其销售工作的顺利进行。

俗话说，井无压力不出油，人无压力轻飘飘。加强培训工作既是领导协调秩序的具体要求，也是保证员工顺利开展工作的重要方法。无论是员工的学习教育、还是对犯错的员工开展批评，或者对制度的修改、建立体制等，都需要带教人员坚持原则、坚守底线，敢于指出员工的错误及不足之处，坚决不放过思想不上进的员工、不能够认识到自己存在的问题的员工、自我剖析不深刻的员工，制度调整改变不到位的员工以及其他客户不满意的员工。只有这样，才能确保各个环节紧密相连，确保销售活动能够顺利开展，做到真实有效。

加强培训工作，既是一个传导外部压力的过程，也是一种激发内在动力的过程。带教人员既要突出指导的针对性，帮助被培训员工找准需要解决的突出问题，也要突出督查的严肃性，严格要求、层层把关，还要突出沟通的及时性，对活动中遇到的普遍性问题，与员工及时通气、共同商量。

因此，减少员工培训过程中的执行误差，一方面需要带教人员全面地、悉心地对员工进行指导，另一方面也要带教人员严格管理员工，使员工感到压力，从而保持对培训认真负责的态度，员工的认真的态度也是减少执行误差的重要要求。

13.8　多种培训考核：通过后方可上岗

培训考核存在多种方式，都可帮助销售团队进行新员工的培训考核，检验新员工的学习成果，常用的培训考核方式主要包括以下 4 种，如图 13-2 所示。

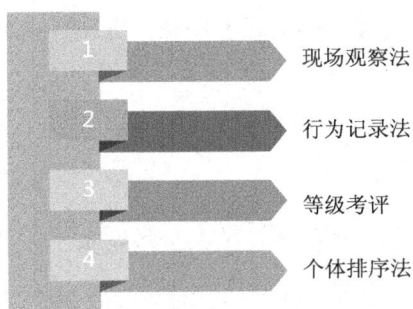

图 13-2　培训考核方式

1. 现场观察法

现场观察法是指分析者在现场通过实地亲测员工工作，得到分析信息的方法。当运用现场观察法考核员工工作成效时，考核人员必须把每一名员工正在做的工作一一详细地记录下来。采用此种考核方法时，可选择连续一段时间的观察方式或者断断续续的观察方式，具体选择哪种方式需要根据不同工作的具体工作内容来决定。

例如，一家房地产企业要考核电话销售人员的语言技巧水平，就需要进入话务室观察员工在电话中与客户的沟通情况，看其是否能够清晰地介绍商品，然后观察员工对不同类型客户的说话方式，这样最终结果就可得出"最优"的电话销售人员。

2. 行为记录法

行为记录法是用电子仪器把被考核员工在特定时段内的工作行为记录下来，从中得到需要考核的相关量化指标。实施行为记录法时，一般是采用录像录音电子设备来完成员工工作行为的记录。

通过行为记录法，考核人员能够得到被考核员工工作的立体信息，可以知道员工具体做了哪些工作，做到什么程度，并及时发现员工存在的细节问题或陋习，有效地制定能够提高员工工作能力和效率的方法。

3. 等级考评

等级考评法有四种主要形式：第一种是五等级法，分别为优秀、良好、中等、及格、不及格；第二种是四等级法，分别为高级、中级、低级、非常低级；第三种是三等级法，分别为上、中、下；第四种是二等级法，分别为合格、不合格。

4.个体排序法

个体排序法又称排队法，是考核人员按照员工工作成绩从好到坏的顺序依次排列的方法。这种排列法只会产生一名"最优秀"的员工。

实施个体排序法，就是根据可衡量的工作业绩让被考核的员工排队。比如销售经理手下共有 20 名员工，按照个体排序法进行评价，最终得出的业绩表现是，第 1 名和第 2 名之间的差别与第 19 名和第 20 名之间的差别几乎是相同的。

某公司的销售部门有 10 名员工，首先，整理归纳这 10 名员工的工作信息，然后，从这 10 名员工中找出销售完成效率最差的 A 员工，在其姓名旁记上数字"10"，再从剩余 9 名员工中找出销售完成效率最佳的那位 B 员工，在其名字旁记上"1"，接下来，从剩余 8 名员工中找出表现最佳的 D 员工，在名字旁记上"2"。依次类推，最终为这 10 名员工排列好名次，员工考核成绩的优劣顺序就有了。

个体排序法更加适合员工较少的团队，团队人员少就不容易产生多名员工之间的考核成绩差距特别小的情况，每名员工之间差距明显的排队才更有指导性意义。

需要强调的是个体排序法中的"好"或"坏"并不是针对个人道德品质的评价，而是从考核管理的角度出发，考核人员不应参照排序结果而对员工产生个人偏见，而应根据排序结果，对员工开展有针对性的工作辅导与沟通。

13.9 与成员一对一问诊，寻找突破口

当做完了培训后可能会发现销售人员在执行中依旧存在问题，这些问

题可能并不属于培训的范畴，但是却是销售过程中的障碍，如销售人员的心理问题等。

"让员工把问题说出来。"这实际上是一种最高效的沟通方式之一，因为它可以直接将员工遇到的销售方面的问题解决掉。

刘静是一家保险公司的保险销售人员，但是做过培训后业绩仍然不理想，在一次培训过程中，刘静讲述了她遇到的问题。

刘静通过参加线下活动遇到一位客户陈总，在接触中，刘静没有谈及保险，而是了解了陈总的奋斗历程，两人交流融洽，彼此都留下了好印象。在第一次见面时，陈总表达了他不相信保险，"保险都是骗人的"看法。

一周后，刘静打电话成功约访了陈总。这一次，刘静的话题围绕着退休以后的高水准生活以及国家将要实施的遗产税等问题。刘静知道，陈总对一二百万元的保险保障不感兴趣，但是热衷于投资理财。针对陈总去年做股票虽有盈利但错失很多机会的情况，刘静与他探讨了专家理财的优势。

刘静接着说："随着证券市场不断规范，对投资者的要求越来越高，您有多少时间和精力时刻关注股市呢？如果让国内最好的投资高手帮您理财，您就可以专心致志地投入到您热爱的事业当中去。"

陈总："我还是觉得保险都是骗人的，我绝不会买保险的。"

刘静遇到大量此类的客户，她感到很迷茫。带教人员为此提供了以下解决方案，如图 13-3 所示。

图 13-3　问题解决流程

1．表明立场

"保险都是骗人的"这种拒绝理由表现了客户对保险或者保险销售人

员的一种偏见。对于这种客户来说，对保险的不信任在他们心中已经根深蒂固了，一时想要改变非常困难。

2. 了解起因

造成客户对保险产生偏见的原因很可能是客户曾经受过骗、上过当，或者是听别人讲到过类似的事情。而这些思维习惯很可能已经在这些人的脑中根深蒂固，所以，保险销售人员面对此类客户最忌讳急于求成，要用自己的真诚和耐心去打动他们。

3. 给出解决方案

应对方案 1："您怎么会这样想，保险是有法律保护的商品，是不会骗人的。是不是您买的保险没有附加医疗险，所以没有得到理赔给付，以致让您产生错觉了呢？您可以告诉我，我来帮您分析分析。"

应对方案 2："我非常理解您的想法，在没有接触保险商品之前，我也是这样认为的。但是做了这行之后，我深刻地了解到，没有骗人的商品，只有骗人的人。确实，保险行业刚刚发展起来的时候，有很多不规范、不合理的地方。但是现在，保险行业已经逐步走上了正轨，大家对保险的了解越来越深刻。2015 年 5 月，我国试点开始对购买商业健康保险给予个人所得税优惠，充分反映了国家政府对保险业发展的重视与期望。马云也说过：'保险是后路，在春风得意时布好局，才能在四面楚歌时有条路。'所以，保险在家庭资产配置中是不可或缺的一种投资商品。"

应对方案 3："您曾经被保险公司欺骗吗？现在很多人都盲目购买'人情保险'，而不花时间去了解有关商品的详情信息。一旦发生问题，很可能就在理赔上出了问题，然后认为保险是骗人的。我希望您今天能抽出一些时间仔细研究研究我提供给您的资料。"

应对方案 4："保险确实有很多缺点，比如期限太长、收益回报低、退保有损失等。这些缺点使得很多人不想买保险，除非是真正看到保险在生活中的意义和作用。介不介意我问一下，您知道保险到底是用来干什么的吗？打个比方，我手里拿着的是我的保单，当我平安无事的时候，我的保单只不过是几张没有用的废纸！可是万一我发生意外，这几张废纸会变成什么呢？救命钱！所以，保险是帮我们应对意外发生的现金！您同意吗？

从另一个角度说，保险还可以衡量生命价值。有人说生命是无价的，我却不这样想。当飞机发生意外事故，有保险的乘客会获得理赔金，有人值百万千万，有人值几万，这就是保险给生命赋予的价值。不是保险骗人，只是我们暂时没有意识到保险的作用。但是，我们无法保证一辈子不需要救命钱，也不能没有自己的身价。"

在给出解决方案后，刘静的问题得到了解决，在此后的三个月时间里，获得了不错的业绩。

作为一名带教人员，如果不能与销售人员进行行之有效的沟通，不能了解销售人员的需求，那么，这个带教人员是个不称职的。优秀的带教人员不但能够敞开大门，让员工畅所欲言，把遇到的问题说出来，还能给出具体的解决方案，这样做比做一次专业的培训为员工带来的帮助更有效。

13.10　培训效果反馈：面谈＋培训效果反馈表

在经过前文的一系列系统培训后，可以通过面谈或填写反馈表的方式，收集被培训人员的实际情况，了解培训过程中是否存在无法融会贯通的内容，面谈的方式更适于小团体的培训，而反馈表则更适于较大规模的集体培训。

小罗是某销售团队的销售经理，在对新一批的员工进行培训后，他最看好小张。在新员工培训周期的末尾，小罗与小张进行了一次深度的面谈。小张的任务完成度并不算很出色，但是他会总结归纳自己工作中不懂的问题，向小罗请教，能够把握好面谈的机会将自己平时存疑的内容进行消化，小罗也耐心解答逐一给他分析。

小罗说："在面谈中，销售经理要引导员工进行自我反思，进行学习梳理以达到发挥培训的最大效果。而像小张这样具备主观学习意愿的员工，进步都是最快的，学到的东西也是最多的，是可以作为团队主要培养对象的，我怎么能不看好他呢？"

果然，在三个月后，小张从一名业绩平平的新员工一跃成为团队里的销售冠军，多次拿下大笔销售订单。小罗也因其带领培训的员工中有很多业绩优秀者被领导赏识。

在这个案例中，小罗通过面谈的方式，能够挖掘出小张的潜力，也能够分辨其他培训成员与小张的区别，达到为企业重点培养优秀员工的目的。资深的销售经理大多是各方面素质都过硬的人，无论是心理上还是实际能力上。夸夸其谈的人不一定是一名好的销售经理，好的销售经理也一定可以使员工的能力飞速提升。通过面谈的方式，让员工多学习销售经理的经验，从他们身上学到更多东西。

而反馈表的情况则大多用于培训人员基数较大、面谈费时费力的情况下，通过一份完备、详尽的培训效果反馈表对员工意见进行了解，这也不失为一种有效的方法。培训结果反馈表的内容中应涵盖以下几点。

（1）内容方面：培训形式是否生动有趣、授课进度是否过于拖沓或是难以消化、课程内容编排是否连贯合理。

（2）带教人员方面：带教人员的言语表述能力如何、讲解是否生动有趣、配套 PPT 是否需要改进、课堂活跃度、互动情况如何、整体满意度如何。

（3）效果方面：培训工作是否存在其必要性、培训对实际工作的帮助度、后续的跟进反馈措施。

（4）其他方面：请培训人员列举在培训过程中印象最深刻、认为需要改进的内容、以及想要了解哪些其他内容的方面。

　　培训效果反馈表在列举了以上内容以后，可以相对完整地涵盖员工对培训的内容、形式、带教人员、效果等各方面的意见，也能够作为数据筛选出大多数员工对哪方面持有疑问以便进行改正。在提交反馈表后，也要根据对应的内容进行解答，不论是通过组内互助的方式还是通过面谈等其他方式，要对员工仍存疑的部分进行梳理解答，以保证培训效果。

　　面谈＋反馈表的方式不仅是对培训成果的反馈，也是对培训内容、培训体系的反馈，既可以帮助员工解答疑难问题、了解员工实力水平，筛选重点培养对象以外，还能够帮助销售团队对培训过程中存在的不合理、难以理解的部分进行重新规划，以达到培训系统优化升级，培训效果最大化的目的。

第 14 章

流量开发流程：如何获取全新的客户

在互联网高度发达的当代，以互联网的方式进行流量开发是一条快速提高销售额度的捷径，仅微信就有近 9.8 亿流量源，虽推广与流量开发难度颇大，但利用全新方式进行流量开发能够获取原本客户群体之外的全新客户，等同于为企业扩宽道路，创造了更多企业价值。

14.1　选择开发对象：以客户画像为依据

不同的商品有不同的客户群，想要找到核心客户，就需要将商品的客户群进行细分和关注，这就需要利用因子来划分客户群。

因子，即影响事物不同的元素，也就是划分事物的标准。利用因子划分客户群能够将客户分成不同的群体，分析不同群体间的特征，为销售人员提供意见和建议。那么如何利用因子来划分客户群？其步骤分为以下3 步，如图 14-1 所示。

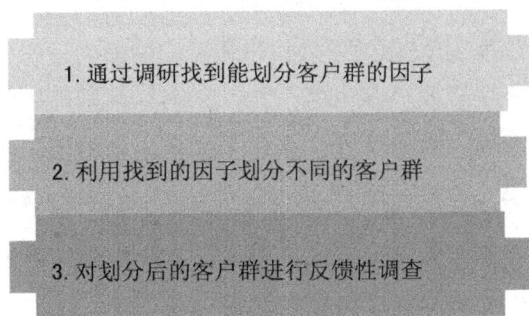

1.通过调研找到能划分客户群的因子

2.利用找到的因子划分不同的客户群

3.对划分后的客户群进行反馈性调查

图 14-1　利用因子来划分客户群的步骤

1.通过调研找到能划分客户群的因子

利用因子来划分客户群，首先需要找到划分的因子，即划分客户群的标准。通常，这个标准可以分为两大类，一类是基本的人口属性，如客户的年龄、性别、职业等。另一类是垂直领域属性，就是客户对商品的喜好程度。根据客户自身和其对商品的态度就能够将客户群较为清晰地进行划分，为打造爆品选择好特定的客户群。

在寻找能划分客户群的因子时，需要借助一定的方式和方法，通常销售人员会采用调研的形式，通过对不同的人群走访、调查，记录他们对商品的看法和感受，将调研的结果进行整理和分析，得出最终的调研结果，找出影响客户群分类的依据。

调研的方式也有许多种，如调查问卷、实地走访等。一般的调研都比较倾向于调查问卷，不太愿意采用实地走访的方式，但是，想要寻找到核心客户，就不能采用传统的固定形式，在调研时，需要对商品的客户发布问卷，另一方面必须对客户进行实地的采访和调研。

而实地走访通过面对面的交流，销售人员才能对客户群有一个直观、全面地了解，才能对客户群对商品中真实需求有清楚地了解。另外，在对客户群进行面对面的访谈时，销售人员要注意交流时的语气、面部表情、神态、谈话用词等，这些细节都会对访谈的结果有一定的影响。通过实地访谈催生被访者的兴趣，从而为爆品的打造挖掘到更多有效的信息。

2.利用找到的因子划分不同的客户群

一般来讲，商品的客户群会被年龄、性别等基础的因子划分为基础的客户群，如年轻女性、青年男性、老年男性等，这些因子将客户群划分为各种不同的客户群，针对这些划分后的客户群对其进行分析和研究，对他们的特点、爱好等作统计和分析，找出哪类客户对商品有迫切需求。

3.对划分后的客户群进行反馈性调查

在对划分后的客户群进行反馈性调查时，同样需要使用调查问卷的形式。但是，在这时进行调查问卷的反馈性调查时，还需要借助一种特殊的研究方法，即问卷调研的定量研究。运用这种方式来验证之前划分客户群的最终的结果，来判断之前的划分是否正确地反映了商品对应的不同客户群。

在结果分析时，通常用数据的形式表现会更加有说服力。销售人员能够从反馈的数据中找出划分客户群的关键，对数据进行分析和思考，如果反馈的结果正确地反映了商品客户群的真实情况，那么在之后的客户群划分中就可以采用这种方式；如果反馈的结果与原来的划分情况有出入，那么就需要对整个的过程进行逐步的分析，从中找出失误，改正划分的最终结果，保证客户群划分的准确性。

以上就是利用因子来划分客户群的过程和方法，企业在进行客户群划分时，需要结合自身的实际情况，灵活的掌握和运用，为锁定核心客户做好准备。

14.2　确定 PUV 组成：基于客户设计调查表

PUV 指的是 Perceived Use Value（预期使用价值），这是客户购买商品的心理预期，若商品能够满足客户的 PUV 结构，那么成交概率较大，而如何确定客户对商品的需求，确定客户要求的与其使用价值，则成了企业的一大难题。通过设计相关的客户需求调查表，弄清客户 PUV 构成，能够帮助企业简化销售交易的过程，提高销售效率，提高成交率。

实际上 PUV 表示了客户对于预期购买的商品和预期使用商品时的期望满意度，这是一个广义上的概念，企业可以针对客户的 PUV 设计调查表，针对 PUV 中的核心内容进行修改，提高企业的核心竞争力。在调查表中需要涉及的内容有如下几项。

（1）使用人。针对不同行业可以进行不同方式的提问，例如对于 4S 店可以询问驾车人性别、驾龄、家庭需要；对于房地产销售则可以询问购房人的家庭因素，是否婚育等，通过使用人的个人情况进行基础需求判别。

（2）心理预期。预算价格是客户在购买商品时不可或缺的一部分考虑因素，而商品价格自然与商品性能相挂钩，客户在对整体行情进行了解后有一定的自我判断，对预算价格能够购买到的商品也有一定期望值。

（3）影响因素。通过询问影响购买的因素，判别企业在行业内中的核心竞争力与市场的关系。

（4）其他内容。由于各行各业面临的重点问题不同，所以企业制定的需求预估也不同，基于这样的基础，企业需要根据自身情况进行相关问题的设计与叙述。

通过以上几点内容，保证以客户为主导的需求调查表能够健全完善，使调查表得出的数据能够相对准确地反映客户的 PUV 构成，并通过数据对企业商品、经营理念进行修正。

14.3 提升客户主动性：SEO 优化、外部链接建设

在互联网信息时代的大环境下，依托现代信息技术手段能够达到精准营销的目的，建立起个性化的客户推广体系，通过精准的可衡量的营销沟通，对目标客户群精准推送，从而实现客户群的主动增长，这其中需要对客户信息有足够的了解与研究，也需要针对客户喜好进行针对性的营销，掌握一定的市场信息架构，达到以低成本带来高收益的发展目标。

要实现精准推广、提高客户主动性的目标，其中一种方式是进行 SEO 的优化，即搜索引擎优化，指的是在搜索引擎中对网站内外关键词进行更改，达到能够获得搜索引擎中高排名关键词的效果，进而带来更多流量，从而达到企业预期销售目标获得相应的利润。

要高效进行 SEO 优化，达到推广工作成效显著的情况，需要运用一定的技巧与工具进行关键词优化，例如使用百度统计工具进行分析。

百度的统计工具是中文网站最大的分析工具，也是一款免费的专业数据分析工具，在百度庞大的大数据运营下，百度统计工具有着十分精准的数据分析，能够直观看到各项关键词的数据，也能够大大提高 SEO 优化的准确性及其效率。

要对 SEO 做到精准优化，需要对推广结果的合理判断，这就需要从关键词展现量、点击率、转化率三方面进行综合考察，如图 14-2 所示。

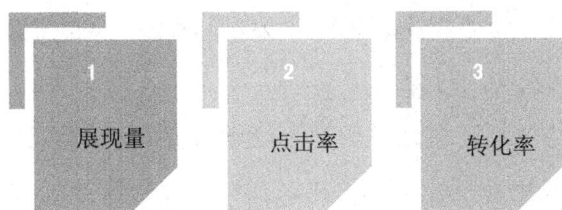

图 14-2　SEO 精准优化的考察方面

1. 展现量

企业网站所投放的关键词若展现量不高，可能与百度的竞价规则有关，企业可以选择性的在一些热门关键词上进行竞价投放，保证排名靠前，同时保证能够为企业带来较好的排名与展现量。

2. 点击率

点击率较低的原因通常由于虽然在同等的关键词内容中，但网页排版杂乱、封面图不够引人注目或是无标题等，这些原因都可能造成点击率的降低，所以在确保排名靠前展现量优势的情况下，确保界面赏心悦目，是提高点击率的重要手段之一。

3. 转化率

若转化率较低，企业则需要从多个方面找寻不同的原因，首先要分析关键词投放是否精准，是否能够针对目标客户达到目标效果；其次需要查看搜索词是否与关键词有精准匹配，是否能够达到从相关搜索词进入企业链接的效果；最后分析详情页的点击数据，从详情页的点击数据分析客户停留时长、跳出率等情况，若某个页面跳出率较高，则说明该页面需优化，可能是客户没有看到自己的意向内容，也可能是整体的视觉体验较差。

利用百度统计工具进行数据分析，可以得到数据背后暗含的问题所在，并进行有针对性的修改，以达到最佳的推广效果。

除 SEO 优化的方式之外，还可以从外部链接建设入手，外部链接指的是从其他网站将其流量导入到自己网站的跳转链接，这种导入链接是网站优化过程中十分重要的一步。外部链接的质量甚至能够直接决定网站在搜索引擎中的比重，而外部链接建设则指的是基于以上大前提，企业有目的地增加网站外部链接的行为。

在做网站的外部链接建设时，不能够毫无目的的堆积数量，外部链接数量与网站权重并不一定成正比，在建立外部链接的时候也需要有一定的原则与筛选。首先，网站外部链接之间要有相关性，保证精准推广的前提下进行外部链接建设能够提高转化率；其次，外部链接要及时更新，针对近期的热点内容，保证内容的优质，再保证内容具有一定的可读性与原创性。再次，可以选择注册域名相对久的网站，这类网站相对来说安全性高且收益稳定；最后，在建立网站外部链接的时候需要对外部链接数量进行一定限制，要在最大限度内保证网站自身的稳定性。

通过 SEO 优化与外部链接建设两种形式，完善整体的推广体系，可保证企业能够获得精准客户群，达到对客户群体的精准定位、对客户群的精细化营销的目的，最终达到使客户主动上门，提高客户主动性的目的。

14.4　潜在客户预约：先排位再分别通知

向潜在客户发出邀约是提高销售额、提升企业整体流量的技巧之一，这需要销售人员与潜在客户建立良好的关系，同时需要销售人员具备良好的心态，既不能操之过急，也不能松散懒惰，随波逐流。销售人员要明白与潜在客户建立良好联系的过程是循序渐进的过程，需要耐心引导、不断维护，才能够获得潜在客户的良好印象。

在对潜在客户进行邀约前，销售人员可以先致电讲述企业运营内容、企业商品优势，并帮客户进行排位，为客户留下商品火爆、机不可失的印象，而后销售人员再通知客户来店试用，其成功率会远高于直接邀约。同时这样的行为还能够筛选出一批对商品兴趣度较高的优质客户。销售人员对潜在客户致电时需要根据以下流程进行邀约，如图 14-3 所示。

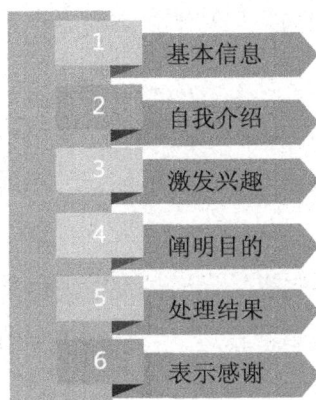

图 14-3　销售人员邀约流程

1.基本信息

这其中包括潜在客户的姓名、地址、电话等诸多内容，事先对客户进行了解能够有效提高客户的好感度。此外对于销售经验不足的销售人员而言，还应准备一份电话沟通的提纲，保证在与客户沟通时能够对答如流，保证自己的专业知识水平能够高水准发挥。

2.自我介绍

销售人员应言简意赅地介绍企业业务与商品，要热情响亮地表达出自己的来电意愿，以防客户在叙述未到达兴趣点时便直接挂断电话。

3.激发兴趣

销售人员需要通过语言技巧激发客户的潜在兴趣，以维持谈话的持续进行，兴趣点的设置最好在电话沟通前段进行释放，以达到最好的邀约效果。

4.阐明目的

讲述商品的优势内容后可以直接向潜在客户阐明来电目的，询问客户是否需要进行初步的预约排位，并通过提供足够的信息表明自己的态度。

5.处理结果

销售人员针对潜在客户表示愿意进行预约或是不愿参与的回应，均进行相关的记录，同时将预约客户归纳为意向客户。

6.表示感谢

无论客户是否预约成功，销售人员在致电结束前都应该向潜在客户表示感谢，以文明礼貌的用语给客户留下较好的沟通体验，保证后续合作的可能性。

通过邀约流程的完整制定，保证员工在进行潜在客户预约的过程中能够通过良好的语言技巧、销售技巧、礼貌用语等给潜在客户留下较好的印象，促进后续交易的达成。

14.5　潜在客户沟通：你要和客户谈论什么

对潜在客户的沟通需要进行一定的售前准备，完善的准备工作能够帮助销售人员厘清要与客户沟通的内容以及相关发散问题，而售前准备就像建筑的地基。若地基不稳，建筑物也很快就会倒塌。沟通的结果与沟通前期的准备工作密切相关，即使销售人员的沟通能力很强，若前期准备工作做得不好，在与客户沟通时也不能够对答如流，达到预期的最佳效果。

周慧是一名 4S 店新入职的销售人员，她手上有一份人员名单是某汽车 App 提供的近期意向客户，这些人在汽车 App 上曾经有过车贷记录或是频繁选车的操作，被视为潜在的客户群，周慧的工作就是向这些客户致电进行邀约。

周慧在向潜在客户致电沟通时态度积极，语气诚恳，而实际效果却很一般。周慧不明原因，便向老员工张静请教。张静听周慧拨出几个邀约电话后便告知周慧，她对业务内容还不够熟悉，在客户询问内容时不能够对答如流，导致邀约效果一般。张静建议可以在致电前将相关问题列举出来，客户有问题可以直接按照准备资料进行回答。

销售人员在与潜在客户沟通时首先应明确自己的沟通目的，其次针对销售目的有针对性的沟通，为了达成目标，需要提问哪些问题，针对这些问题进行发散性思维，客户可能会提出哪些问题，若不能够及时回答客户问题，甚至需要翻阅一些资料，则会给客户留下专业能力不足的印象，同时也会消磨客户的耐心，不利于信任关系的建立和单子的成交。

14.6　确定有效客户：大批量排除，优中选优

如何确定有效客户？首先要考虑效益的问题，那些能够以直接或间接的方式为企业带来利益的客户就是企业的有效客户。

这其中，直接效益指的是客户直接与企业进行业务往来，只要企业能够从业务往来中获益，无论是消费、合作还是其他任何一种方式的合作，属于有效客户的范畴。而间接效益的概念则有点宽泛，如客户与企业合作，并不直接与企业产生供需关系、物资交换，但由于客户的营销行为，影响了企业宣传的方向、扩张了企业宣传渠道，那么这些客户也是企业的有效客户。

综合考虑上述两方面就可定义有效客户群体，即能够为企业创造直接或间接利益的客户是有效的客户。而要确定客户是否是有效客户，须大批量排除，这是一个优中选优的过程，所排除类别有以下两类，如图 14-4 所示。

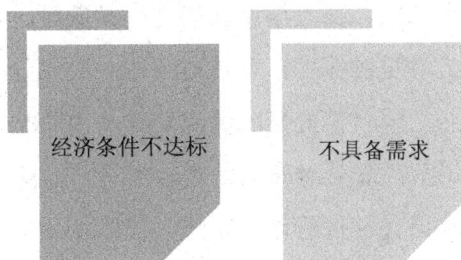

图 14-4　排除非有效客户的两大指标

1.经济条件不达标

在筛选条件中，经济条件是重中之重，这方面可以通过衣着打扮、言

行举止进行判断,但不能盲目将通过观察得出的结论作为判断客户的标准。通过深入的交流确认目标是否具有经济能力后，可以据情况选择是否将目标排除。

2.不具备需求

对于不具备商品需求的目标，对于商品的迫切度较弱，故虽然这类人群有可能成交订单，但在订单的成交时花费的时间、付出的人力与订单达成收益的综合比值较低，相对成本高昂，因此不具备需求的目标可以优先排除。

通过以上两点内容的筛选能够筛选出很大一批目标群体，将其排除在有效客户群之外。销售人员只需要在有效客户群内进行筛选跟踪，促成交易，其实施难度远低于大海捞针式的商品推广。因此要确定有效客户，可以采取大批量排除、优中选优的筛选方式，一方面可以提高工作效率，另一方面也能提高成交率。

14.7 打造客户矩阵：聚集全部有效客户

打造客户矩阵能够架起客户群体与企业之间的桥梁，提高客户体验反馈率，优化企业服务内容与规格。企业可以通过对客户矩阵中数据的挖掘，对客户需求进行精准洞察，从而根据反馈进行相应改进。通过客户矩阵将全部有效客户聚集，并进行深度、有效地沟通，通过分析研究客户群给出的建议，直戳商品痛点内容，更好地优化商品及相关服务。

任何一个销售团队都需要对商品负责、对客户负责、对售后负责，而这一系列责任重担若能通过打造客户矩阵、成立相关社群来实现，则能极大程度上减轻企业运营维护压力，通过社群的方式保证客户矩阵内绝大多数客户的服务体验，提高其对企业的好感度，从而实现挖掘其背后潜在客户，提高团队销售额的目的。

除此之外，客户矩阵的建立有利于人际关系的互换，同时能够通过有效客户的聚集提升客户之间的商品交流，从而达到提升商品忠诚度的作用。在客户矩阵中，有效客户的沟通甚至能够帮助企业对行业行情等内容进行预判，从而达到建立客户矩阵的理想效果。

15

商品介绍流程：什么样的介绍才合格

　　作为销售人员，对客户进行商品介绍的过程中，常常会遇到当销售人员试图说服客户购买某商品时，客户却无动于衷的情况。而实际上这样的情况就是销售人员没有把握好对商品介绍的流程。

　　商品介绍流程能够在一定程度上影响客户的心理状态，而商品介绍流程也应针对性的形成相对完整的体系，进而达到对销售工作较好的辅助作用。

15.1　客户心理分析：由软肋开始"进攻"

在销售人员进行销售时，要找准客户的"软肋"，软肋实际上指的是客户最重视的内容、最关心的问题，只要销售人员能够了解客户的真实需求，找准软肋，针对这些问题进行专业的解答、解析，就能够获得客户的信任，从而获得业绩的提高。

销售人员可以设身处地地将自己置于与客户等同的位置，想客户所想，那么在与客户进行沟通了解时，能够有效地提高消费体验，达到增强情感联系的作用，甚至达到延长客户的生命周期，提高客户品牌忠诚度，而如何才能够找准客户的需求点，做到对客户关心的问题心知肚明呢？可以通过以下 4 个方式，如图 15-1 所示。

1	学会聆听
2	交流互动
3	肢体回应
4	情绪交流

图 15-1　找准客户需求点的方式

1.学会聆听

在通常的销售模式中，销售人员大多口齿伶俐，而实际上学会倾听也是十分重要的一点。许多销售人员在销售过程中常常感到十分被动，不停地提出建议，然后被客户的一句话否决，这实际上也是由于销售人员没有找准客户需求点，不明白客户的真实需求在哪里造成的。

因而，学会聆听并挖掘背后潜在含义，才能够了解客户的真实需求，真正做到想客户所想，才能够获得客户的好感与信任，最终促进交易的达成。

2.交流互动

销售人员要学会与客户进行互动式沟通，在进行商品特点、优劣势分析的讲述后，以非开放式的语句提出疑问，例如："您觉得这款车行不行？"或是"这个折扣力度很大，要不要今天买下？"以这类非开放的方式提问，客户大多情况下只回答行或不行，买或不买，而后续原因则需要进一步追问，这样的销售方式很可能造成客户耐心的损耗，通常以"我考虑一下再联系你"这样的回应结尾。

实际上销售人员在进行基础介绍后，可以询问客户是否有其他想了解的内容、商品，给客户提出疑问阐述想法的机会，这样的互动效果也能够帮助销售人员进一步了解客户的核心需求。

3.肢体回应

在销售过程中，销售人员除了通过言语回应也可以通过肢体语言、面部表情作为客户对商品、内容的回应反馈。某些情况下肢体语言甚至比语言更加诚实，而如何通过肢体语言判断出客户的意见态度，也是销售人员的必修课。

4.情绪交流

在销售过程中，双方的情绪对于是否能够达成交易十分重要。无论是何种类型的销售，若销售人员带着消极的情绪进行工作，客户也会被情绪感染，成交率自然也会受影响，通过销售人员自己的情绪带动客户无意识调整自己的情绪、心理状态等，是促成交易的重要因素。

通过以上 4 种方式技巧，销售人员能够以最有利的方式找到客户的需求点，针对需求点展开"进攻"，争取到客户信任的同时，也能够带来客户对商品的情感因素，从而带来更好的销售业绩。

15.2 商品功能介绍：能达成何种特殊效果

针对商品功能介绍，销售人员应有策略性的讲述，而并非平铺直叙的讲述该商品有哪些功能，若平铺直叙地将商品功能念完，一方面客户没有太深的印象，另一方面在后续的销售过程中没有过多话题可以维持彼此的沟通交流。

深圳市泽希包装股份有限公司是一家集设计、生产、销售为一体的化妆品包装解决方案供应商。张帅是该公司的一名新入职的销售人员，由于缺乏经验，张帅在销售商品时总是寡言少语，而她的师傅郑佩佩在销售商品时，经常与客户相聊甚欢，对此张帅很不解，于是向师傅讨教。

郑佩佩解释说，销售人员在进行商品销售时，不能直接将模式化的数据讲给客户，而要找对方法。

大多数客户选择化妆品包装时，第一看到的就是外观，在客户进行第一选择后，销售人员可以先褒奖客户眼光好，再选择一到两个商品优势进行讲述。

图 15-2　真空瓶外观

图 15-3　真空瓶优势

　　郑佩佩接着举例，比如客户想选购一批真空瓶，首先看到的就是真空瓶不同的外观（如图 15-2 所示），销售人员可以先让客户挑选喜欢的外观样式，并对客户的选择予以肯定，再根据这款真空瓶介绍其功能及制作、材质、专利保护等方面的优势，如图 15-3 所示。

　　通过这样循序渐进的介绍，能够更好地吸引客户的兴趣并能了解到关键信息。如客户对某一方面提出疑问，销售人员可以对于这一方面展开来介绍，不会出现无话可说的尴尬局面。经过郑佩佩的指点后张帅茅塞顿开，销售业绩也直线上升。

在上述案例中，郑佩佩对客户心理进行揣摩，她在销售过程中，对于商品的功能特点不会一股脑地全部讲出，而是选择最突出的几项进行介绍，既抓住了重点又让客户加深了印象。

在对商品功能进行介绍的时候，要策略性地进行叙述，同时应采用浅显易懂的叙述方式，要保证将商品的功能准确地传递给客户。

15.3 商品特点介绍：与其他商品做对比

客户在选购商品时，通常会抱有货比三家的想法，认为要多进行比对才能够购买到性价比最高的商品。

张帅在销售过程中发现，有一部分客人虽然对商品表现出浓厚的兴趣，但在了解了详细信息后大多表示再看看，最终回来购买商品的客户寥寥无几。张帅对这种情况产生了疑问，于是询问郑佩佩出现这种情况的缘由。

郑佩佩讲到，比如同样客户要购买真空瓶，大多数客户不会随便选择一家公司就直接下单，而通常都会对几家公司相类似的产品进行比对后再做决定，货比三家的心理会造成很大一部分客源流失，而在销售过程中销售人员可以通过一些销售技巧来解决这种问题。

例如客户来公司购买真空瓶，销售人员在进行推荐时，可以与其他公司相类似的产品进行对比，比如这款真空瓶采用韩国原装泵芯结构，比 A 公司的结构要更为合理，也是最先进的技术水平，购买这款性能比较稳定，无品质风险等。通过这样的对比介绍，客户的选择意愿也会更倾向于这款产品。

张帅不解，如果别人家配置比较好该如何介绍？郑佩佩讲到，还是以真空瓶为例，B 公司的真空瓶材质方面比较好，但某方面（如结构、设计等）

较差，品质不太稳定，并且价格比较贵，性价比较低，这样的对比介绍也会增加客户对自身商品的好感。张帅学习了郑佩佩的销售方式，果然销售额随之增长。

在以上案例中，郑佩佩的销售技巧能够根据商品特点而变化，通过与其他的同类型商品进行对比，分析各自优劣势，告知客户商品性价比的各方影响因素，给予客户掌握自主权的购物体验，能够在一定程度上消除客户戒心，同时代替客户完成货比三家的购买行为，代替客户分析利弊，可以更好地促成交易。

15.4　客户利益介绍：具体化、数字化、场景化

通过具体化、数字化、场景化的语言，能够对客户产生积极的心理暗示。

暗示性语言在销售过程中也发挥着重要作用，销售人员如果能够巧妙地使用暗示语言，就能让客户在心理上对商品产生不一样的感觉，如让客户感觉自己已经拥有商品的暗示语言，就能让客户的购买意向大大增强。

例如，A 销售人员在推销商品时，向客户这样说："假如您购买这件商品，您就会……"而 B 销售人员和客户推销商品时会这样说："当您在工作时使用它的时候，您的工作效率能提高 30%，幸福感也会随之得到提高 50%。"

分析下这两个销售人员在推销商品时所使用的销售语言，A 销售人员说的是"假如"，这样的说辞就会让客户产生"也许我会不买"的心理，这就相当于让客户多了一个离开的理由。

而 B 销售人员使用的是"当您工作时使用它的时候"，这种说法就会对客户起到良好的暗示效果，这句话能够让客户在潜意识中感觉自己已经拥有了商品，当销售人员在接下去的商品展示中，只是让那个客户在体会自己使用商品的过程，这样就有效地避免了客户对商品的抵触情绪，从心底里激起了客户对商品的占有欲又通过百分比数字进化强化。

西方有一句非常著名的话，即"人是能够思想的芦苇"。这句话的意思是指芦苇本身非常脆弱，但思想的力量却是无穷的。人的意识能够受到来自外界的多方面影响，而在潜意识部分，自我暗示指引人的行为，人与人的交流沟通也会使潜意识发挥作用，从心灵深处导入信息，进而影响对方，这就是暗示的力量。

15.5　巧妙提问客户：用 6W2H 原则了解基本信息

探问型提问的核心是用"6W2H"原则来了解基本信息，其中"6W2H"原则是由"6W2H"工作方法演变而来的，通过这种方法，销售人员可以对客户所购买商品的意向、商品类型等信息有基本的了解，能够使销售过程更加顺利地开展。

销售心理学中的"6W2H"法具体指的内容，如图 15-4 所示。

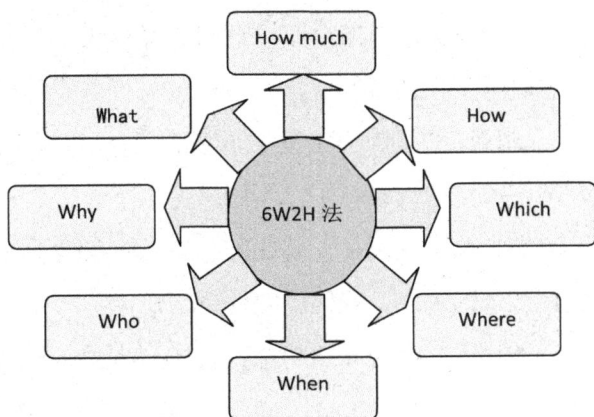

图 15-4　"6W2h"法的八大要素

"What"：客户需要购买什么；

"Why"：客户购买商品的原因；

"Who"：客户购买的商品是给谁的；

"When"：客户要在什么时间、什么时间段购买商品；

"Where"：客户想要购买商品的地点；

"Which"：客户想要用哪一种方法或途径购买商品或交易；

"How"：客户想用什么方法购买；

"How much"：客户购买商品想要付出的成本。

销售人员在向客户提问时，可以从这八大要素中有选择的或者是全部提问，这有助于销售人员的导购思路条理化和理性化，既能够节约时间也能够提高效率。

通过"6E2H 法"能够将客户的基本需求和购买意向询问清楚，对客户的需求有一个全面的了解，这样销售人员就可以根据这些需要对客户进行进一步的引导，促成销售订单的签订。下面就为大家介绍一个使用"6W2H"法提问的销售场景，为大家提供参考。

销售人员："您好，欢迎光临，请问有什么需要帮助的吗？"

客户："我随便看看。"

销售人员："我可以为您介绍介绍，请问您想买些什么呢？"

客户："我想看一下空调。"

销售人员："空调啊，您是因为家里空调坏了，所以想要再买一台吗？"

客户："是啊，家里的空调坏了，不能用了。"

销售人员："那您购买空调是安装在卧室还是放在孩子的卧室呢？"

客户："放在孩子的卧室，我们卧室的空调没坏。"

销售人员："这样啊，那您是应该买一台了，再怎么样也要把孩子住的地方保障好啊。"

客户："是啊，我家孩子从小就怕热，这不昨天空调刚坏，今天就立马让我来买一台，修都不让修。"

销售人员："这样啊，那您是今天要买吗？"

客户："嗯，今天要是看好了，就今天买。"

销售人员："是这样，我们商场正好这两天做活动，您要不就在我们这多看看。我给您详细地介绍介绍。"

客户："好啊，那你给我介绍介绍吧。"

销售人员："好的，我再问您一下，您买空调有理想的价位吗？"

客户："2 000 多吧，不要太贵。"

销售人员："好的，那您这边请，我给您详细介绍一下适合您的空调。"

销售人员通过上面的探问型提问，对客户购买商品的基本信息做了了解，如客户的购买意向、商品类型要求等。销售人员在得知客户的这些信息后，就能够对客户进行有针对性的商品介绍，这样也能够让客户的需求得到精确的满足，方便双方的交流和沟通。

实际的销售过程中，有些客户可能不会将自己的所有购买意向都对销售人员说出来，所以销售人员可以从中选择其中的几项进行询问，这样，也能够起到了解客户购物信息的作用，使商品的销售过程更加顺利。

15.6　鼓励客户体验：亲自实践，获取极致感受

如何提升客户的体验是众多销售人员十分困惑的一点，这其中受销售人员销售技巧的影响，同样也受同行信息、服务态度、店面陈列等多种因素影响，销售人员应从主观意愿上尽最大努力鼓励客户体验，其中有以下3种方法。

（1）结合本地的大致行情、为客户讲解不同款式、不同品牌商品的销售情况，将适合该客户心理价位的商品进行重点对比，从性能、外观、实用程度等各方面进行比对，增强客户的了解，降低客户对未知商品的抗拒性心理，能够增强客户的购买欲望。

（2）通过学习实践增强自身销售技巧，让员工通过语言技巧的引导提升客户体验商品的欲望，促进交易达成。

（3）强调体验的重要性。通过不断告知员工提升客户体验率的重要性，加强销售人员对体验的重视程度，而体验率在一定程度上决定着购买率，

通过增强体验的重视程度，使销售人员能够自主引导、鼓励客户体验商品。

通过以上方式，促进客户体验率提升，使客户能够在体验中了解到商品优势，对商品有更直观的体验感受，从而达到促成购买率的作用。

15.7 催促客户下单：旁敲侧击，尽量委婉

销售到了最后时刻，客户往往已经对商品有了购买意向，只是欠缺一个理由就可以敲定订单，这时，就需要销售人员在与客户的交流中踢出临门一脚，促成交易的成交。

1. 激将法

激将法是销售人员在客户犹豫时使用的方法。一般销售人员只需在客户犹豫时，说出一些"您是不是需要征求夫人的同意"类似的话，就能够激起客户的好胜心态，从而立刻对商品进行拍板成交。

美国金牌保险推销员亚伦（Aaron）在其保险销售的过程中，就常常使用激将法来对犹豫不决的客户进行说服。

周六的下午，亚伦带着自己的保险单去拜访客户。客户是一名中年男人，他听完亚伦的介绍之后，并没有痛快地签下保单，而是表现出诸多犹豫。

亚伦换了一种方式向客户进行推销，他说："我这个月拜访了很多客户，其中有很多是您这样年轻有为的男士，他们都非常顾家，所以，在我向他们介绍保险之后，他们都为自己的妻儿购买了保险。相信您也是这样的男士，您说呢？"

客户听了亚伦的话，其实已经有了购买保险的意愿，但是其意愿并不是很强烈，所以，客户对亚伦说："你说的都对，但是我还要考虑一下，等过段时间我再购买吧。"

这时已经到了销售的最后关头，只要销售人员再踢出临门一脚，就可以将订单签下来，所以，亚伦趁着客户犹豫的时刻，又向他进行了激将法

式的说服。

亚伦对客户说道："我相信您对您的妻子和子女有深沉的爱，但是我想您是不是没有将他们的平安放在首位呢？如果是，为什么不为他们的安全毫不犹豫地购买一份保险呢？这样，他们的安全就有了保证了。现在您还在犹豫买还是不买，难道您对妻子和子女的关爱并不深吗？还是您在家里不能独自决定是否购买保险，需要征求妻子的同意呢？"

这类客户常常会非常看重自己的面子，对自己在家里的权威有着很深的执着。但是亚伦的说辞明显地使他的权威受到了挑战，所以，为了急于证明自己的权威，客户马上就决定为家人购买保险，而亚伦就理所当然的获得了保险的订单。

2. 二选一法

销售人员向客户询问"您今天签还是明天签？"客户就会非常容易被销售人员的思路牵引，从给出的选项中选出一种，选择签下销售订单，购买相关的商品。

这种方法和前面的限定型提问"您想要黑色款还是蓝色款"有异曲同工之妙，都是为客户规划出了选项，并且选项中的选择都是购买商品的，所以，无论客户选择哪一个选项，都会选择购买商品。

销售人员在使用这种方法时，应该尽量避开向客户提出"要还是不要"的选项"，而是用"今天签还是明天签"的问题来替代。再如"您喜欢黑色还是白色？""您是刷卡还是现金？"这样，客户的思路就会被销售人员所限定，自然就顺着销售人员的选项思考下去了。

3. 价格优惠法

销售过程中，给客户提供优惠有很多种方法，最基本的方法就是价格优惠法。

客户对商品的价格有异议，销售人员就可以对商品的价格进行适当的调整。以便客户更容易购买商品。一般在满足客户物超所值的购物心理时，销售人员可以采用两种常见的办法，一种是在同等价格水平下提高商品的价值，另一种是在同样的商品价值上降低商品的价格水平。

这两种方法都能够让客户感受到商品价格上的优惠，销售人员在使用价格优惠法时，可以按照上面的两种方式来进行价格上的优惠。

4.博得同情法

销售过程中，销售人员向客户"诉苦"也是一种常见的使用同情心的做法。销售人员通过情感来打动客户，寻求客户的帮助，达到商品销售的目的，如告诉客户自己"已经在亏本甩卖了"，如果自己不能完成公司规定的销售任务会受到怎样的处罚，总结起来就是自己很为难，以此来勾起客户对自己的同情，帮助完成销售订单的签订。

王兴是一家大型机械厂的商品推销员，这一次他遇见的客户是一家非常难合作的客户。并且这个客户的工厂的位置在郊区附近，交通不便。

王兴在这个客户这里跑了两个多月，但是其销售的过程却不见一点进展。周一的上午，王兴按照双方的约定再次前往客户工厂进行商品销售。没有想到，王兴的车却在半路上发生了事故，幸好人没事，只是车不能再走了。

这时，王兴所在的地方没有公交车，也看不见顺风车。但是和客户约定的个时间快要到了，王兴一咬牙，就在六月的大太阳下步行去了客户工厂。等王兴赶到客户的工厂见到客户后，他就因为中暑晕倒了。

等王兴醒来，客户向他了解了情况后，立即表示要和他签约，其实，这个客户在此之前已经准备和另一家公司的销售人员签订销售订单了。但是，当他知道王兴这么守信、诚心时，就被王兴的这种做法感动了。

王兴的做法让客户想到了自己年轻的时候，对他所做的努力有一种同情、爱惜的感情，所以，客户就愿意将订单交到王兴的手中。

从上述销售案例中可知，博得同情法的核心即销售人员用自己的努力和真诚对客户进行情感打动，以此来促成销售订单的签订。

5. 欲擒故纵法

在使用这种方法时，销售人员可以在一开始就抛出诱人的条件，让客户产生心动的感觉。之后再向客户提出附带的条件，即便客户在这时感觉不舒服，常常也会很容易接受。

销售人员在采用欲擒故纵的方法时，一定要把握好方法的程度和节奏，懂得适可而止。因为销售人员一旦决定"纵"，对客户来说就是一种威胁——即"如果你不与我交易，我就要走了"。

这时，客户如果表现出要改变决定的意思，销售人员就要见好就收，重新和客户商谈订单的事项，在之后的谈判中，销售人员还可以适时作出一些让步，给客户一些优惠，这样，就能够让客户爽快地签订订单，促成交易。

15.8　整理客户信息：填写客户登记表

客户资源的收集与整理，能够直接决定销售人员的效率和成交率。销售人员通过客户分类、信息分类的方式，厘清客户资源的分类、掌握相关知识，以便更好地整理客户信息。而信息收集后的归纳整理也有利于为日后工作节约时间，因此在客户信息归纳时要学会挖掘其潜在价值，使收集的资料能够最大程度上发挥出作用。

在销售人员实际填写相关的客户登记表时，要将内容精简而完善的整理归纳，其中应注重填写以下内容，如图 15-5 所示。

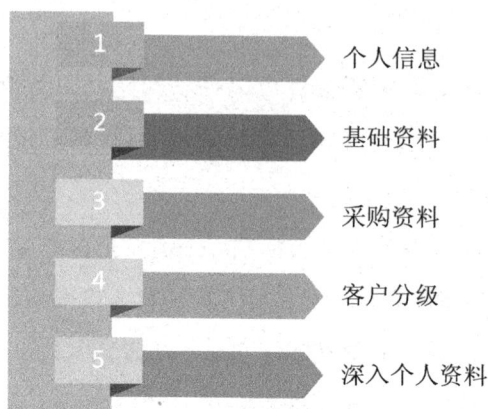

图 15-5　客户登记表重点内容

1. 个人信息

客户的个人信息是能够在未来促成成交的一道关卡，其中包括客户的姓名、年龄、住址、电话等诸多内容，若客户代表企业部门采购，则需要附加企业名称、员工职位、企业联系方式等。

2. 基础资料

其中包括客户采购预算、需求商品、需求数量、补充周期，客户的消费模式，是否有周边商品需求等。

3. 采购资料

这一方面是员工重点记录的内容，例如客户的采购计划，通过该计划要解决哪些物资短缺，是否有特殊需求等。

4. 客户分级

针对客户进行分级处理，通常可以分为潜在客户、意向客户与成交客户三种类别，根据客户言语行动表现出的状态为客户分级，方便日后的接触中促成成交。

5. 深入个人资料

面对一些采购量大、需求广的客户，销售人员可以对其进行深入了解，对其喜好进行记录，投其所好保证订单的稳定成交，这其中需要了解家庭状况、家乡、大学、喜好、行程等诸多方面，从这些方面入手，与客户以朋友的相处模式达成交易，提高品牌忠诚度。

在客户登记表中员工可以通过记录以上内容，保证客户资料的完整性与系统性，同时通过有计划的系统性的资料整理，保证记录内容能够为未来的成交打下良好的基础，为未来的工作降低难度。

16

第 16 章

品牌形象展示流程：品牌为主，传播为辅

在商品经济高度发展的今天，如何让自己的商品迅速地抢占市场，成为摆在众多企业面前的头号难题，而确立一个能够让客户高度认同的品牌形象无疑是解决这个难题的首选之策。因为现如今品牌已经不仅仅是商品的代号，更是一家企业综合实力的象征，是打开并占据市场的重要法宝。

在确立品牌形象的过程中，企业应以打造品牌硬实力作为主攻方向，其中所涉及的主要方面有品牌基因、品牌理念和品牌定位，再辅以多元、立体的传播手段，使品牌形象深入客户内心。

16.1　提取品牌基因：以市场调研为着手点

　　要确立一个良好的品牌形象，第一步就是要提取一个合适的品牌基因，品牌基因是一个品牌的"魂魄"，它决定着一个品牌的核心价值到底是什么，继而也就决定了未来企业在这一品牌之下的商品所要走的市场道路。正是因为提取不同的品牌基因，才导致品牌之间出现差异化。

　　提取品牌基因应以市场调研作为着手点，现今的市场纷繁复杂，各种商品层出不穷，但大部分不过是昙花一现，甚至有很多品牌的商品还没有完全进入市场就已经"胎死腹中"。究其原因，还是因为对市场不够了解，没有用足够的时间和精力进行市场调研就盲目地将商品投放进市场，基本全靠"撞大运"。

　　进行市场调研大体有这样几个步骤，一是确立调研目标，二是设计并确定调研方案，三是确定所调研市场的信息来源，四是确定要收集的资料，五是问卷的设计及发放，六是收集问卷、对所收集到的信息进行分析并撰写市场调研报告。然后根据市场调研所反馈出的结果进行品牌基因的提取，这为品牌能够在市场上立足提供了保障。

　　国际快速消费品业巨头联合利华旗下去屑型洗发水在全国的上市就是弥补联合利华在去屑领域的短板。长期以来，国内的大部分洗发水市场被宝洁旗下的各款商品所占据，去屑领域更是海飞丝的天下。清扬的推出就是为了挑战海飞丝的霸主地位，联合利华公司更是高调地喊出了"十年磨一剑，旨在折桂冠"的口号。

　　在与宝洁的较量中，联合利华面对高压并没有着急地将清扬投放市场，而是在前期先对国内市场进行了充足的调研和准备。

针对受头屑困扰的人群越来越多的这一现状，联合利华旗下的清扬全球技术中心将消费人群一分为二，首次推出了针对男女需求的两种去屑系列商品，实现了理念和技术的双重突破，填补了市场的空白。

这一做法也让清扬迅速抢占市场，收获了一大批忠实的消费人群，打破了宝洁系品牌长期以来的垄断，清扬也一度成为最火的洗发水品牌之一。而现在，在宝洁系品牌持续的促销攻势和其他同业品牌的竞争下，清扬依旧稳居洗发护发系列零售额 TOP10。

在这个案例当中，清扬正是以前期市场调研为着手点，提取出属于自己的品牌基因，并和同业品牌实现差异化，给消费者留下了独特的印象，走出了独属于自己的市场道路。

16.2　识别品牌理念：使命、思想、准则

根据市场调研情况提取出独特的品牌基因后，就要从观念层面上来对品牌进行建设，即构建品牌理念。品牌理念的构建是为了吸引客户，建立起他们对品牌忠诚度，并为品牌抢占优势市场创造条件。品牌理念包括三个部分，品牌使命、经营思想和行为准则，对品牌形象的建立具有导向作用。

品牌使命是指品牌乃至企业所应承担的社会责任和其发展过程中应该完成的任务。品牌使命是品牌形象在客户面前最为直接的反映，是一个品牌未来发展的基本指导思想，也为企业未来的发展指明了道路。

经营思想是指经营者为品牌所搭建的发展框架，是较为具象化的发展纲领，形象具体地描述了企业及品牌未来的发展道路。经营思想直接决定着品牌对外所展现出来的姿态，同时也影响着客户对品牌所产生的印象。

行为准则是指对企业员工进行约束的具体规则，是根据企业的发展方向、经营思想所制定的落到实处的处事方式，在企业内部具有强制性的特点，企业员工必须遵守和执行这些规则。

在建设品牌理念的道路上，最为坚定的践行者当属华为。根据国际数

据公司 IDC 发布的最新报告显示，2018 年中国智能手机市场华为以 1.05 亿台、26.4% 的市场份额夺冠，其中市场份额领先了第二名将近 7 个百分点，而且在宏观经济增速下行、消费者换机周期拉长、碎片化智能终端分流等因素协同影响下，出货量依旧同比增长 15.5%。华为能够达到如此好的业绩，与其一直坚持技术创新和品牌理念建设"两把抓"的战略方针密不可分。

华为一直以来坚持的品牌使命是构建优秀的可持续发展管理体系，坚持道德和合规经营，持续加强利益相关方的沟通，促进和谐商业生态环境，确保公司可持续发展，回报客户和社会。这一品牌使命使华为在消费者面前展现了良好的形象，为建立忠诚的客户群和打开市场创造了先决条件。

经营理念方面，华为提出了四大发展战略，即消除数字鸿沟、保障网络安全稳定运行、推进绿色环保、和谐健康生态。华为所遵循的经营理念与时代相契合，所展现出的姿态也非常积极向上，为进一步开拓和占领市场打下了基础。

行为准则上，华为一直坚持聚焦在主航道，抵制一切诱惑；坚持不走捷径，拒绝机会主义，踏踏实实，长期投入，厚积薄发；坚持以客户为中心，以奋斗者为本，长期艰苦奋斗，坚持自我批判。同时在企业奉行"狼性文化"，包含有学习、创新、获益、团结几个方面。这些行为准则让华为成为一个与时俱进的"奔跑者"，这为华为持续成为行业领头羊提供了保障。

从华为的案例可知，品牌理念是保证企业正常运行并实现长足发展的重要因素，任何企业想要成为行业领头羊，都必须建设属于自己且与时俱进的品牌理念。

16.3　明确品牌定位：建立区隔，实现差异化

企业在完成品牌基因的提取和品牌理念的建设之后，接下来就是要准备将商品投入市场，但在正式投放之前还有一项非常重要的工作要做，那就是明确自己的品牌定位。

品牌定位是指在市场上树立一个明确的、区别于同业商品、满足客户需求的形象，目的是在市场上给所有潜在客户心中留下深刻的印象，继而快速抢占市场。

"定位理论"指的是定位要从一类商品、一项服务甚至是一个人开始，预期客户要做的事。

"定位理论"的核心就是要把品牌深深刻印在所有潜在客户的头脑中，以确保品牌在他们在心中占据了一个有价值的位置。明确品牌定位这一过程中，最重要的就是展现品牌的差异特性和特殊价值，这决定了企业是否可以在和同业对手的竞争中脱颖而出。

苹果公司正是将明确商品定位做到了极致，才取得了如今的巨大成功。乔布斯曾明确地提出："苹果电脑是个人电脑，而不是办公电脑，世界上不需要再多一家戴尔或康柏"。

根据这一定位方向，苹果公司迅速推出了面对普通消费者的移动电脑和台式电脑。更重要的是苹果打造的不是大众化产品，而是专属于个人的个性化产品，主要针对的是那些追寻自己的梦想、特立独行的"数字发烧友"，这一做法让苹果公司收获大量"果粉"并迅速占领市场。

除电脑领域外，苹果公司将智能手机领域作为争夺市场的主战场。现如今，网络向移动端倾斜已是大势所趋，越来越多的人喜欢用手机上网而非传统的电脑，面对这一现状，苹果公司果断地加强了智能手机市场的开拓。而 iPhone 系列手机也成为现今全球最受欢迎的手机系列之一，每一次 iPhone 的新品发布会都能为全世界的消费者带来惊喜。

iPhone 系列的成功很大程度上是因为它拥有独属于自己的 iOS 系统，这一系统使 iPhone 系列手机区别于现在市面上常见 Android 操作系统手机。

iPhone 因为 iOS 系统而拥有的优势有四个方面：一是软硬件整合度高，很少出现死机的情况；二是界面美观，操作简单；三是私密性强、安全度高，苹果公司对 iOS 系统采取了全封闭的做法，并配以非常严格和完善的安全保障功能，私密信息几乎没有被窃取的可能性；四是 iOS 平台拥有数量庞大的 App 和第三方开发者，每一个种类的 App 都有上千款，并且其中的优质应用比例很高。

正是由于 iOS 系统的良好使用体验，苹果公司得以为 iPhone 系列明确了一个独特的品牌定位，建立起了属于自己的"苹果王国"。

在上述苹果的案例中可知，明确品牌定位是品牌可以被广泛传播的基础所在，出色的品牌定位可以让企业迅速在市场中立足并抢占大量市场份额。反之，若没有正确的品牌定位作为保障，再出色的商品也会被市场的大潮所淹没。

16.4　客户情景测试：验证品牌形象真伪

在完成了以上的三项工作之后，一个品牌的形象就基本搭建完成。但想要完全在市场中立足以及持续发展这些还远远不够，因为客户只是看到或是听说了品牌，但对于品牌还没有一个全面、立体的认知。接下来就要让他们进入客户情景测试，亲身感受商品特性，以验证品牌形象的真伪。

随着互联网科技和智能手机的发展，网上购物已经变得越来越成熟，消费者不必东奔西跑便可以买到自己想要的商品。与之对应的便是席卷世界各地的零售业实体店关店潮，以美国为例，2017 年就有约 6 400 家实体店被关闭，而且在未来 5 年，预计将有 20%~25% 的商场将会被关闭。

由于电商行业的冲击，实体店的消亡已成趋势，但这一趋势之下又衍生出了另外一个问题，那就是随着实体店的减少，消费者越来越难亲身接触到商品，只能通过视频、图片和文字来了解商品。尤其是对于一些价格较高、品牌形象较为独特的商品来说，消费者在没有亲身接触到的情况下不敢贸然购买。所以进行客户情景测试，让客户亲身测试商品质量和感受品牌服务就显得尤为重要。

在这一方面，苹果公司可以说是最有远见的公司，20 年前苹果公司就推出了线下体验店，增进客户与品牌之间的关系。苹果公司的品牌定位和品牌形象与竞争者相比较为独特，这也就意味着苹果公司要花更多的精力让客户感受到苹果品牌的优质服务，而苹果现在的成功和线下体验店的推出是密不可分的。

对于苹果公司的成功原因分析有很多，但大部分人可能都会忽略苹果公司线下体验店的作用，其实这是在打造品牌的软实力，将品牌形象不断渗透到客户心中。苹果公司线下店不同于传统的零售实体店，店内没有封闭式的橱窗，取而代之的是开放式的长桌，上面摆着苹果旗下各种型号的商品，任由客户试用。

这一措施明显让客户更加认可苹果公司的品牌形象，愿意掏钱去购买苹果公司的商品。苹果公司每次开完新品发布会之后，体验店门口都会排起长队，因为客户在这里能够享受到优质的服务和消费体验。这种体验包含有店面设计、免费使用以及服务讲解，时时刻刻都在传递着苹果公司的企业文化，也让客户对苹果公司品牌产生了高度的认同。而在苹果公司体验店里，销售人员的任务不再只是单纯地销售，更多的是让客户享受他们从未体验过的功能和服务。

从苹果公司的这一案例中可知，建立客户情景测试、让其验证品牌形象真伪是非常重要的，因为这可以极大地提升客户对品牌的认同感和忠诚度。但这一做法也应根据品牌实际情况而制定具体的实施方案，像苹果作为创新性很强的品牌，客户体验就极其重要，但若是市面上的大众化商品在推出线下体验的时候效果就不是很明显。这方面还需要企业依据实际，量力而行。

16.5 加深感官记忆：突出宣传语、视觉锤

当一个品牌已经进入市场并且得到了大批客户在商品品质和品牌形象上高度认同的时候，接下来企业要做的就是迅速将品牌传播到整个市场，

让原有的客户群加深记忆并开发潜在客户。要做到这些，一条出众且易记的广告是十分重要的。

一条优秀的广告既可以提升品牌形象，又可以在潜移默化中让客户深刻记住品牌。因为好的广告可以引发客户的共鸣，带动他们的心理感受，继而加深他们的感官记忆。

但现在很多品牌的广告都是在玩文字游戏，将创新理解为搞怪，挖空心思去创造一些奇怪的词句，结果导致本身逻辑不通、语意含混不清，无法展现品牌形象不说，还会让消费者感到反感，极大地阻碍了品牌的正面推广。真正优秀的广告要做到简洁、流畅、易懂、易记、真诚、个性，最关键的是要能够突出宣传语并且利用视觉刺激，多元、立体地让消费者深刻记住品牌。

在突出宣传语这一方面，脑白金无疑做到了一个空前的高度。对于很多 70 后和 80 后来说，如果让他们说出一句记忆深刻的广告语，相信很多人都会说出那句"今年过年不收礼，收礼只收脑白金"，这句广告语曾经席卷全国，影响了至少一代人。而在脑白金的广告刚刚出现的时候，业内人士纷纷对其批判和抵制，认为其太过"低俗"。但事实证明脑白金的广告是成功的，因为它简洁、易记而且非常突出，让消费者可以很容易地记住，并且直接影响了消费者的购买行为。

利用视觉锤将品牌钉进消费者内心做得最好的当属冰工厂冰棒，冰工厂的广告一直在更新，但不变的是它的核心理念——炎热的夏日，所有人都感觉到燥热难耐，这时拿出一根冰工厂，瞬间一股冷气扑面袭来，咬一口燥热立刻退去。由于视觉方面的巨大冲击力，几乎每一个看过冰工厂广告的人在看到商店里的冰工厂的时候都会打一个寒战，甚至是想到冰工厂的时候都会出现这样的反应。

雪碧的广告则是将这两种方式完美地融合在了一起，提起雪碧，相信所有人都能想起那句"透心凉，心飞扬"，而且也都能够想到炎热夏日中或是热辣火锅前饮下一口雪碧的畅爽。出色广告语和深刻的感官记忆让消费者牢牢地记住了雪碧这个品牌，雪碧现在也是在碳酸饮料中受欢迎程度仅低于可口可乐和百事可乐的品牌。

通过上述三个案例可知优秀的广告应该具备哪些特性，以及对品牌推广产生了哪些良好的影响。毫不夸张地说，广告对于品牌来说就是一把打开市场的利器，好的广告可以直刺消费者的记忆深处，对品牌形象的建立和推广有着非常积极的作用。

16.6　品牌形象传播：善于利用各种媒介

想要传播品牌形象，扩大品牌影响力，仅有出色广告创意也是不够的，还需要善于利用各种媒介，将广告进行高效地投放，增加品牌曝光量，最大程度上地将品牌推广到市场的每一个角落。

媒介的形式多种多样，从最早的走街串巷的吆喝，到后来的报纸、广播、电视、网络，各种电视剧、电影、综艺节目中都是可以用于传播的媒介，现如今新媒体的出现也为媒介增添了多种形式，各种社交平台如微博、微信、QQ 以及时下最火的小视频等。

一个品牌的推广能否成功很大程度上取决于曝光量的多少，曝光量的多少则由企业利用媒介的多少以及火热程度所决定。

很多企业在为品牌形象进行传播的时候出现的问题有两个方面，一是没有利用多种媒介相结合，不能立体地将自己品牌推广出去，总是出现"瘸腿"的情况，这会使品牌的传播渠道过于单一，难以覆盖到市场的每一个角落，从而失去大量潜在客户；二是对媒介的火热程度不够了解，不能够与时俱进，表现为对媒介的利用比例不合理，传播过程事倍功半，投入很大但是收效甚微。

前面提到过清扬的案例，讲的是清扬通过市场调研打开国内市场，但清扬能够如此迅速地抢占市场从诸多宝洁系商品中分得一杯羹，除了出色的市场调研能力外，全方位、立体地利用各种媒介进行品牌传播也是极其重要的一步。

清扬除了请到小 S、C 罗等大牌明星进行代言之外，还投资了多部电视剧，使自己的品牌深入到更多消费人群心中。首先是当时湖南卫视的热播剧《丑女无敌》第二季，利用这一巧妙的植入营销，清扬引领起了黑色情人节风潮，继而成为当时最火的品牌之一。

通过《丑女无敌》进行的品牌传播让清扬尝到了甜头，随后清扬又投资拍摄了《无懈可击之美女如云》和《无懈可击之高手如林》等电视剧。而且一改在《丑女无敌》中过硬植入的问题，将整个故事情节围绕品牌展开，情节架构合情合理，把品牌推广完全变成了剧情的一部分，让观众非常容易地接受，这也开创了品牌自制偶像剧的先河。由于几部电视剧的高收视率，清扬顺其自然地进入了消费者的生活。

现如今，由于新媒体的快速发展和广泛利用，可利用的媒介种类变得更多。各种社交平台早已成为品牌传播非常重要的渠道，再加上近些年来兴起的各种直播以及小视频，只要运用得当，品牌形象可以迅速深入人心，在抢占市场的过程中可以达到事半功倍的效果。

16.7　完成收尾总结：形成品牌形象分析表

在完成上述六个步骤之后，要进行的就是将品牌推入市场的最后一步，即完成收尾总结——制作并填写品牌形象分析表。

这一步在整个过程中是极为重要的，这是一个将前面的所作的所有工作进行总结的过程。形成品牌形象分析表之后，进行品牌形象展示的负责人可以在全局上对于自己的企业的品牌有一个非常透彻地了解，这不仅有利于进行即将要做的品牌推广工作，还为未来进行修正打下了良好的基础。

品牌形象分析表所包含的内容至少要有前面所做的六个步骤，包括品牌基因、品牌理念、品牌定位、客户情景测试模式、宣传语及广告方案、传播媒介，后续还应记录下推广效果以及提出相对应的改善方案，如表 16-1 所示。

表 16-1　品牌形象分析表

品牌名称		分析人	
品牌基因			
品牌理念			
品牌定位			
客户情景测试模式			
宣传语及广告方案			
传播媒介			
推广效果			
改善方案			

第 17 章

谈判与让步流程：从准备安排到回顾

谈判在销售过程中起着非常重要的作用，一个销售结果的好坏与销售人员在谈判中所运用的智慧有着直接的关系。销售是否能够达成？客户是否能通过谈判选择所销售的商品？销售谈判中究竟会有什么技巧？这需要销售人员明确谈判与让步流程。

17.1 做好谈判准备：客户资料＋进展程度

谈判准备是整个销售谈判过程取得满意结果的基础，客户资料的充分准备以及整个谈判过程进展的设计与把控又是谈判准备环节的重中之重。《孙子·谋攻》有云"知己知彼百战百胜"，说的就是在充分掌握对方情报的基础上，才能做好谋篇布局，以达到未雨绸缪的效果。这就需要企业拥有属于自己的 CRM 系统，即客户关系管理系统，它是科学地对客户信息收集、整理、分析、管控的系统，可以帮助企业在谈判准备工作时调取客户的数据信息，以将销售结果效益最大化。

销售人员从各方渠道搜集客户信息，包括公司已有的客户联系方式、转介绍、电销、网销等留下的客户记录等，编制与整理当前所掌握的客户信息，录入至 CRM 系统，依照 MAN 原则进行客户类型的判断。MAN 原则是非常有效的客户分析模型，它能让销售人员在短时间内对所拥有的客户资料进行科学分析。MAN 原则为：

（1）Money（M)原则：客户现阶段的经济实力。

（2）Authority（A）原则：客户购买权的确定性。

（3）Need（N）原则：客户对商品的需求程度。

依照 MAN 原则进一步将客户划分为 ABC 等级，ABC 等级有顺序之分，其中 A 等级的客户是交易可能性最大的客户，他们是准客户群体，这样的客户应优先关注。B 等级的客户为可能性交易客户，他们次于 A 客户对此交易的欲望，转化成 A 客户需要一定时间。而 C 等级是最不可能产生交易又或是待定交易的客户。

从谈判进展程度出发，将客户划分为准客户、意向客户、待定客户。

这样，销售人员可针对各异类型采取不同的策略对症下药，转化 ABC 各类型客户。

当然，谈判的准备工作，不仅需要销售人员考虑到不同的客户类型，还需要销售人员换位思考，从客户的立场和角度出发，以了解影响对方决策的因素，这就需要更进一步考虑以下策略。

（1）选择适宜的时间、地点。

（2）破冰寒暄的措辞编制。

（3）确定谈判风格。

（4）可能性的问题与解答。

（5）先前谈判所产生的影响。

通过系统整合与分析客户资料，可能性问题与解答的提前准备，销售人员才可在谈判过程中做到游刃有余，心中有数。

17.2　科学合理造势：媒体再加第三方

广告营销是企业营销重要部分之一，它是企业通过广告商品进行宣传、美化与扩大商品知名度，从而达到客户购买目的的营销手段。它具有传播手段多样、表现形式丰富、价格弹性化等特点。以户外与媒体广告的两种主要宣传推广方式，扩大品牌知名度与影响力。

广告营销是从人性的角度出发，在消费心理学的基础上所采取的科学的营销策略。当今社会，更多的广告营销都巧妙地借助从众心理、明星效应、品牌效应等消费心理为自身造势。

小米是一家高新科技公司、手机研发公司、互联网企业，但很多人却不知道，小米也是一家成功的广告营销公司。在小米快速发展的背后，除了日新月异的创新技术赋能，更是有像小米应用商店这样的广告营销产的助力。

在互联网无处不在的今天，越来越多的互联网企业为推广自身的软件与品牌在小米应用商店里刷榜，以取得下载量上的成功，这正是消费心理学中从众心理的缩影。正是人们的从众心理才使得小米应用商店里氛围热闹起来，也使得众多互联网公司在小米应用商店这个大型网络媒体中输出着自身的品牌力量。以此模式不断吸金的小米，使企业资金快速积累，最终斩获了出货量全球排名第四，中国第二的佳绩。

吴亦凡、李易峰、杨幂、关晓彤等明星为手机、空调、游戏等各家企业商品推广增添了一把火，播放于视频、电视、商场等线上线下的明星广告使各家企业很快提高了订单量，同时还增加了粉丝黏性与品牌力。

除了明星等实体热点外，还有诸如旺仔、小猪佩奇等卡通形象受到人们追捧。如 2019 年年初，小猪佩奇视频广告在朋友圈一经投放，就引起巨大社会反响，为小猪佩奇电影的成功上映奠定了良好的粉丝基础，这促使大电影、动画、周边等一系列关于小猪佩奇的商品层出不穷，众多公司开始纷纷效仿其营销思路。

所以，合理科学的广告营销在媒体和第三方的作用下会让商品更出彩，更有说服力，商品的推广应注意以下几点，如图 17-1 所示。

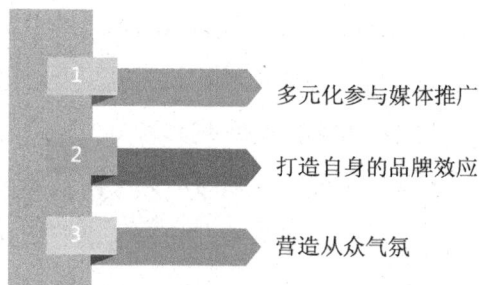

1　多元化参与媒体推广

2　打造自身的品牌效应

3　营造从众气氛

图 17-1　商品推广要点

1. 多元化参与媒体推广

无论是新媒体还是传统媒体，应尽量结合公司的经营状况以及营销目标，审时度势地在不同的平台对自身的商品进行宣传推广。鸡蛋不应放在同一个篮子里，应分投在不同媒体平台之中，通过一系列策划活动与宣传工作，营造自身的品牌效应。及时反馈与评估投放效果，如若效果不尽人意，应立即作出战略调整。

2.打造自身的品牌效应

几乎在各个角落都能见到可口可乐的身影，无论是实体宣传还是网络推广，它的策划无疑相当成功，也正是因为如此，其才能延续上百年，这样的品牌效应无疑是众多饮料公司营销的标杆。

3.营造从众气氛

销售人员应利用从众、明星效应等心理，努力把所持商品向客户营造出万众瞩目、受人追捧的形象。因此，销售人员可以演练语言技巧，如本商品经过多家媒体杂志报道，某微博大 V 用的就是我家的牌子，必要时，可以安排一些工作人员去排队购买商品，使客户产生一种商品热销的景象，从而吸引更多客户前来购买。

科学合理、实事求是地为自身商品造势，赶上广告营销时代的大潮，是当前每一个销售人员所需要思考的事情。

17.3　提出谈判要点：抓住主题，及时切入

在谈判场合中，总会有一个突出的主题以及重点，在销售谈判中也不例外，销售过程中，往往会有一个解开所有铁锁的钥匙，这把钥匙可以达成一个好的结果。而事实上，销售人员在做出商品介绍、议价、服务客户等语言技巧或行为时可能会慢慢脱离想要谈论的主题，不免会失去谈判成功的机遇。

解决这个问题的必要手段就在于提前的语言技巧的准备，在销售过程中应该要有结果导向思维。

"聚焦一个特质"的晕轮效应，在商品介绍时十分常见。它是指人们对某一事物的某种特征形成好的或坏的印象之后，还会根据这一印象对事物的其他方面特征进行判断。

在心理学中，它所代表的意义具有批判性特征，但是，在这里讲到的晕轮效应特指聚焦一个特质。

在营销过程中，商品往往会有一个介绍的核心点，即商品介绍的重点。例如在介绍小米手机时，核心的特点就在于它的性价比；在介绍 OPPO 手机时，介绍特点应更倾向于美颜；在介绍苹果手机时，特点又应该倾向于系统。

每个商品都会有这样那样的优点，而总会有一个核心的特质，商品的核心特质才是最吸引客户的。销售人员在进行商品介绍时，就需要善于发现商品的核心特质，为客户进行介绍，从而促成商品的销售。

17.4 找出双方分歧：瞄准调节点不放手

在销售过程中，销售人员与客户往往就很多问题，如价格、商品质量、售后等一系列问题发生分歧，有时甚至是价值观的不一致、言语动作不恰当等问题使双方产生抵触心理，从而导致谈判走向危险的境地。造成双方产生分歧的原因有很多，主要的原因一般有以下几点，如图 17-2 所示。

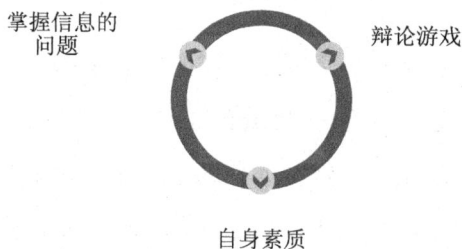

图 17-2 产生分歧的主要原因

1. 掌握信息的问题

如果销售人员在没有充分掌握到客户的数据资料时，就过早地表露销售意图，就会使客户感到难以适从，另一方面销售人员对于谈判的节奏把握不好，没有控制好整个谈判的进程，在一开始就将自身所掌握到的信息全部托盘而出，这会导致客户失去继续了解商品的兴趣。

2 辩论游戏

双方在谈判过程中难免会遇到尴尬或僵局的时候，一方为证明自身的观点正确与否会进行辩论甚至是争吵，当客户对商品不满意或是在一些问题上没有达成共识时，客户的抱怨就会不断地积攒，从而导致对商品、对销售人员、对公司的不满情绪。如果销售人员只是一味地夸赞商品或是嘲讽客户，对客户说出"这些都是小事，以后会解决的"之类的话，必然会导致谈判的失败。

3. 自身素质

销售人员需要强大的心理素质以及从业所应具备的耐心与毅力。在价值观或是一些与自己想法相悖的问题出现时，人的天性使然，情绪会变得紧张，思维发生混乱，从而会固守己见，强迫客户遵从自己提出的条件，没有思考转变的余地，这样会对谈判结果产生严重的消极影响。

针对以上问题，在谈判过程前应做好充足的准备，对于客户的信息掌握要做到系统全面，在谈判过程中应善于循循利诱，循序渐进地询问与引导客户的意见与想法，从而得出自己想要的情报。不仅如此，销售人员不应只站在自己的角度看待整个的谈判过程，还要站在客户的角度去思考问题。

2019 年 9 月，张和在一家家居装饰公司咨询客厅的装修费用问题。王刚是该公司的销售人员，他对张和客厅装修费用的报价是 20 000 元，张和当即购买。

一年后，张和的客厅墙壁出现裂纹，找到公司要求赔偿，并且日后这家居装饰公司的服务也没有让张和感到满意，从而产生了抵触情绪和分歧心理。王刚了解情况后对张和讲："您客厅的情况我有所了解，装修的价格并不便宜，我们在装修时也用的是最好的材料，油漆的质量您也看到是最好的。您可以在周围问一下其他的家居公司，如果有一家的报价是低于我们家的，我可以为您全额退款。"

经王刚这么一解释，张和的心里舒服多了，并当即购买了新房子的全部装修服务。

客户会有诸多对商品的要求与期许，销售人员在倾听与思考的同时，仍要做出积极的引导和相应策略的转变，抓住谈判的余地，才能将劣势翻盘。

17.5　设置让步尺度：别让客户过线

退让策略是针对一些非常有主见的客户所使用的一种报价方法，这类客户通常会要求销售人员做出一定的退让，让出价格或提出优惠才会和销售人员签单。销售人员在使用退让策略时，要讲究一定的方法，如让步幅度递减等，促使商品的销售过程更加顺利。

奥斯登（Austen）是德国的一家商品零售公司，其所销售的商品都非常畅销。分析其销售业绩长红的原因，就是使用了报价方法中的退让策略。

例如，奥斯登在上市一款内衣外穿的时装时，由于这种时装非常有特色，让客户非常好奇，所以可以算是抢占了商品发售的先机，商场在定价时，就将其定的十分昂贵，但是物以稀为贵，这种商品很快被人们抢购一空。

过了一段时间，德国的其他商场发现了里面蕴藏的商机，也都相继推出这种款式的时装。这时，奥斯登商场做了一个惊人的决定，将时装的价格调得非常低，大大低于其他商场的价格，所以，奥斯登商场的商品又很快被卖得一件不剩。

又过了几个月，这种内衣时装已经在市场上很常见，人们对它的关注度下降，购买欲望不再强烈。奥斯登在这时又将商品以"成本价"出售，将其价格定的比普通内衣还要低很多，可想而知，商品的销售又掀起一阵热潮。

从上面商场中的销售经验来看，其价格调整是非常重要的，价格调整得好，就能够让商品在各个时间、地点都非常畅销。

所以，在销售过程中，销售人员要将商品的价格把握到位，对影响价格的因素，如市场竞争因素、季节变化、客户喜好等进行深度的分析和研究。以便对商品的价格进行适当适时的调整，确定商品在销售过程中抢占先机。

那么，销售人员在使用退让策略时，应该遵循哪些原则？主要包括以下几点，如图 17-3 所示。

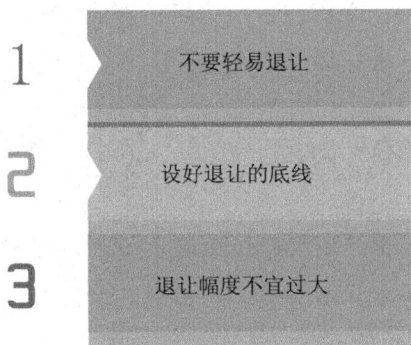

图 17-3　使用退让策略时应该遵循的原则

1. 不要轻易退让

销售人员在使用退让策略时，不要表现出特别随意的让步，这样会让客户产生一种商品的报价有很多水分的感觉，客户一旦有了这种想法，就会想要进一步压低商品的价格，让销售人员作出一次又一次的退让，将价格一压再压，这样就会大大影响销售人员在价格博弈中的战斗力，甚至可能导致交易失败。

2. 设好退让的底线

退让策略的核心是通过一定程度上压低价格来实现交易的达成，其最终目的是销售商品、获得利益，所以，销售人员在采用退让策略时一定要设好退让的底线，不能让订单获得的利益太少，这样就违背了销售的最终目的。

因而销售人员在实际使用这一策略时，就需要明确商品的成本价格和商品的最低报价，这样才能让自己在价格博弈中张弛有度。

3.退让幅度不宜过大

价格退让过程中，销售人员不要想着一次性退让就能让商品成交，如果销售人员这样想，就会使自己在商品的价格博弈中处于被动的地位，自己一下子把价格底线说出去了，但是客户不一定会相信你。

所以，销售人员使用退让策略时，应该使用"让步幅度递减"的方法，把握好时机的情况下，逐步向客户让步，即让客户看到自己谈判效果，有能够把握住自己的价格底线。

17.6 谈判施压策略：时间、信息、态度、底线

对于销售人员来说，谈判施压策略主要表现在时间施压、信息施压、态度施压、底线施压这4个方面，合理利用这4项施压手段，才可得到更好的谈判效果。

1.时间施压

在沟通谈判中，销售人员与客户双方为沟通谈判所做的80%的让步，都是在剩下的20%的沟通谈判时间里实现的。在沟通谈判初期，双方很少会做出一些让步，如果其中一方提出了过多地要求，对方绝不可能对此妥协。而到了沟通谈判要结束前20%的时间内，如果其中一方提出了一些要求，对方很可能会让步。

聪明的销售人员往往会利用时间向客户施压，他们在沟通谈判的最后一刻才同意客户提出的那些条件，然而本来那些条件他们可以在沟通谈判一开始就点头的。

2.信息施压

信息施压也是销售人员在与客户进行谈判时的有效手段。

首先销售人员要事先对客户的信息做尽可能全面的搜集，对客户的需求及关注点要做到心中有数。比如客户对价格十分敏感，销售人员可向其

介绍目前的优惠活动，并且要强调活动马上要结束了，通过这种优惠信息的施压，可以很好地激发客户的购买欲望，最终达成交易。

3.态度施压

在所有的沟通谈判施压策略中，最强有力的一条方式是态度施压，如果应用得好，可使客户立即达成交易。

在销售人员在进行态度施压前，一定要先通过客户信息和客户的行为表现来分析其对商品的购买欲望，客户的购买欲望越强烈，销售人员使用态度施压的方式就越容易成功。

例如，在面对十分有购买欲望又犹豫不决的客户的时候，销售人员可以选择不接受客户提出的更优惠的要求，表明自己的态度，这样可有效地促进客户快速下单。

在态度施压的过程中，销售人员要注意把握表明态度的时机，在客户表现出来购买意愿最强烈时，使用态度施压的效果最好，如果谈判时间拖得过长，或在谈判开始时销售人员就采取态度施压法，就很可能会降低客户的消费体验而导致交易失败。

4.底线施压

在沟通谈判时，亮出底线是一种强而有力的沟通谈判方式。

例如，当销售人员确定了客户有较强的购买欲望，但又犹豫不决时，可亮出自己的价格底线，告诉客户现在已经是最优惠的条件了，自己不可能再降低价格了等，亮底线的方式明确表明了销售人员的立场，也让客户对更优惠价格的谈判死心，明白这是销售人员的最大让步，出于自己的购买意愿，客户也会结束谈判立即下单，从而加快了交易的进程。

同时需要注意，底线施压的策略一般适用在谈判的后期，这时销售人员与客户在商品的选择等多方面都已达成了共识，成交的概率也十分大，客户没有下单的原因也只是优惠力度等某一方面未谈妥，而销售人员亮出底线，客户自然也确定了优惠条件和价格等，只得下单。

17.7　巧妙制造问题，快速突围

在销售人员与客户的谈判过程中，巧妙制造问题，快速突围是十分有效的谈判技巧，其中包括以下 3 个方面，如图 17-4 所示。

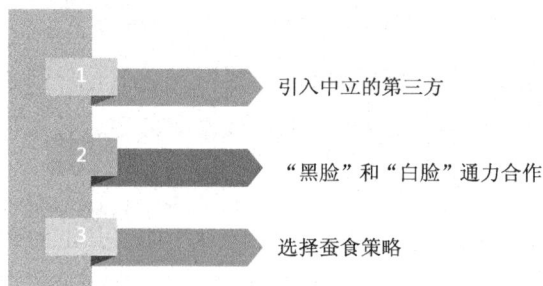

图 17-4　制造问题、突出重围的技巧

1. 引入中立的第三方

当沟通谈判陷入僵局时，如果情况进一步恶化，很可能进入死胡同，导致销售人员与客户双方都对沟通谈判丧失信心，认为没有继续谈下去的意义了。尽管这种情况并不常见，但是如果一旦遇到了，解决的唯一方法是引入中立的第三方。

所谓中立的第三方，是指相对于竞争双方而言，其身份相对不涉及其中的利益，沟通谈判双方都认为其能够担任调解人或仲裁者的角色，而对于最终的判决结果无异议。不过，其实调解人和仲裁者之间有着明显的区别。

为了得到沟通谈判双方的认可，请谁来担任第三方也很有讲究。如果销售人员只是很随意地拉来自己的销售经理评判，那么客户会承认销售经理的作用吗？基本上是不可能的。因此，如果想真正让第三方发挥调解人或仲裁者的作用，销售人员必须保证这个人的中立性质，至少，要让客户感觉公平公正。

还是用刚刚的例子，如果销售人员找来经理评判，即使经理已经事先知道了事情的来龙去脉，还是要在一开始就表明自己不知情，"我不清楚到底发生了什么事，你们可以把情况说明一下吗？"销售经理要求双方阐明各自的立场，以此表明自己完全中立、毫无偏袒之心。在说话时，经理还应该避免使用"我们"这类字眼。

在仔细听完双方的叙述后，销售经理应该对销售人员说："你这样做公平吗？我觉得你应该仔细考虑一些客户的建议，你能接受两个月的账期吗？"这并不是代表销售经理吃里爬外，他只能通过这种说法表明自己的中立。

2."黑脸"和"白脸"通力合作

例如，一家汽车经销商的销售人员和客户进行谈判时，提出了 30 万元的销售价格，在客户讲价的环节也不肯让步，而当客户打算就此离开时，销售人员可以说："今天破例带你问一下店长吧。"然后把客户带到店长处。

店长热情地接待了客户，满口答应："好吧，今天我们就以 28 万元卖给你。"与冷淡的销售人员相比，店长的和气会让客户更加相信 28 万元的价格非常合理了，从而有效地达成交易。

"黑脸"和"白脸"策略是有效的谈判销售技巧之一，在使用"黑脸"和"白脸"策略时，需要有两名谈判者，即销售人员，其基本运作模式如下。

（1）"黑脸"出场，表现强硬；

（2）"白脸"出场，气氛缓和；

（3）以"黑脸"出场相威胁或"黑脸"出场；

（4）迫使客户达成交易。

第一位出场的销售人员就是"黑脸"，他的责任就是使客户产生"这个销售人员不好谈条件"的感受。第二位销售人员就是"白脸"，扮演"和平天使"的角色，为客户提供更贴心的服务、更优惠的价格，通过两名销售人员的对比，可使客户得到更好的消费体验，从而达成交易。

而在一些大宗的销售谈判场景中，"黑脸"和"白脸"可交替出现，直至达成交易。

3.选择蚕食策略

蚕食策略的作用在于即使销售人员与客户双方已经就所有问题达成了共识，销售人员仍然可以获得一些额外利益。如果客户一问价，销售人员便狮子大张口，不仅达不成交易，还会吓跑客户。

蚕食策略通常的做法是，首先让客户产生一种确认心理，"是的，我会买一台电视机，而且一定要在这里买。"销售人员首先会满足客户提出的所有要求，什么型号，哪种功能等，同时重点讲出商品的各种优点，让客户对商品产生深深的认同感，刺激客户的购买欲望。

在客户明确表示出对商品的购买欲望时，销售人员可以适当增加一些购买条件，而客户由于对商品的满意度很高，所以达成交易的概率也很大。

蚕食策略的关键在于，开始沟通谈判之后，销售人员可以逐渐增加一些微不足道的条件，以达到自己的目的。

17.8　回顾整个流程：谈判与让步流程记录表

在前面，销售人员的心理素质的培养、沟通技巧的磨炼、结构化思维的学习在整个谈判与让步的流程中得到了实际的应用，而无论最终的谈判结果如何，销售人员都需要做好对整个流程的回顾与反思，做好谈判与让步流程记录表。

谈判与让步流程记录表是销售人员在谈判过程中根据谈判过程的反馈所作的记录表，它包含了谈判的时间、谈判的地点、谈判的主要对象、谈判的内容以及谈判过程中让步次数和自身表现的优劣评价等。通过谈判与让步流程记录表质化和量化，销售人员可直观地看到此次谈判的整个过程，使反思的可操作性大大增强，如表 17–1 所示。

表 17-1　谈判与让步流程记录表

编号：	日期：　　年　月　日	
销售人员：	谈判时间：	谈判地点：
谈判对象：	谈判对象联系方式：	
谈判目的：		
谈判内容：		
让步记录：		
谈判技巧运用与客户反馈：		
自我评价：		

　　销售人员需要按照表格填写谈判信息，销售人员处填写姓名；谈判时间处填写此次谈判的具体的开始与结束时间；谈判地点处填写谈判所在的具体位置；谈判对象处填写客户姓名或是尊称；联系方式填写客户的联系电话。

　　谈判目的处填写此次谈判的主要目的是什么；谈判内容中记录主要的谈判对话内容（需注意的是此项的整理需要在谈判过程中记录笔记）；让步记录处填写让步的次数、原因、以及应对的措施；谈判技巧运用与客户反馈处填写此次谈判过程中运用到的谈判技巧；根据客户的反馈确定什么技巧有助于促使谈判进行，什么技巧没有帮助；自我评价处填写自己对此次谈判表现的总结。

　　作为企业的一线战斗人员，销售人员几百次甚至上千次的谈判过程中总会总结出自己对于销售的一些经验，这些经验是最适合自己的，它能够对销售人员谈判能力的提升大有裨益。所以销售人员不仅在输出时可以"三十六计""八仙过海各显神通"，同时也要做好输入的工作，及时的反馈工作，总结好谈判过程带来的得与失，以便于为下次的谈判做准备，不断提高自身的业务能力与素质，成为一名优秀的销售人员。

第 18 章

合同签署流程：思考周全，慎之又慎

到了合同的签署环节，标志着前期的销售工作接近了尾声。恰恰是此环节，许多销售人员神经放松下来，在合同的起草或是审核上出现了纰漏，最终导致交易失败，让人惋惜。

那么，在面对销售合同时，销售人员需要注意什么问题？从起草合同到正式签署究竟要经历哪几步环节？什么样的合同才算是具有法律效力，受法律保护？

18.1 起草销售合同：参照多个销售合同模板

销售合同是销售人员与客户双方签订、变更、终止的民事权利义务关系的协议，双方根据《中华人民共和国合同法》（以下简称《合同法》）、《中华人民共和国民法通则》（以下简称《民法通则》）协商签订协议，只有依法签订的销售合同才算有效，遵循诚实信用、双方平等、公平等原则，自成立日起就具有了法律约束力。

销售合同签订的程序包括邀约和承诺两个阶段。其中邀约指的是当事人一方向另一方提出签订销售合同的要求，提出邀约的一方称为邀约人（一般为销售人员），另一方称为受约人（一般为客户）。

在邀约过程中，邀约人向受约人提出签订合同或协议意向并明确合同所要签订的主要条款以及要求对方做出回复期限等。邀约人在自己规定的期限内邀约受到法律的保护，若对方接受，则有义务签订合同或协议。

承诺阶段在销售合同整个过程中起着决定性作用，进入到承诺过程中，这表示受约对于邀约的同意和接受。邀约经承诺后，则表明双方是自愿同意协议中的主要条款。承诺须在邀约规定的期限内做出，否则逾期无效。

承诺阶段所签署的内容必须与邀约阶段完全一致，承诺也必须是完全无条件接受邀约的全部条款，如若受约人对邀约的条款进行变更或附加条款接受的或只同意部分条款的，则视为对邀约的拒绝，此协议将无效。如若受约人向邀约人继续提出新的邀约，则称为反邀约。

在现实生活中，销售合同或协议要经过邀约，反邀约，再反邀约的重复，直到承诺阶段的过程。销售合同最终究竟是否成立或具有法律效力，要看是否经过邀约与承诺两个阶段。

如果说承诺阶段是签订销售合同阶段的关键，那么主要条款又是整个销售合同内容的关键。主要条款规定了签订合同双方的权利与义务，是双方履行合同的主要依据，它决定了合同是否真正具有法律效力。其中主要条款包括以下 5 点，如图 18-1 所示。

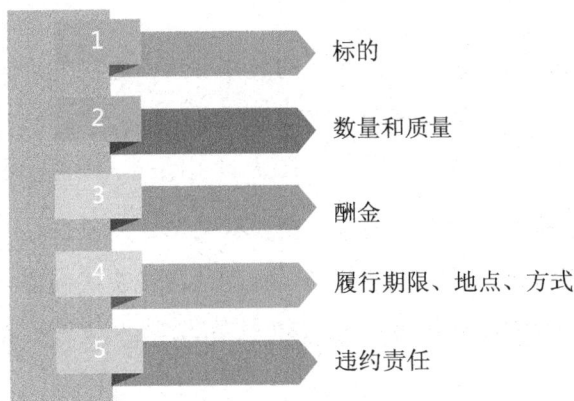

图 18-1　销售合同条款

1.标的

标的是当事人双方权利与义务共同的指向对象，是订立销售合同的目的和前提。在销售合同中，标的一般为商品或劳务。

2.数量和质量

是指确定销售合同标的的数量和质量，它们是确定销售合同标的特征的决定性影响条件，也是衡量销售合同履行程度的关键。

3.酬金

酬金是取得合同标的的一方向另一方支付货币数量表示的代价，在合同中，销售人员应明确酬金数额，并严格按照规定讲清计算标准与结算方式等。

4.履行期限、地点、方式

履行期限是当事人双方履行合同权利义务的时间，它是确认销售合同是否按时履行或延期履行的时间标准，双方当事人在签订合同时，必须明确规定具体地履行期限，如按年、季度或月、日履行的起止期限，而禁止用含糊不清的措辞。

履行地点是一方当事人履行义务，另一方当事人接受义务的地方，直接关系到履行的费用和履行期限。确定时应冠以省、市名称，避免因重名而发生履行错误。

履行方式是指合同当事人履行义务的具体方法由合同的内容和性质来决定。如交付商品，是一次履行还是分期分批履行，是提货还是代办托运等。

5. 违约责任

违约责任是指销售合同当事人违反销售合同约定的条款时应承担的法律责任。此外，销售合同的内容还包括：根据法律规定或销售合同性质必须具备的条款，以及当事人一方要求必须规定的条款，这些也是销售合同的主要条款。

销售合同的种类繁多，各行各业的合同内容也不尽相同，在起草销售合同时，应参考多类型销售合同进行编写，在固有的法律规定和主要条款的主框架不变以外，其他内容可根据各行各业的具体情况进行灵活编写。

18.2　召开谈判会议：把问题放到明面上解决

签署销售合同流程中，客户对商品的要求并非受到销售一方所制，相反在现实操作中，销售人员所起草的销售合同会按客户的要求进行更改。当客户对商品要求发生变化，以及对于销售合同中某些条款的存在异议时，就需要停止当前的销售合同，召开谈判会议与客户进行新的合同商定。

在谈判过程中会出现各种问题，如标的的规格、数量、价格、付款的方式等一系列问题，此时，之前的销售合同就不能再继续支持交易的进行，因此双方都需要及时地与对方进行沟通与联系，重新组织销售谈判会议，将各自的问题讲清楚、说明白。

罗真是某玩具厂家的销售人员，在一次销售谈判中，他与玩具公司采购员孙洪印起草了销售合同，2 天后，孙洪印所属公司人员经过会议商讨，决定将采购的商品数量增加为之前的 3 倍，需要重新起草合同。罗真在知晓消息后与孙洪印进行了新一轮的谈判会议，孙洪印一方说明了商品的数量与规格的特殊要求问题，并要求罗真一方在价格问题上进行让步。罗真迅速与销售部门经理、生产部门经理等人进行商议，决定与客户孙洪印所在的公司起草一份新的销售合同，交易得以顺利进行。

面对销售合同以及销售过程中出现的诸多问题，销售人员需要遵循一定的原则，如图 18-2 所示。

图 18-2　签署销售合同遵循原则

1. 保密性原则

在谈判过程中，需要尊重双方的利益，所做的谈判记录与内容不能泄露给第三方，切忌进行信息情报泄露，严重者将受到法律的严惩。

2. 及时性原则

谈判的内容或销售合同存在异议时，双方都应立即向对方进行反馈，不能拖延甚至是有意隐瞒。尤其是销售人员在面对客户对商品的特殊要求时，有问题最好在谈判桌上讲清楚，所达成的协议也应在规定期限内执行。

3.自我立场原则

谈判过程中，销售人员应该坚持自身的立场，不能被客户的讨价还价、套近乎等行为所影响，不能作出影响公司利益的承诺。

4.灵活变通原则

客户会在谈判桌中向销售人员提出各样的难题，这需要就具体问题具体分析，有些问题在不影响自身原则与公司利益下，可以进行适当的灵活变通，如价格问题，不能死守自身的观念，有问题应与公司进行商讨。

谈判会议不仅是销售人员与客户之间的博弈，也是双方所代表的背后两方企业之间的博弈。所以这就需要双方与各自所在的企业进行会议商讨，在交互中提出问题与解决方案，最终达到一致性的效果。

18.3　验证有关条款：将重点放在财务方面

各个岗位针对销售合同理解的角度不尽相同，生产人员会把视角放在商品的规格上，财务人员会将视角放在财务方面上，同时作为公司的业务部门当中的销售人员，与财务紧密相连。销售人员在面对销售条款的问题时，也应该将视角重点放在财务上。

如果将企业比做是人，那么销售人员就是人的嘴巴，只有靠销售的进食，才能让人得以存活下去。从资金流向来说，资金只会经销售之手与财务部门进行对接，可见销售与财务关系的紧密之处。所以销售人员在检查销售合同条款时应主要关注以下几点。

（1）合同的签署是否符合公司相关的规章制度并且是否符合《合同法》《民法通则》等国家相关法律。

（2）关注以商品价格为中心相关问题，审核收款方式、时间、地点是否与公司要求相一致，如合同上不写单价、不写币种、不写清交货方式、不写结算方式和期限或漏写任何一个以达到延期付款的目的的问题都会导致纠纷问题。这就需要注意审查细节、结算方式、期限等问题。建议要求客户支付一定的预付款或定金（一般不超过总金额的 20%）或待到收到全款后才进行商品的交接。

（3）对客户信用进行评估，调查客户是否具有信用风险，如若有诚信风险记录，应考虑是否继续签订合同。

（4）验证能否在合同签订期间进行税收筹划。注意销售合同商品单价填写一栏的填写，防止偷税漏税，在税收问题方面上应保证合法合规。

（5）审核发票开具的时间、类型，发票最好在收款后再开具，因为若客户已拿到发票却说已付过款，而销售人员或财务人员却没有证据证明未收到款，就会出现问题。如果先开发票，一定要做好相关预防。

（6）违约责任的约定上，销售方需要明确延期付款的违约责任，根据自身的供货能力控制好客户货款的支付情况，若出现延迟支付、差额支付等问题时应视情况追究其责任。必要时可设置违约金条款，数额应适中。

综上所述，销售人员在验证财务相关条款时应要关注到合同签署流程是否合规合法、资金是否存在风险问题以及税务相关的风险等问题。在此基础上，还需要注意标的的相关承诺，降低执行合同的风险。

18.4　审核销售合同：真实性、风险分析

审核销售合同是合同签署流程中非常重要的一环。其中审核的主要内容有：商品名称、型号规格数据、商品价格、结算方式、交货数量、交货日期、合同附件、客户特殊要求以及是否符合法律规定等。

合同审核的方法随签署合同的类型的不同而不同，口头或来电订单应由销售人员填写客户订购商品记录，明确商品所需的各项规格与要求，作为审核依据；对于一般合同，即由销售人员与客户直接签订的合同，按照正常的审核内容要求进行审核，在满足客户要求的前提下，将审核结果收录到销售合同评审记录中。

而对于特殊合同，即国外或是一些重大的合同，在审核过程中需要销

售人员或部门经理以及相关负责人开会，对客户的特殊要求进行商讨，最后在合同审核同意后由现场参会人员共同签字，并将审核结果收录到销售合同评审记录之中。

在审核合同时，应注意以下 4 项内容。

1. 合同标的物的确定

使用国家标准的计量单位与专业名称，将所售商品（即合同标的物）固定化和确定化，包括商品的名称以及规格。

2. 标的物风险的承担

标的物在商品交付与运输过程都会存在着一定的风险，所以在法律规定的情况下，如若在交付于客户之前受损则由销售公司承担，如若交付成功，则之后的风险应由客户承担。如若双方另有其他约定，则以所约定的条款为准。

3. 合同审核的时间

在客户对商品意向达成或草案签署之后，正式签订合同之前这一时间段，需要对草案合同的签署进行审核。

4. 合同的变更与修改

当客户在签署合同后又要求对有关条款或内容进行修改，就需要与客户签订合同补充协议，如若变更内容较多，则需要重新签订合同，并在此后重新进行评审。

无论是客户还是销售人员，都需要对销售合同主要条款进行审核，并且在一些重要的标的数据、款项、付款方式等一系列问题上都应着重关注，所需要关注的重点是此合同是否合法具有法律效力、受到法律保护。客户对商品提出的特殊要求需要销售人员评估其风险。

18.5　进行最终确认：义务、条款、责任

销售合同审核完成后，需要进行最终确认，明确双方义务与责任，明确合同中的各条款。

1.明确双方义务

合同的本质就是一份具有法律效力的协议，它是对当事人之间设立、变更、终止民事关系的规定，以及当事人之间的权利和义务的规定。没有人能预测到合作的过程中会出现什么问题，会发生什么样的纠纷。如果对此没有明确性的解决方案，势必会给合作双方带来很多麻烦。由此来看，在合同中明确合作双方的义务是必不可少的环节。

对于合作的双方来说，必定会涉及的问题就是利益问题，而这个问题又是最容易引起双方之间的冲突的问题。其实，有了冲突并不可怕，可怕的是没有有效地解决冲突的措施。当人们在面对利益的时候，都会极力维护自己的利益，这个时候，如果没有能够约束彼此的措施，就会很容易陷入冲突局面。

为了保证合作关系的顺利进行，也为了避免日后合作中发生的冲突不可调和，在制定合同的时候先要明确双方的义务。可能对于经验不足的销售人员来说，短时间内并不能想到合作过程中的所有会涉及的义务。这个时候，可以参考同行业内的其他人的意见或者咨询专业的法律顾问。

2.合作款项的条款要详细

合同的内容包括合同签署的主体、以及双方所约定的各项责任和义务。而后者通常是以条款的形式呈现出来，将每一种具体的情况列为一项条款。因此，也就要求条款的内容越详细越好。因为条款的内容越详细，遇到具体情况的时候也就更容易找到相对应的解决措施。只要是可能在合作过程中出现的问题、只要是双方能想到的问题，都可以以具体的条款展现出来。毕竟，防患于未然好过事后诸葛亮。

合同的内容应包括当事人的名称或地址、标的、数量、质量、价款、履行期限和方式、违约责任、解决争议的办法。根据合同所涉及的具体行业性质，可以有选择性地选用以上内容作为合同的主要条款。但是，不论合同的主要条款的内容如何，对其中的细节问题的要求都是越详细越好。

比如，甲方需要乙方开发一套系统，并与乙方签订了合作协议。协议中规定的是，乙方尽早完成系统开发工作越好。如果乙方提前完成的时间的越早，则甲方为乙方支付的劳动报酬也就越多。

显然，这就是一份非常模糊的合同条款。关于合同中的"尽早"没有一个明确的概念，也没有一个明确的时间界定。日后，乙方如果想凭借这份合同的内容向甲方要求支付更高的劳动报酬，几乎就是不可能的事，即便乙方完成任务的速度非常快。因为并没有一个参照物让乙方来证明自己的速度很快，可能乙方最后会对此表示不满，但乙方仍没有有效依据来保证交易的公平性。

详细的合同条款还显示了合同制定者有着缜密的思维和周密的考虑，这样的合作者会让合作方更加信任，推动彼此的合作关系向纵深化发展。

3.违约责任条款要注明

对于合作双方来说，合作是有期限的、有责任和义务的。合作的双方应该在这个期限内按照约定向对方负责。如果某一方违背了约定中的规定，这就是违约行为。而违约行为会不可避免地给对方带来一定的影响，造成一定的损失。因此，合同中会包含违约责任条款，同样，违约责任条款也应该详细注明。

违约责任条款包括违约责任条款约定、违约责任承担方式、损害赔偿的范围、违约金四项内容。其中，违约责任承担方式指的是，当事人一方不履行合同义务或履行合同义务不符合规定的时候，应当承担继续履行、采取补救措施或者违约赔偿等违约责任。

违约责任条款约定是违约责任条款的核心内容，它应该包括所有可能的违约形式，以及违约补救、赔偿的问题。比如，双方签订的是为期两年的合作关系，那么合同中至少应给出一年之内退出合作的赔偿标准，以及一年之后退出合作关系的赔偿标准。因为这两种情况都是极有可能发生的，且会给合作的另一方带来较大的影响，造成较大的损失。

　　损害赔偿的范围指的是，当事人一方不履行合同义务或者履行合同义务不符合约定，给对方造成损失的，需要向另一方赔偿损失费。而这个损失赔偿额不能少于因违约规定的赔偿额，以及履行合同义务本可以带来的收益。

　　违约金则指的是当事一方因违约给另一方带来了一定的损失，则需要将损失折合成金钱的方式赔付给另一方当事人。这个违约金可以在合同中直接规定，也可以规定为根据实际情况折算。如果合同中事先约定的违约金低于实际损失，当事人的另一方可以请求人民法院或者仲裁机构予以处理。

18.6　组织正式签署：拒绝不盖章、不署名

　　我国《合同法》第三十二条规定："当事人采用合同书形式订立合同的，自双方当事人签字或盖章时合同成立。"《最高人民法院关于贯彻执行〈中华人民共和国民法通则〉若干问题的意见（试行）》第 58 条规定："企业法人的法定代表人和其他工作人员，以法人的名义从事的经营活动，给他人造成经济损失的，企业法人应当承担民事责任。"所以每个企业应该重视销售合同的签署问题，严格按照正规化程序签署销售合同。

　　销售合同的风险管理除了交易事项风险的管控外，还需要注意以下 3 个问题，如图 18-3 所示。

图 18-3　销售合同的风险管理

1. 签订销售合同的日期与生效日期

日期方面分为两种情况，一种情况是生效日期有明确规定的，则生效日期不早于签订日期；一种情况是生效日期没有明确规定的，则在双方签字盖章后生效，且签署销售合同的双方都需要填写签署日期。

2. 业务资质证明

所签署的销售合同须附上销售方的营业执照副本，副本要求为原件复印且经过最新年检，如不是则无效。另一方面，一些交易资质的证件也不可或缺，如销售方的销售许可证、代理权证明等。

3. 签署人资格确认

在销售合同上，一般为企业营业执照上的法定代表人直接签字或盖章，另一种情况是非法定代表人签字或盖章，则需要获得法定代表人的授权才能代表销售方签字，并加盖公司公章，否则合同无效。

在实际操作中，很多销售人员为图方便，自作主张，在合同上签署的是自己的姓名或是代签企业法定代表人的姓名；不盖章或不盖公章，用其他的章（合同章、业务章等）来代替，这样的合同从根本上来说是无效的。正确做法是需要取得法定代表人的授权书正本，若需要长期授权的，则需要相关的授权复印件等文件。

销售人员在签署销售合同前企业应进行合同签署培训工作，避免销售人员不清楚合同法的内容，杜绝不合规而造成的合同失效现象；销售人员在提升自身业务能力的同时，也要关注与自身密切相关的法律法规，尤其是签署销售合同的相关法律法规，用系统的专业知识征服客户，保障双方的财产与利益，从而促使谈判成功。

19

第 19 章

销售跟进流程：跟进客户 A 级与 C 级区别有多大

　　销售的服务分为售前与售后，二者都是组成整个销售过程的基石，并无孰优孰劣之分，就像马车上的车轮，缺一不可。那么在售后服务过程中有哪些隐藏的销售技巧？二次销售中需要注意什么问题？如何拉近销售人员与客户的心理距离？如何激励客户的购买欲望，从而提高客户对商品的黏性与忠诚度？

19.1　了解客户变化：购买欲望是否有所增强

客户变化是销售跟进的一项重要影响因素，了解客户变化首先必须了解客户购买欲望。何为购买欲望？它是指客户购买商品或劳务的一种动机趋向，由自身需要所引发，是使客户的潜在购买力转化为现实购买力所必需具备的条件。

依照 MAN 原则划分出的 ABC 等级客户，就是因为客户的购买心理变化所造成的直接结果。销售人员所需要做的就是怎样评价客户等级之间的不同，以及针对不同等级客户需要使用什么样的方法论。方法论一方面要在一定范围内适用此类客户，另一方面要具有引导性作用，从 C 到 B 再到 A 是每个销售人员都应该思考的极其重要的问题。

要想了解客户的心理是否在不同等级之间变化，就需要对客户心理进行必要的理解与把控。客户的需求指的是客户未得到满足的需求，根据马斯洛需求层次理论划分，人的需要分为五种需求，分别是：生理需求、安全需求、社会需求、尊重需求、自我实现的需求，这些需求是引起购买欲望的基础。

如果客户没有任何需求，那么自然他对商品也不会有任何欲望，这时，即使推销人员再努力，也不会使客户产生购买欲望。因此，作为销售人员，首先要明确客户是否具有基本购买欲望，从而在此基础上激励或引导其进行消费。

除了客户五层次需求促进购买欲望之外，另一方面客户对商品的预期利益也决定着购买的欲望。比如购买一份理财商品之前，客户都要先计算该理财商品的实际收益率，只有确保其为最佳收益或者风险值降到最小才会进行购买。当然，客户购买商品的预期效益并非一定达到最佳，作为销售人员只需抓住客户心中对商品收益的预估值即可。

客户是不同的个体，存在着个体差异，客户对待同一种商品也会有不同的购买欲望，所以对待不同的客户，应采取不同的策略和方法。一般客户的心理本能有以下几点。

（1）向往美好生活的趋向。多数客户都想要提高个人或家庭财富，收获健康和幸福。

（2）美化自我的需要。客户希望得到他人的尊重和赞美。

（3）崇拜和信仰。客户希望获得权威人士的肯定，得到强者的认可，并对其进行模仿。

（4）猎奇心理。多数客户对于新鲜事物或是未接触的领域会产生好奇的心理。

（5）强者心理。多数客户有着争强好胜的心理，希望在某个方面胜过他人。

不同的客户会有不同的需要，会有不同的消费动机，同时也会有不同的疑虑和所考虑的问题。因此，需要销售人员在实际销售过程中探寻到客户真正的需求，采用不同的策略针对客户本能的消费心理，如果只是应用了一种策略在某个客户身上产生了效果后就将其奉为金科玉律去应用到每个客户身上，可能效果并不会十分理想。

对待 C 级客户和对待 A 级客户，采用的心理策略会有很大区别，这需要销售人员勤加学习，学习消费心理学知识、市场营销知识，培养个人修养，总结在实战中收获的经验，这样才会有效提升个人的业务能力，也会使销售人员更快速、更精准地了解到客户的等级和购买欲望的强弱，从而了解客户的消费心理，灵活的应用不同的心理策略，逐步引导客户，促使交易达成。

19.2 密切联系客户：3、7、15法则

密切联系客户是维系客户与销售人员关系的重要环节，掌握客户心理、提升客户对商品的忠诚度是现代销售人员的必修课之一。在销售人员进行客户管理之前，首先要了解"二八原则"，即企业80%的利润来自20%的老客户，而就销售人员来说，其80%的业绩可能都是20%的老客户创造的。

"二八原则"的内涵是需要销售人员根据不同类型的客户所带来的实际价值来划分客户。持续关注高价值的客户，并为其定制与之相匹配的服务，从而使他们成为企业的朋友和粉丝，这样才能提高商品的成交率。一般高价值的客户主要为老客户，销售人员应该在寻找新客户的同时，积极维护老客户。

销售人员应在商品售出后定期联系客户，以培养客户忠诚度。可以通过电话、短信回访等方式来维系双方感情，以便促成客户的二次消费。例如，在超市里，超市将客户购买商品所转化的积分存储在为其所建立的电子档案之中，通过这种消费积分制度来刺激客户进行再消费。另外，通过老客户去发展新客户，远比自己去发展新客户要容易得多。

在维系客户关系过程中，销售人员需要遵循哪些法则？以下3条重要法则对已有客户的维护具有非常高的价值。

第三天法则：第三天的感谢

销售本身是一种通过经营客户关系而使组织和相关利益人受益的一种组织形式和活动。但在落实到实际销售过程中时，销售人员如果仅以自己的利益为中心而不考虑与客户情感上的互动，就会有欺骗之嫌，造成客户购买欲望降低，不会继续进行交易。

因此必须要减少客户的压力，帮客户卸下心中的担子，使他们对于商品甚至是企业都能产生信任感，提升其对商品或企业的忠诚度，因此，在

客户购买商品后的第三天，就需要向客户拨打电话，向客户表示感谢，感谢他选择了本企业的商品，拉近彼此的距离同时也加深了客户对于商品和企业的印象。

第七天法则：第七天的回响

在销售过程中正确的销售观念应该是本着"互惠互利"的原则对客户进行引导，只有真诚地为客户服务，换位思考，才能真正地做到满足客户需求又能促进自身的业务能力的提高。

因此，此法则要求销售人员在第七天时对客户进行售后的相关服务。如客户购买的是一辆汽车，那么销售人员须在第七天电话联系客户，询问汽车的使用情况，并为之讲解汽车保养、维修等知识，以全心全意的售后服务赢得客户的信任，从而提升客户对自己以及商品的认可度。

第十五天法则：第十五天的朋友

经过前两次与客户熟络之后，销售人员这时与客户不仅再是买卖方的关系，更成为一种熟人或朋友。销售人员应通过电话的形式告知客户近期的促销、商品上新等活动，并询问客户的朋友是否有相关需要，邀约一同前来，以折上折的形式刺激客户的购买欲望，最终不仅提高了销售率，也使客户的黏性和忠诚度大大加强，从而转化为长期的消费客户。

开发一个新客户比留住一个老客户更加困难，因此，销售人员要积极维护老客户，发挥老客户的价值，其不仅是销售人员的长期客户，通过老客户获得新客户也是相对便捷且高效的扩大客户群的方式。

19.3　进行良性互动：微信、QQ、电话、短信

密切联系客户的前提是进行良性互动。这里之所以强调良性，是因为现实中的一些营销途径的滥用给销售工作带来诸多负面影响。销售人员在与客户进行互动时，一定要采取正确的沟通方式。

在微信中，如果使用具有强制推送的功能，出发点也许是希能够帮助

企业把需要发布的信息准确高效地发送给目标客户，以提升企业营销的效率。但是，这样在微信中粗暴地投放广告，往往会适得其反。

比如，人们在添加微信公众号进行关注之后，会经常收到广告推送，起初一些人还会点进链接去查看一下，但由于信息的冗余，同样的利用人们好奇心的套路，次数一多，只会让人产生厌恶感，有被骚扰的感觉。

也正是因为在社交平台上的强制推送，会让客户对内容非常敏感，一旦客户察觉到受到了骚扰，就会立即取消关注。除此之外，更糟糕的后果是，由于信息的轰炸使客户对商品深恶痛绝，这直接会损害品牌的形象，企业旗下的其他商品也可能会因此受到影响。

同样，在其他的联系方式中，一些企业要求销售人员或使用机器对客户的手机进行狂轰滥炸，将公司的商品信息源源不断地推送到客户的手机之中，这样的销售行为，无论商品多么优质，也只会让客户感到隐私受到侵犯，从而降低对商品的评价。

销售人员对于未开发的客户应进行细心的筛选，找到适合的消费群体，在合适的时间进行询问。如在傍晚时推送最好选择短信、社交平台等方式，在白天非工作时间选择电话进行联系。而无论是社交媒体还是电话方式，都需要根据先前总结的经验组织语言。

对于老客户，销售人员的联系方式并不会受到太多局限，随着交流的深入、对于情报的掌握与信息的了解，销售人员会根据老客户的喜好、时间进行销售与服务。

如何正确利用社交软件和电话等其他交流途径为自身以及企业争取最大利益是销售人员应该深思熟虑的。因此，"营销"绝非仅仅是推销那么简单。"营销"二字，除了要实现"销"，更要懂得"营"，即经营、维系与客户的关系，树立良好的企业形象，创造与客户之间的良性互动环境。这需要引起销售人员与企业的足够重视。

19.4　适当线下来往：见面三分熟，多搞线下活动

电商时代的到来、便利的网络营销方式的流行促进了销售行业线上的蓬勃发展，越来越多的企业或销售人员偏好于选择网络这个新兴的事物。当然这并非只是因为"新"，网络销售拥有诸多线下所没有的优点，如相同时间内面向的客户群体更加的广阔、劳动力成本得到有效降低等，营销的方式更加多样化，润物细无声地渗透于互联网中的各个角落。

但与此同时，互联网也具有它的局限性：营销手段相较于传统销售更加被动、客户因无法接触到商品与销售人员，从而产生信息差，对商品造成误解、不具备切实的时效性等。

因此销售人员在兼顾互联网所带来的便利同时，不能忽视线下发展的重要性。适当的线下来往更有利于维系与客户的关系。

随着"新零售"时代的到来，人们更加注重体验式消费。在体验式消费过程中，客户看重的不仅仅是商品本身，还有消费过程中的享乐体验以及商品的使用感受。如随着 2018 年初《头号玩家》电影的大火，VR 设备开始走入寻常百姓家。

越来越多的 VR 设备陈列于各个大型商场、体验店之中，使客户切实感受到了科技带来的感官冲击，深受客户的喜爱。这样的实地的商品体验，比在网上购物要印象深刻得多，同样也会使客户对于品牌更加有信服力。

2018 年 7 月，多芬在上海打造了首场沉浸式快闪店，快闪店基于体验式消费原则，打造了线上线下一体化的体验式营销。以"温柔的力量"为主题，围绕着多芬卸妆水温和滋润的特点，将商品核心卖点融入场景体验之中，以此吸引消费者的眼球。即使在很久之后，当消费者再次体会到相同的感觉时，就可能会想到多芬的商品。

在日常生活中，我们可以察觉到，无论网上购物多么便捷、价格多么实惠，线下的商城依然火爆。这就是因为互联网无法带来身临其境体验、

不具有时效性等，因此，线下的营销仍然是一项必要的营销策略和途径。

面对现代科技的日新月异，互联网的全民普及和火热，各家企业都应该赶上这列时代的列车，学习相关的营销思路，取之精华去其糟粕，在此基础上，也应同样重视线下的体验与营销活动。

无论对于新老客户，优惠活动、上新活动等总是会吸引到很多客户前来消费。事实上，只要客户参与到线下活动中，销售人员就成功过了一半。因此，销售人员需要在组织线下活动上花心思，从商品的设计、场景的布置陈列再到消费心理的把控以及多种刺激购买欲望的方式下手，让客户不仅被商品所吸引，也被销售人员所精心策划的活动所吸引。

19.5 保持深度交往：组建 QQ 群、微信群

在销售活动中，线上线下的营销活动都是基础工作，销售人员通过这些基础工作可以将客户吸引过来，而真正做到留住新客户、维护老客户，则需要进一步的深度交往。

什么是深度交往？深度交往指的是销售人员与客户从陌生到熟知后建立起的彼此信任的关系，双方在交易过程中形成了紧密的联系，与客户达成深度交往的销售人员会较轻松地培养出客户对商品的忠诚度。所以，深度交往的技巧是每一个销售人员都应该掌握的。如何保持深度交往？具体分为以下几步。

1. 组建 QQ 群或者微信群

销售人员通过组建 QQ 群或微信群，将未消费的客户和已消费的客户分情况邀请入群。这样做的好处是多方面的，一是可以便于销售人员与客户或客户之间的交流；二是可以让客户第一时间接收到商品的上新优惠情况、价格的变动、商品升级、售后等信息；三是有助于培养客户的忠诚度，从而产生老带新、转介绍等效应，打造商品粉丝圈的凝聚力与向心力，更有利于商品日后的销售。

2. 及时更新商品信息

客户受邀进群的主要目的多是以商品为中心，所以销售人员应充分在商品问题上花心思并着手去做。多数情况下，客户对于商品了解的并不全面，所以销售人员应本着对客户负责的态度，在群里及时更新商品信息，并耐心解答客户的问题。

群里更新信息也会有一定弊端，信息更新太多会造成群信息的冗余，并且客户也不能筛选出自己所需要的信息，这时就应考虑将商品信息以公众号形式进行告知，QQ 群或微信群主要用来解答客户的问题。

3. 打造家族群互动空间

最理想的 QQ 群或微信群应该就像微信家族群一样，通过群交流沟通维系家族成员之间的关系，提高家族凝聚力。销售行业发展到今天，销售人员更需要广交天下朋友，真正地为客户考虑，把客户当作家人。客户就是中心服务的群体，将这个群体以一种固定的方式联系在一起，不仅有助于提高服务效率，还有助于扩大服务范围，更有利于提高品牌核心凝聚力。

部分销售人员总会在组建客户群时认为 QQ 群和微信群只是简单地将客户放在一起，这样的想法是非常错误的。建群的真正核心在于以后如何"经营"。建群的主要目的是维系客户与销售人员的关系，这就需要在实际操作时增加群成员活跃度，精准引流。比如定期发放群福利，组织开展群活动，做一些小游戏等。通过群成员活跃数来精准服务对象，并利用群资源扩张客户，用客户发展客户。

与客户的深度交往不仅停留在口头上，还应落实到实际的行动中，不应只体现在平时的互联网社交里，还应体现在电话、短信等各样的联系方式上，让客户看到销售人员的诚意，在维护 QQ 群或微信群的同时还要注意维护群中的秩序，让客户得到一个好的群体验，减少死粉数。这是销售人员与客户保持深度交往的有效途径。

19.6 定期发放优惠：代金券秒杀、抢红包大战

前面提到，根据二八原则，在销售人员的业绩单中，老客户的回购率占据很大比例，其利润贡献也远远大于新客户。因此，销售人员想要提升销售业绩，就必须留住老客户，销售方在营销过程中可以通过怎样的方式来留住老客户并刺激其消费？

1.代金券秒杀来促使老客户复购

多数销售人员会在节假日、客户生日、特别纪念日以及特定促销活动时，提供一些限量优惠券或折扣。一方面是对老客户的一种关怀和维护，让对方知道销售人员一直记得他们，给客户营造出一种受到关注和尊重的氛围。另一方面，通过这种方式，可以刺激老客户再次购买，甚至是转介绍新客户。

如某餐厅代金券发放使用细则：从 2019 年 4 月 1 日起至 2019 年 5 月 1 日，凡来我店消费满 500 元赠送消费代金券 100 元，不满 500 元则不赠送。优惠券表面上为客户提供了一些优惠，实际上这张优惠券只能在客户下次购物时才能使用。如果客户不进行二次消费，那么相当于用原价购买，相比之下优惠券会引导多数客户进行二次消费。

从心理学角度说，客户会认为只要有了优惠券，自己的消费会更加划算，如若不在截止日期之前将优惠券抵扣花费，则相当于自身的利益受损，如此一来更多的客户会愿意消费足够的金额来获得优惠券并进行二次消费。那么，究竟什么样的客户容易受到代金券的诱惑？如图 19-1 所示。

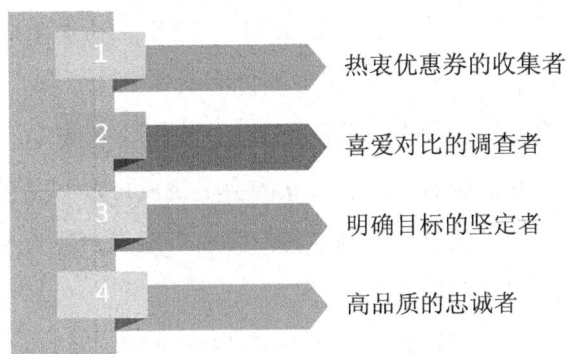

图 19-1　易受优惠券影响的人

（1）热衷优惠券的收集者。这类型的客户寻找优惠券只是为了收集，以此购买更加优惠的商品，典型特点是不只执着于一个商品的优惠券。

（2）喜爱对比的调查者。这类型的客户总是会对优惠券进行对比，同样的商品，如优惠的折扣不同，他们就会选择更加实惠的那一种。

（3）明确目标的坚定者。这类型的客户很清楚商品优惠力度，不会关注其他的优惠。

（4）高品质的忠诚者。这类的客户对待商品的品牌认可度非常高，他们不在乎价格，更多在乎的是质量与自己的体验感受。

除了发放优惠券之外，销售人员还可以采取其他多种形式的促销手段。

1. 通过抢红包大战提高客户消费兴趣和需求

销售人员在营销过程中，可以开展诸如抢红包大战之类的活动。线上可以举办社群活动、发放红包。线下可以开展"凡是进店客户都可参与的抢红包活动，抢得越多者享受优惠力度越大。"这样会吸引更多的客户购买商品或进店消费，同时也会刺激客户增加消费的力度。

春晚抢红包活动、支付宝的集五福活动让全民疯狂，即使大家都知道钱并不是很多，却都乐于参与其中，原因就是这其中存在的游戏乐趣。所以，适当地让利给客户，给予他们一些优惠，以小利搏大利，有着四两拨千斤的效果，尤其是在与客户陷入僵局的时候往往会有非常好的效果。

2.针对会员进行个性化促销，提高客户回头率

市场对会员的定义一般指的是消费会员，是指一类经过某种程序或过程进入某组织之中的消费者。企业设立的会员制度一般都是要赋予指定客户一定的优惠和特权，通过会员制度客户可由普通客户成为 VIP 会员，享受会员积分、等级制度和优惠等特权。

实行会员制，根据不同客户的消费记录进行分类，特殊客户需要特殊对待。如有的客户只消费一次，有的则消费多次，那么针对其不同的类型应制定出个性化的营销方案与策略，以此提升销售业绩。另一方面，每位客户 都想得到特殊待遇，VIP 服务能给客户带来强烈的消费成就感，从心理影响来看，这也会间接刺激客户消费。

上文提到，依照二八原则使老客户价值更为突出，其不仅可以通过老客户的转介绍认识到新的客户，也可以将老客户对商品的认可度继续转为消费，其具有非常高的运营效率。但这并不意味着新客户的开发不重要，销售的重点应按二八原则进行精力上的分配，会员的开发和维护是一个系统而庞大的工程，需要销售人员花费更多的时间和精力，只有这样才能真正做好会员制度的相关工作，提升客户转化率，实现其价值。

19.7　梳理跟进情况：编制销售跟进记录表

在完成一定销售订单以后，销售人员应做好跟进销售情况的梳理工作，在与客户互动过程中不断进行记录，编制出销售跟进记录表，如表 19-1 所示。

表 19-1　销售跟进记录表

基本信息	客户姓名		性别		年龄	
	地址					
	回访方式		回访时间		回访次数	
	回访内容		购买商品时间			
	签单意向					
跟进记录						
处理方式						
拒绝原因						
客户意见						

销售跟进记录表可以为销售人员整理客户信息、分析销售成功与失败的原因、确定在售后过程中对客户的行为以及了解客户的反馈。同样通过这样的记录，销售人员可以此来分析客户心理，销售跟进记录表具有多方面的意义。

1. 筛选重点客户

通过制定销售跟进记录表，销售人员可以完整地看到自身是否在以二八原则的方式分类重点的目标客户和老客户，由于销售人员的经历有限，不可能将所有的客户都维护好，只有通过这样的记录，才能及时地给予销售人员反馈。

2. 查看回访次数

要想得到客户的认可与青睐，需要在回访中多花心思，根据 3、7、15 原则，分别在这些时间点上主动地与客户沟通，并可就问题作出日后策略方案的调整。

3. 二次销售的转化

售后的最终目的还是为了一次销售的客户转化为二次销售的客户。好的售后服务能够让客户感受到销售人员的热情与诚意，而对销售跟进记录表的整理可以了解客户的信息，有助于销售人员进一步挖掘潜在客户，促成客户的二次购买。

张先生在家电城里买了一台电视机，一天后，妻子兰女士擦拭电视时不小心将水泼洒到了电视机的散热口中，致使电视机无法开机。张先生带着电视机找到了卖给他电视的销售人员小叶，告知其情况并请求其提供帮助。

小叶热情地接待了张先生，并说明这种情况并不在保修范围内，应该要加收一定的维修费。但是小叶还是帮忙向维修部门拨打了电话，向维修部门告知张先生的情况，希望能得到通融。维修部过来维修时发现电视机背后的主控制面板已经损坏，无法修复，只能更换。张先生考虑到以往在这里买的家用电器时都是小叶为其提供服务，所以当下决定重新买一台电视机，但希望能够给予 6 折的优惠，小叶将情况记录在了销售跟进记录表之中。

第二天张先生又找到小叶，小叶将销售跟进记录表提交给了部门经理，部门经理在看到记录后，对小叶的严谨服务大为赞赏，不仅答应了张先生的请求，还为小叶涨了工资。

上述案例中，电视机的损坏与销售人员小叶并没有直接关系，但小叶理解客户对商品受损的焦急之心，通过一系列行为真诚地为客户考虑、帮助客户排忧解难，最终不仅获得张先生的青睐也得到了销售经理的赞赏。从中可看出，诚恳的态度、换位共情的思维是销售人员成功的基础。

销售跟进记录表是对客户负责，也是对销售人员的负责，在实际操作中，销售人员应在每次回访后将访谈记录与问题填写在表中，以便日后的归纳与总结。

20

引导复购流程：如何让客户重复下单

客户复购率较低是每一名销售人员都会担心的问题，客户重复下单一方面是销售人员能够持续进行销售工作的保障，另一方面，它也是客户认可商品与服务的直接体现。

无论商品质量如何，即使客户有第一次购买，但只要客户对商品的相关服务不满意，那么客户就不会重复下单。销售人员如何让客户重复下单？这就需要企业和销售人员优化社会服务、掌握客户反馈信息、打造会员体系、建立复购监控机制、分析消费数据、优化社群内容等，提高客户的复购率。

20.1　优化售后服务：不断提升复购率

售后服务是什么？售后服务指的是销售人员在销售出商品后为客户提供的各种服务活动。销售人员通过提高服务质量来促进客户重复下单，从而扩大商品或企业市场占有率。

在购买商品时，令人满意的售后服务可以坚定客户的消费行为，售后服务的优劣，直接决定着客户的满意程度，而满意程度又决定着复购率。提高售后服务质量、优化售后服务流程关系着每一销售人员的利益。那么，销售人员如何优化售后服务流程？主要表现在以下 3 个方面，如图 18-1 所示。

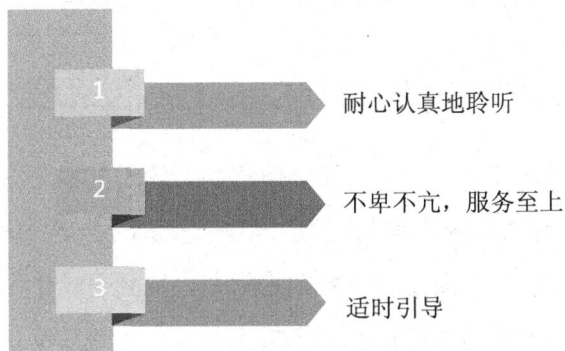

图 20-1　优化售后服务流程要点

1.耐心认真地聆听

沟通的第一步在于耐心地聆听，在售后过程中，无论客户对商品满意与否，销售人员对于客户的建议甚至抱怨，都应该秉着服务至上、客户优先的原则倾听客户的讲述，不能随意打断客户的话语。在聆听中记录客户的问题，对自身的问题应进行反思。

2.不卑不亢，服务至上

销售人员给予客户的服务并不是一味地顺从客户，而是为客户切实地解决问题，只有解决了问题，客户才会获得良好的售后服务体验。销售人员不可一味地迎合客户，表达对商品的不满，这会造成自身和商品的形象在客户心中的大幅度下滑。在不违背个人原则的前提下，销售人员应尽力做好客户的商品感受营造，努力打造商品的品牌。

3.适时引导

引导客户提供解决方案也是售后服务技巧中的一大方法，让客户站在销售人员的角度看待问题，给予他们权利为自己解决问题，往往能出奇制胜，让客户能够从被动转为主动，从而提升售后服务体验。

售后服务的技巧有很多，最重要的是销售人员是否有一个积极、认真、热忱的心，销售不是一蹴而就的工作，需要不断的耕耘，提高自身的服务意识，才能提高客户的售后服务体验，从而提高客户的复购率。

20.2　收集客户反馈：掌握重要的第一手信息

每个销售人员都想提高自己的业绩，但很多销售人员不清楚自己到底哪里有问题，其中很明显的原因就是因为与客户缺乏联系与沟通所导致的。

在售后中与客户保持联系十分重要，收集客户信息一般会穿插于一个销售流程的始终，这样的收集靠的就是销售人员与客户的交流，了解客户的家庭情况、社会背景、资金状态，找到客户的需求，从而才能进一步完成二次销售乃至多次销售。无论一名销售人员的销售技巧多么的熟练与成功，如果他不能够与客户联系，不了解客户的反馈信息，不注重客户的售后服务体验，那么销售也就在第一次销售成功后就结束了，不会再产生重复性消费。

那么，了解到收集客户信息的重要性后，具体该怎么做？收集客户信息要包括以下两个方面。

1.少销售，多问候

在售后的服务过程中，其目的不仅在于提高销售人员的服务水准、提升客户的满意度，销售人员也可以在互动过程中了解客户使用商品时的感受，得到最新的反馈信息。

但有时销售人员的目的性过强会令客户感到厌烦，无法为客户营造出良好的售后服务氛围。这就需要销售人员在售后中减少销售倾向，更多地在于服务二字，通过服务知晓与分析客户信息从而带动复购率。

2.细分客户，抓重点

收集客户信息也应该遵循二八原则，即并非详细地收集每位客户的信息，更多的是需要销售人员将客户群体进行细分，筛选出重点客户，对于重点客户有针对性地进行信息的搜集。

信息战对企业的发展起着十分重要的作用，赢了信息战，就赢得了市场。很多时候，客户不会及时告诉销售人员自己购买商品后的情况，需要销售人员通过各个联系渠道与客户对接信息，提高客户的服务体验。

20.3 打造会员体系：善于利用 RFM 模型

RFM 模型指的是客户数据库中的三个要素，这三个要素组成了数据分析的最优指标，它们分别是近度 (Recency)、频率 (Frequency)、额度 (Monetary)。其中近度指的是最近一次消费的时间远近、频率指的是消费的频率、额度指的是消费金额。通过这三方面因素的综合考量进行会员体系的细分建造，可以保证会员体系的合理性。

企业要善于利用 RFM 模型，它可以根据客户的活跃程度、忠诚度、消费水平等内容进行基础分类，利用 RFM 模型建造的会员体系能够保证基础分类的准确度，且由于其操作简单能够很大程度上节省人力、物力，因此 RFM 模型被诸多企业采用。

1. 近度

最近一次消费的时间远近实际上指的是客户最近的活跃时间。当近度指数越大时，客户就越久没有与企业进行交易，客户流失概率也相对增加。近度值越小，则表示客户活跃度越高，代表客户流失可能性越小，而销售人员需要针对近度值较大的客户群进行挽留操作，尽可能将客户群体保留。

2. 频率

频率指标可以看出客户对品牌的忠诚度，消费频率越高的客户，其流失的可能性越低，消费频率越低，则代表客户不够活跃，由于这类客户可能是同行竞争对手的客户群，企业可以在会员体系的打造中针对这类消费频率较低且有一定消费需求的客户推出相关优惠活动，以获得更多的客户资源。

3. 额度

客户消费金额额度能够判别客户的消费能力与消费意愿，从而通过会员体系对客户进行相应划分。

企业针对以上数据的采集与分析，可分析出客户质量、客户是否具备高流失风险、客户的回购率、忠诚度、活跃度等相关信息，并建立完善的会员体系，通过会员体系制度降低客户流失率，提高客户忠诚度，促成多次交易。

20.4 保证实时跟踪：建立复购率监控机制

复购率监控机制对于引导客户重复下单提供了必要的信息，在讨论复购率的监控机制之前，销售人员需要厘清以下问题，以便根据不同性质的商品采取不同的策略。这些问题包括：商品被哪些群体需要？复购周期是多长？如何建立数据分析？这些内容都需要销售人员对自身商品的品类特性有足够的了解，对商品本身的复购数据进行统计分析，进而建立完善的复购率的监控机制，保证对客户群体的实时跟踪。

如何建立复购率监控机制呢？主要有 3 个要点，如图 20-2 所示。

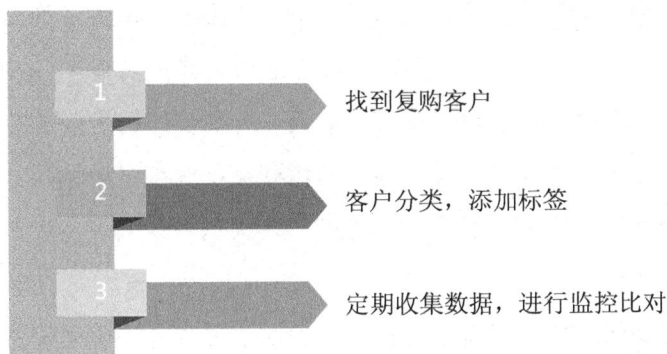

图 20-2　建立复购率监控机制的要点

　　首先，销售人员要找到复购客户，对其建立一套专属的监控机制，完善企业的复购客户清单，并对复购客户定期维护。其次，销售人员要对客户进行分类，为客户增加不同的标签便于客户管理与查阅。最后，销售人员需要定期收集客户复购的数据，通过对不同时间段客户复购数据的观察分析调整运营策略。

　　客户复购率数据和客户总数可以进行对照观察，以显示客户忠诚度的真实状况，最优状态是复购利率保持稳定上升的趋势。当客户复购率和订单复购率出现异常、出现持平或下降的趋势时，企业则需要注意现有针对客户群的复购策略，判别复购策略是否有效，是否具备市场竞争潜力。因此，建立复购率监控机制，保证对客户群的实时追踪是提高市场部门反应速度的基础前提。

20.5　重视数据分析：洞察消费习惯与关联规则

　　在美国一家超市里，尿布和啤酒被摆在一起出售，两个看起来丝毫没有联系的商品因此销量大增。这是美国沃尔玛连锁店超市著名的营销案例。

　　沃尔玛拥有一个包含海量客户数据信息的数据库，可以准确了解客户的购物习惯。沃尔玛利用大数据对客户的购物行为进行了购物篮分析，了解了客户经常一起购买的商品有哪些。通过观察各超市的详细交易数据，沃尔玛得到一个意外结果：啤酒经常随着尿布一起被购买！

"尿布与啤酒"的故事隐藏着美国人一种独特的行为模式。美国一些照顾孩子的太太们经常叮嘱丈夫在下班后到超市去买尿布，而这些父亲还很年轻，经常同时买回自己喜欢的啤酒。在沃尔玛案例中，数据关联规则有很明显的作用。

关联规则即从数据库海量的数据中发现数据或者特征之间的相互关联关系。关联规则在海量数据中的体现有很多，又被称为关联模式。关联规则有三种，简单关联、时序关联、因果关联等。关联规则有时无法从表面看出来，必须利用大数据分析技术获得。关联规则对企业的商业决策具有重要意义，在市场营销、事物分析等领域有着广泛应用。

关联规则在市场购物分析中有广泛运用。商家通过对全部购物数据进行整理分析会发现不同商品之间所存在的关联规则，这对于商家分析客户的购买习惯有极大的参考作用。商品之间的关联规则将帮助商家制定有针对性的市场策略。

比如，通过研究客户在购买牙膏时伴随购买的商品，客户购买牙膏的同时是否也喜欢同时购买牙刷或者喜欢购买哪个品牌的牙刷。如果由大数据分析出牙膏与牙刷的关联规则，商家就可以进行有针对性的促销，将牙刷和牙膏放在一起销售。通过对实际情况的调查研究分析，利用关联规则进行分类时可通过以下方式。

1.根据规则中处理的变量不同进行分类

根据处理变量不同，关联规则分为布尔型和数值型。一般情况下，如果变量是离散的、种类化的，那么这种规则为布尔型关联规则。这种规则主要体现变量之间的关系；而数值型关联规则有时可以与多维关联或者多层关联规则相结合，处理的变量为数值型字段。

对数值型字段进行分割或者直接对原始的数据进行处理是数值型关联规则的特点，当然数值型关联规则中也可以包含种类变量。例如：性别 = "男"与职业 = "保安"之间的关联规则是布尔型关联规则；而性别 = "男"与收入 =4 500 之间的关联规则为数值型关联规则。

2. 根据规则中数据的抽象层次进行分类

根据数据的抽象层次不同，关联规则分为单层关联规则和多层关联规则。单层关联规则中涉及的变量不用考虑现实数据的不同层次；而在多层关联规则中，必须充分考虑数据的多层性。例如：戴尔台式计算机与松下打印机之间的关联规则是一个细节数据上的单层关联规则，而台式计算机与松下打印机之间的关联规则是一个较高层次和细节层次之间的多层关联规则。

3. 根据规则中处理的数据维数度进行分类

由于数据可以分为单维度和多维度，关联规则因此分为单维度关联规则与多维度关联规则。单维度关联规涉及的数据只有一个维度，比如客户购买的物品，在沃尔玛案例中啤酒与尿布都是单维度的商品，二者之间的关联规则为单维度关联规则。

与单维度关联规则处理单个属性之间的关系不同，多维度关联规则处理的数据将会涉及多个维度，即处理多个属性之间的某些关系。比如，性别 = "男"与职业 = "保安"之间的关联规则就涉及两个属性的信息，属于两个维度上的关联规则。

20.6　走社群化道路：持续输出优质内容是关键

普通销售人员往往凭自己的力量通过 1 对 1 的方式销售商品，而优秀的销售人员可通过社群的形式可以实现一对多的销售商品，社群销售是未来的销售趋势之一。

其实，社群是基于某种共同偏好或特定目标的聚集在一起而形成的圈子，进而壮大完善成为一种新的商业形态，未来的商业形态必然是社群经济。在这个商业形态内，商品的购买者不再是传统意义上的客户，而是商品的粉丝甚至商品的参与者。

由一个商品或端口开始，聚集一批种子客户，进行拓扑延伸，放大盘活，从小范围内的影响力形成一种商业形态，就是社群经济。在社群经济的商业形态下，谁掌握了社群红利，谁就是资源掌握者，盈利变现也成为水到渠成的事。

而互联网时代，社交网络日益发达，商品与客户的界限也越来越模糊。像小米手机，深度核心客户可以参与研发，销售过程也是一场重量级的营销战争。

传统工业时代在逐渐远去，未来经济和社区组织必定是社群矩阵式布局，每个人都可以成为独立的一个网点，既连接自己也连接世界。

在社群思维之下，销售人员销售商品变得很容易，但是必须有内容输出。

内容输出是一名销售人员的价值体现，但是什么样的输出才有价值？这就要求销售人员的内容要有价值，首先就是要实用性强，其次销售人员的内容输出要贴合客户的想法，融入真情实感，最后企业可以以故事的形式输出内容，赢得客户的共鸣。

有价值的输出除了方法技巧，也可以是一种态度或情感，比如，社群以自由精神为引导，注重社群成员的自我发展，这就比较符合那些渴望自由不希望有过多约束的成员，使他们更能融入社群。

附录

表 1 销售总监业绩考核方案

方案名称	销售总监业绩考核目标责任书	受控状态	
		编 号	

一、目的

为明确工作目标、工作责任，公司与销售总监签订此目标责任书，以确保工作目标的按期完成。

二、责任期限

年　月　日至　　年　月　日

三、职权

① 对公司销售人员的任免建议权及考核权。

② 对市场营运有决策建议权。

③ 有权组织制定市场管理方面的规章制度和市场营销机制的建立与修改。

④ 市场营运费用规划及建议权。

四、工作目标与考核

（一）业绩指标及考核标准

指标	考核标准
销售额	业绩目标值为 ____%，每减少1%，减 ____分，完成率<__%，此项得分为0
销售增长率	业绩目标值为 ____%，每减少1%，减 ____分，完成率<__%，此项得分为0
销售计划完成率	业绩目标值为 ____%，每减少1%，减 ____分，完成率<__%，此项得分为0
销售回款率	业绩目标值为 ____%，每减少1%，减 ____分，完成率<__%，此项得分为0
销售费用率	业绩目标值≤ ____%，每增加1%，减 ____分，费用率>__%，此项得分为0
市场占有率	业绩目标值为 ____%，每减少1%，减 ____分，完成率<__%，此项得分为0

（二）管理业绩指标

① 企业形象建设与维护，通过领导满意度评价分数进行评定，领导满意度评价达 ＿＿＿ 分，每低 ＿＿＿ 分，减 ＿＿＿ 分。

② 客户有效投诉次数每有 1 例，减 ＿＿＿ 分。

③ 核心员工保有率达到 ＿＿＿%，每减少 1%，减 ＿＿＿ 分。

④ 员工行为管理。员工是否有重大违反公司规章制度的行为，每有 1 例，减 ＿＿＿ 分。

⑤ 部门培训计划完成率达 100%，每减少 1%，减 ＿＿＿ 分。

⑥ 销售报表提交的及时性。没按时提交的情况每出现一次，减 ＿＿＿ 分。

五、附则

① 本公司在生产经营环境发生重大变化或发生其他状况时，有权修改本责任书。

② 本责任书的签订之日为生效的日期，责任书一式两份，公司与被考核者双方各执一份。

相关说明				
编制人员		审核人员	批准人员	
编制日期		审核日期	批准日期	

表 2　销售管理人员能力评价量表

能力	优秀	良好	一般	较差	差
	1.2 分	1.0 分	0.8 分	0.5 分	0 分
决策能力（在自己职权范围内，迅速而准确地对多种备选行动方案进行评价，并作出最终决定的能力，以及决策的可接受程度）	围绕自己的工作目标，前瞻性地认识和分析各种情景，制定多种行动方案；综合分析各种信息和现有的资源，准确地作出采取何种方案决定；所完成的决策的可接受程度高	围绕自己的工作目标，较为前瞻性地认识和分析各种情景，制定多种行动方案；综合分析各种信息和现有的资源，较为准确地决定采取何种方案；所完成的决策的可接受程度较高	围绕自己的工作目标，一般性地认识和分析各种情景，制定较少行动方案；综合分析各种信息和现有的资源，一般性地作出采取何种方案决定；所完成的决策的可接受程度一般	围绕自己的工作目标，较少认识和分析各种情景，偶尔制定多种行动方案；综合分析各种信息和现有的资源，难以准确作出采取何种方案决定；所完成的决策的可接受程度较低	面对自己的工作目标，对各种情景认识不清楚，不制定行动方案；所完成的决策的可接受程度低

能力	优秀	良好	一般	较差	差
	1.2分	1.0分	0.8分	0.5分	0分
组织能力（组织各种活动以达到预定的目标、进行授权、完成人员配置，以及利用各种可能资源的能力）	配合公司的整体发展战略，能有效组织员工实现部门的目标，激励员工使其工作富有进取心，所主管的部门工作业绩好	配合公司的整体发展战略，能较为有效组织员工实现部门的目标，激励员工使其工作富有进取心，所主管的部门工作业绩较好	配合公司的整体发展战略，一般能组织员工实现部门的目标，激励员工使其工作富有进取心，所主管的部门工作业绩一般	组织的能力较差，员工的工作积极性不高，工作的任务完成不够理想，缺乏斗志，各自为营，工作成绩较差	组织的能力差，造成实际工作远远滞后于预期的计划，员工的士气低落，工作涣散，工作成绩差
	1.2分	1.0分	0.8分	0.5分	0分
人员开发能力（评价人员的工作业绩和潜力的能力，提供培训和技能开发的能力，以及协助解决人事方面问题的能力）	能主动对人员的工作业绩和发展潜力进行客观、公正的评价，人员培训、指导能力强，将合适的人用到合适的岗位，最大限度地发挥人力资源的价值，适时甄选人才，工作效果好	对人员的工作业绩和发展潜力评价是客观、公正的，人员培训、指导能力较强，将较合适的人用到较合适的岗位，较大限度地发挥人力资源的价值，适时甄选人才，工作效果较好	对人员的工作业绩和发展潜力评价较为客观、公正，人员培训、指导能力一般，人力资源的利用能力一般，适时甄选人才，工作效果一般	对人员的工作业绩和发展潜力进行客观、公正的评价的能力较差，缺乏培训、指导和人力资源开发的能力，工作效果较差	对人员的工作业绩和发展潜力进行客观、公正的评价的能力差，没有培训、指导和人力资源开发的能力，工作效果差

续表

能力	优秀	良好	一般	较差	差
	1.2 分	1.0 分	0.8 分	0.5 分	0 分
计划和执行能力（制定部门或个人的工作目标、工作计划的能力，以及履行计划的能力和可接受的程度）	结合公司的工作计划和战略目标，搜集和分析内外部信息资源，制定明确的部门或个人的工作目标和切实可行的工作计划，监督计划的履行，结果的可接受程度高	结合公司的工作计划和战略目标，搜集和分析内外部信息资源，制定较明确的部门或个人的工作目标和较为可行的工作计划，监督计划的履行，结果的可接受程度较高	结合公司的工作计划和战略目标，搜集和分析内外部信息资源，制定部门或个人的工作目标和工作计划，监督计划的履行，结果的可接受程度一般	有部门或个人的工作计划和工作目标，但同集团公司或部门的配合度不高，能根据公司或部门的要求，对计划进行一定程度的调整，计划履行情况不佳，结果的可接受程度较差	部门或个人的工作目标和工作计划模糊，制定不及时，对公司发展变化反映较为迟钝，部门或个人的计划调整不及时，计划的履行情况差，结果的可接受程度差
	1.2 分	1.0 分	0.8 分	0.5 分	0 分
控制能力（调动人员的积极性和主动性，采取适当的行动构成有效团队的能力）	围绕工作目标，有的放矢，采取适当行动的能力强，员工的积极性和主动性高，团队的作用和影响力大	围绕工作目标，有的放矢，采取适当行动的能力较强，员工的积极性和主动性较高，团队的作用和影响力较大	围绕工作目标，采取适当行动的能力一般，员工的积极性和主动性一般，团队的作用和影响力一般	围绕工作目标，采取适当行动的能力较差，员工的积极性和主动性较低，团队的作用和影响力较小	围绕工作目标，采取适当行动的能力差，员工的积极性和主动性低，团队的作用和影响力小

续表

能力	优秀	良好	一般	较差	差
	1.2分	1.0分	0.8分	0.5分	0分
沟通能力（以各种方式进行上下级沟通，以达到预定目标的能力）	与上级的沟通能力强，正确领会公司的发展战略，公司的目标落实和方针贯彻的可接受程度高，与员工的沟通能力强，受到员工的普遍拥护，部门或个人的目标和工作的计划可实现性强	与上级的沟通能力较强，领会公司的发展战略，公司的目标落实和方针贯彻的可接受程度较高，与员工的沟通能力较强受到大多数员工的拥护，部门或个人的目标和工作的计划可实现性较强	与上级的沟通能力一般，了解领会公司的发展战略，公司的目标落实和方针贯彻的可接受程度一般，与员工的沟通能力一般，受到近半数员工的拥护，部门或个人的目标和工作的计划可实现性一般	与上级的沟通能力较差，简单了解公司的发展战略，大多数员工不拥护，目标和任务的可实现性较差	与上级的沟通能力差，不关心公司的发展战略，只得到少数员工拥护，目标和任务的可实现性差
	1.2分	1.0分	0.8分	0.5分	0分
指导能力（指挥和监督的能力，以及指导他人与公司共同成长的能力）	规划员工的职业生涯的能力强，采取有效的激励措施，指挥和监督员工履行职责的可接受程度高	规划员工的职业生涯的能力较强，采取较为有效的激励措施，指挥和监督员工履行职责的可接受程度较高	规划员工的职业生涯的能力一般，采取一般的激励措施，指挥和监督员工履行职责的可接受程度一般	规划员工的职业生涯的能力较差，采取较少的激励措施，指挥和监督员工履行职责的可接受程度较低	规划员工的职业生涯的能力差，很少采取激励措施，指挥和监督员工履行职责的可接受程度低

续表

能力	优秀	良好	一般	较差	差
	1.2分	1.0分	0.8分	0.5分	0分
创新能力（结合公司的战略方向，利用现有的内外部资源进行技术／管理创新的能力）	针对公司内外所拥有的技术／管理资源，结合公司的发展方向，在工作中能不断提出新想法、新措施，善于学习，注意规避风险，锐意求新，创新工作显示度高	针对公司内外所拥有的技术／管理资源，较为结合公司的发展方向，工作中能够努力学习，提出新想法、新措施与新的工作方法并有风险意识，创新工作显示度较高	针对公司内外所拥有的技术／管理资源，在别人的启发下能提出一些新想法、新措施与新的工作方法，创新工作显示度一般	按部就班，很少提出新想法、新措施与新的工作方法，创新工作显示度较低	因循守旧，墨守成规，创新的工作显示度低
	1.2分	1.0分	0.8分	0.5分	0分
协调能力（协调各部门（其他人员）之间的关系、建立相互信任与协作关系的能力）	在维护公司的利益的基础上，与其他部门（其他人员）建立相互信任、相互协作关系的能力强，公司内的信任度和可接受程度高	在维护公司的利益的基础上，与其他部门（其他人员）建立相互信任、相互协作关系的能力较强，公司内的信任度和可接受程度较高	在维护公司的利益的基础上，与其他部门（其他人员）建立相互信任、相互协作关系的能力一般，公司内的信任度和可接受程度一般	在维护公司的利益的基础上，与其他部门（其他人员）建立相互信任、相互协作关系的能力较差，公司内的信任度和可接受程度较低	在维护公司的利益的基础上，与其他部门（其他人员）建立相互信任、相互协作关系的能力差，公司内的信任度和可接受程度低
	1.2分	1.0分	0.8分	0.5分	0分
专业能力（运用所掌握专业理论、专业知识或者专业技能，解决工作中问题的能力）	系统全面掌握本专业理论、知识和技能，对多数问题有独立见解，是本专业或一方面的行家，解决专业问题得心应手	较为全面掌握本专业理论、知识和技能，对某些问题有较为深入见解，对本专业内的知识较为精通，解决专业问题相对熟练	一般地掌握本专业的理论、知识和技能，能够基本满足工作要求，在别人的启示下，对一些问题能提出自己的见解	对本专业的理论、知识和技能的掌握较差，需要进一步培训和学习才能满足工作要求	对本专业知识仅有粗浅的了解，属于刚刚入门的初学者，工作需要在别人的详细指导下才能完成，需经过长时间的学习和磨炼才能独立工作

表3　销售人员能力指标考核打分表

姓名			岗位	
能力评价	序号	指标	权重	评分
	1	专业能力	％	
	2	沟通协调能力	％	
	3	学习能力	％	
	4	工作质量	％	
	5	效率	％	
	加权合计			
考核者	签字： 　年　月　日			

表4　销售人员能力评价量表

能力	优秀	良好	一般	较差	差
	1.2分	1.0分	0.8分	0.5分	0分
专业能力	系统全面掌握本专业理论、知识和技能，对多数问题有独立见解，是本专业或某方面的行家，解决专业问题得心应手	较为全面掌握本专业理论、知识和技能，对某些问题有较为深入见解，在本专业内的知识较为精通，解决专业问题相对熟练	一般地掌握本专业的理论、知识和技能，能够基本满足工作要求，在别人的启示下，对一些问题能提出自己的见解	对本专业的理论、知识和技能的掌握较差，需要进一步培训和学习才能满足工作要求	对本专业知识仅有粗浅的了解，属于刚刚入门的初学者，工作需要在别人的详细指导下才能完成，需经过长时间的学习和磨炼才能独立工作
沟通协调能力（指与同事或外部人士沟通协调、建立相互信任与协作关系的能力）	1.2分	1.0分	0.8分	0.5分	0分
	沟通协调能力很强，能建立非常好的信任与协作关系	沟通协调能力很强，能建立很好的信任与协作关系	沟通协调能力较强，能建立较好的信任与协作关系	沟通协调能力较差，信任与协作关系一般	沟通协调能力很差，不能建立好的信任与协作关系，甚至产生负向作用，影响工作

续表

能力	优秀	良好	一般	较差	差
学习能力（指对于新知识、新技能的掌握速度与准确性）	1.2分 学习能力非常强，能非常快速准确地掌握新知识新技能并熟练应用	1.0分 学习能力很强，能快速掌握新知识新技能并应用	0.8分 学习能力较强，能较快地掌握新知识新技能并应用	0.5分 学习能力较差，通过较长时间的学习、指导能够掌握新知识新技能	0分 学习能力差，长时间学习也无法掌握新知识新技能
工作质量（指所提交工作成果的质量满足要求的程度）	1.2分 工作质量高于预期，不需上司指导	1.0分 工作质量达到预期，不需上级指导	0.8分 工作质量经上级指导修正能达到预期	0.5分 工作质量低于预期，指导后能及时修正	0分 工作质量低于预期，指导后仍不能达到要求
效率（指完成工作任务的速度）	1.2分 工作高效，超过预期	1.0分 工作效率符合要求	0.8分 在上级督促下能按期达成目标	0.5分 工作目标达成进度稍有延迟	0分 工作严重延期

表5　销售人员态度考核打分表

考核期间：　　年　月至　　年　月

姓名			岗位		
	序号	指标	权重	评分	
态度	1	积极性	％		
	2	协作性	％		
	3	责任心	％		
	4	纪律性	％		
	加权合计				
考核者	签字： 　年　月　日				

表 6 销售人员态度评价量表

态度	优秀	良好	一般	较差	差
	1.2 分	1.0 分	0.8 分	0.5 分	0 分
积极性（考虑其是否能够自我驱动，贡献于工作的主动程度，在完成工作中是否需要其他人督促，以及对于额外工作的态度）	对于本职工作很积极主动地完成；长期坚持学习业务知识；对于额外工作任务能主动请求并且能高质量完成；工作中善于发现问题，并经常提出新思路和建议	对于本职工作积极主动地完成；较为主动学习业务知识；较为主动承担额外工作任务；工作中有时能够主动提出新的思路和建议	对于本职工作能够按部就班的完成；学习业务知识主动性一般；主动承担一般的工作额外任务；在别人的督促下，能够提出一些新的思路和建议	完成本职工作积极性较差，偶尔拖沓或降低质量；偶尔主动学习业务知识；很少主动承担一般额外工作任务；在别人的督促下，能提出个别的新思路和建议	完成本职工作积极性很差，经常拖沓或降低质量；基本上不主动学习业务知识；不主动请求承担一般的额外任务；在别人的督促下，也不能提出新思路和建议
协作性（考虑其对工作和同事之间的服务、合作意识）	1.2 主动协助同事出色地完成工作	1.0 能够与同事保持良好的合作关系，协助完成工作	0.8 根据同事的请求能够提供一般性协助	0.5 不能积极响应同事的请求或者协作任务的完成质量较差	0 对同事的协助请求不响应或者协作任务的完成质量差
责任心（考虑其完成工作的敬业精神）	1.2 工作有强烈的责任心	1.0 工作有较强的责任心	0.8 工作的责任心一般	0.5 工作责任心较差	0 工作责任心极差
纪律性（考虑其遵守公司制度和听从领导安排的态度）	1.2 能够长期严格遵守规章制度以及相关本职的工作规定与标准，有非常强的自觉性和纪律性	1.0 能够遵守规章制度以及相关本职的工作规定和标准，有较强的自觉性和纪律性	0.8 基本能够遵守规章制度和相关本职的工作规定和标准，基本能够遵守纪律，但有时出现自我要求不严的情况	0.5 遵守规章制度以及相关本职的工作规定和标准的态度较差，时有发生违规情况，自觉性和纪律性较差	0 不能遵守规章制度以及相关本职的工作规定和标准，经常发生违规情况，自觉性和纪律性差

表 7　销售人员业绩考核申诉表

申诉人姓名		所在部门		岗位	
申诉事项					
申诉事由					
接待人		申诉日期			

表 8　销售人员业绩考核申诉处理记录表

申诉人姓名		部门		职位	
申诉事项					
申诉原因摘要					
面谈时间			接待人		
处理记录	问题简要描述：				
	调查情况：				
	建议解决方案：				
	协调结果：				

经办人：

备　注：

表 9 新员工销售岗位带教表

起止日期： 年 月 日至 年 月 日

带教人姓名		职务		联系方式	
类别	项目	内容	完成时间	带教人/指导人确认	新员工评分及建议
工作环境	熟悉工作环境	了解办公大楼分布			
		了解部门同事座位分布			
	介绍公司/部门组织架构与职能	组织架构			
		部门职能			
管理规章	人事制度	考勤/请假阅读指导	入职三天内完成		
		转正/离职阅读指导			
		薪资/福利阅读指导			
	行政制度	了解办公物品/出差/用车			
	财务制度	了解请款/支借/报销制度			
	基本行为要求	仪容仪表、销售礼仪			
	着装要求	是否需要着正装			
岗位职责与岗前培训	岗位职责传达	明确其工作职责	入职一周内完成		
		工作相关联系人确认			
	岗位相关工作流程	以销售岗位工作内容为主			
岗位职责与岗前培训	明确新员工绩效考核要点	绩效考核项目	入职一周内完成		
		绩效考核标准			
	部门内部规范与制度	部门内部文档			
	相关工作使用工具指导	用电话与客户洽谈等			
工作任务	工作计划	月度工作计划	试用期内完成		
		专业技术/技能			
	素质能力	管理能力			
		客户至上			
		专业素养			
		团队协作			
直接上级签字：					

表 10　日常工作行为记录表

时间	预定行程与任务	执行结果	完成与否
8:30	晨会		
9:30	打 50 个销售电话		
10:30	微信留言 30 个		
11:30	总结并记录上午成果		
12:00	休息		
14:00	拜访客户		
16:00	发朋友圈或发帖		
17:00	团队间互相交流今日进程		
17:30	领导根据情况安排开会或下班		
加班	特定任务		
19:30	营销产品		
21:30	营销产品		

表 11　督导工作日志表

日期：　　　　　　　负责人：

一、客户情况及 VIP 等重要客人信息	
二、组织纪律及员工工作情况	
检查项目	检查结果及处理情况
销售员工仪容仪表、礼貌礼节、服务意识、服务态度等情况	
三、日常工作检查情况	

序号	检查项目	检查结果及处理情况
1	当日团队会前检查	
2	当日团队会中检查	
3	当日团队会后总结归档	
4	当日团队销售任务检查	
5	当日团队员工征询意见	
6	销售经理工作日报检	
7	其他	

四、员工谈话记录	
五、工作总结	
六、未完成工作项目	

表 12　月目标计划表

项目	上月目标	上月达成	本月目标	本月实际达成

表 13　月重点客户跟进表

客户名称	目前所处阶段	本月落单次数	产品展示	客户建议

表 14　月回访老客户计划表

回访客户名称	联系方式	产品使用情况	售后服务	是否有新需求	回访效果	备注

表 15　绩效考核模板

团队名称			部门			日期					
类别	考评项目	项目描述	D（不满意）			C（勉强）			B（满意）	A（很满意）		考评
			3	2	1	3	2	1	3　　2　　1	3	2　　1	
工作业绩	工作数量	工作量是否满负荷	明显低于平均工作量			低于平均工作量			工作量饱合	超出平均工作量		
	工作速度	工作完成的快慢程度	不能按时完成，工作拖拉			有时不能按时完成			能按时完成工作	积极主动，经常提前完成工作任务		
	工作质量	工作是否正确、清楚、完全	懒散、粗心，可避免的错误经常出现			工作不细心，偶尔出错			工作基本满意	工作质量上乘，且知错即改		
工作态度	主动性	无详尽指示、无人监督下的工作能力	只能照章行事，需不断督促			日常工作无须指示，但新任务需督促			主动开展工作	一直主动工作且工作有计划		
	责任感	承担责任，而不是设法逃避	应付工作且经常推卸责任			责任心一般，不能主动承担责任			了解自己的职责且有责任心	竭尽所能干好本职工作并勇于承担责任		
	协作性	与他人在工作上的协作程度	个人主义严重，不肯与他人合作			应他人要求或必要时才与其合作			常争取他人合作或协助别人开展工作	与他人协调无间，顺利完成工作		
	纪律性	自我约束能力及是否违反劳动纪律	自我约束差、时常出现违纪现象			提示、要求下能够遵守纪律和规章			能自觉遵守各项纪律与规章	遵章守纪，并教育、影响他人		
管理能力	专业知识	岗位专业知识的掌握程度	岗位相关的专业知识掌握甚少			对岗位相关专业知识基本掌握			掌握岗位相关知识，并能灵活运用	专业知识丰富，能融会贯通		
	工作方法	解决问题的形式、途径	单一、呆板，方式不合时宜			能正确开展工作，但效果一般			方法得当，富有成效	产生理想效果		
	工作经验	由工作实践积累的知识或技能	基本无经验可谈			具备一些简单经验			善于积累	阅历丰富		
	判断能力	对事物、现象的甄别与断定的能力	各方面判断力都很一般			只能判断一些简单事物、现象			具备综合分析、判断的能力，对工作有所帮助	判断迅速、准确且富有远见卓识		

续表

团队名称			部门		日期		
管理能力	坚韧性	工作是否持之以恒	工作经常半途而废	无特殊原因可以完成工作	想方设法完成本职工作	很有耐心和毅力，工作持之以恒	
	协调沟通	处理公共关系能力、交际能力如何	工作中始终处于被动局面	虽不影响工作，但沟通不够主动	协调、沟通方法得当	善于协调与沟通且卓有成效	
	应变能力	对突发事件的处置	手足无措、慌张，遇事无主见	偶尔出现处理不当的情况	可以面对突发情况，且能正确处理	临危不乱，处事果断	
	系统性	是否能从全局着手观察、解决问题	无全局意识，孤立、片面看待问题	全局观念不浓，工作不系统无计划	能从系统、全局出发看问题、做事情	顾全大局、考虑周到，变零散为系统	
	创造性	是否有新意	无创造性可言	有追求改革的意识	经常改进工作	创造性很强且效果优异	
个性特征	组织能力	管理及组织能力	管人、管事均杂乱无章	工作虽不滞后，但组织管理方面欠缺	带领成员圆满完成工作	有组织、有条理，成员积极性高	
	识才育人	识人才、重培育	意识淡泊，没有采取任何行动	观念认同，但不太愿意多方培育成员	能判断成员能力，并设法挖掘其潜能	尊重人才，不断引导成员进取、成长	
	学习能力	接受新知识的速度、方法、积极性	很少主动学习	能学习工作所需的知识技能	主动学习，能力有提高	学以致用，改善业绩	
考评得分							

表 16　月份实绩统计日志表

制表日期：　年　月　日　　　　　　统计日期：　年　月　日

姓名	销售额	销货退回	销货折让	销货报损	销货净额	收款记录	绩效

续表

姓名	销售额	销货退回	销货折让	销货报损	销货净额	收款记录	绩效

表 17　个人销售数据表

姓名：　　　　　　　　　时间：

序号	日期	产品品名	数量	是否赠送礼品	备注

表 18　销售人员分数考评表

销售人员：

销售额	
毛利	
销售费用	
销售费用占销售额的百分比	
货款回收	
拜访客户的次数	
每次拜访的费用	
平均每天拜访客户数	
销售目标达成率	

下载地址：

http://upload.m.crphdm.com/2019/

0926/1569485949407.docx

扫码下载附

赠表格文件